JN303160

東アジアのナショナリズムと近代

——なぜ対立するのか——

米原　謙
金《キム》　鳳《ボン》珍《ジン》　著
區《おう》　建《けん》英《えい》

大阪大学出版会

東アジアのナショナリズムと近代・目次

序章　ナショナリズムをめぐる問い

本書の目的は、東アジアの歴史のなかで、日本・韓国（朝鮮）・中国のナショナリズムの発現を理解することである。いうまでもなく、東アジア地域の国民や知識人のあいだには、歴史認識の大きな溝がある。溝を埋めることは遠い目標ではあるが、何よりもまずその違いを認識し、それが何から生じるかを考えてみたい。

日本ナショナリズムはアジア諸国を蹂躙した。その歴史を反省し未来に生かさなければならない。しかし反省そのものは学問的作業の中心ではない。われわれの目標は、それぞれのナショナリズムの発現をその内側から理解し叙述することである。ナショナリズムはモラリスティックなアプローチに馴染みやすい。しかし道徳的な価値基準による裁断は対象の認識を深めず、歴史認識の相違を確認するだけに終わる。それぞれのナショナリズムをその内面から理解するには、アプローチそのものを工夫しなければならない。以下では、まずその点について述べよう。

ナショナリズムは国民的自尊心の表現である。この定義には、少なくとも二つのことが含意されている。第一に、何らかの形で「国民的」と形容できるような集団意識が成立していることである。基礎となる集団は政治的に統一した団体をなしているとはかぎらない。いくつかの集団に政治的に分断されている場合もあるし、他者の支配の下で従属的な位置に置かれていることもある。この集団意識は地理的な共通性や歴史的な時間の共有によって形成され、集団外の異質な個人・集団との接触や（しばしば暴力を伴う）侵入への抵抗によって確認され強化される。またこの集団意識は、その集団をめぐる政治的・軍事的対立などのために、運動の資源としてリーダーが意図的に利用することがある。その結果、もともと排外的な根をもった集団意識が政治化し、他者に対して攻撃的になることも多い。

第二に、集団への帰属を確認するための凝集核が存在することである。それは宗教・言語・人種・歴史的記憶などの共通性に対する主観的な連帯の意識である。地理的な近似性や歴史的記憶の共通性は、それ自体としては親近性の感情にすぎない。しかしそれが政治的必要と結合するとナショナリズムと呼ばれる現象に転化する。福澤諭吉はJ・S・ミルが『代議政体論』第一六章で言及したNationalityを「国体」と翻訳し、ミルにもとづいて以下のような卓抜した説明をしている。「国体とは、一種族の人民相集て憂楽を共にし、他国人に対して自他の別を作り、自から互に視ること他国人を視るよりも厚くし、自から互に力を尽すこと他国人の為にするよりも勉め、一政府の下に居て自から支配し他の政府の制御を受るを好まず、禍福共に自から担当して独立する者を云ふなり」（福澤④、二七頁）。福澤がここで強調しているのは、「憂楽を共に」する感情（ミルの表現では common sympathies）がその集団の政治的独立と結合することである。福澤によれば、その際にもっとも重要なのは人種・宗教・言語・地理などの共通性ではなく、成員が「共に世態の沿革を経て懐古の情を同ふする」こと、すなわち歴史的記憶の共有である。

いうまでもなく、ひとつの集団としての自己意識をもつことと、その凝集核が存在することは相互補完的であり、時間的に同時進行であることも多い。当然ながら、宗教・言語・人種・歴史などの共通性は、漠然と存在しているだけでは集団の凝集核となることはできない。それは意識的に喚起され、多くの人によって語られ、確認され、時には新たに創りだされる。したがってナショナリストとは、自己の所属する集団について、成員を共感させる物語を語り創作する人々のことである。

ナショナリズムは政治的な運動や思想の傾向を指しているが、ナショナリズムという思想体系は存在しない。それは自由主義・保守主義・社会主義などと同列のイズムではない。ナショナリストは自己の集団に固有な物語を熱心に語ると同時に、マルクス主義者であり、菜食主義者であることができる。つまりナショナリズムは他の様々なイズムと結合することができるし、また結合するのが一般的である。したがって自由主義的なナショナリストや社会主義者のナショナリストは存在する。しかしリベラル・ナショナリズムとか社会主義ナショナリズムという特別なナショナリズムの範疇が、存在するわけではない。それを自称する者がいるとすれば、「偏狭な」ナショナリストではないと強調したいにすぎず、そこには幾分か弁解が含まれている。

ナショナリズムには様々な分類がなされる。「防衛的」と「攻撃的」、「開かれた」ものと「閉じられた」ものという二分論はその代表的なものである。この分類はナショナリズムの社会的現れ方に着目したもので、現象を分類するかぎりではそれなりに有効である。しかし現象としてのナショナリズムは、「防衛的」だったものが政治的環境の変化で「攻撃的」になったり、「自由・平等・博愛」を象徴とするナショナリズムが、敵の攻撃において容赦がないということもある。上述の二分論は実は現象の表面をなぞっているだけで、現象の変化や現象の底にある内実を説明できていない。

現象の説明を超えて、ナショナリズムの内実そのものを捉える方法はないのだろうか。先にわたしは、ナショナリズムを国民的自尊心の表現と定義した。その自尊心の根拠をここでナショナル・アイデンティティと呼びたい。チャールズ・テイラーは大著『自我の源泉』でアイデンティティを以下のように定義している。「わたしが何者であるかを知ることとは、わたしがどこに立っているかを知ることと同義である。わたしのアイデンティティは関与（commitments）と確認（identifications）によって定義される。このふたつのものが、何が善で価値あるものか、何がなされるべきで、何を支持し何に反対するべきかを、時宜に応じて決定するための枠組や地平をわたしに提供してくれるのである。換言すれば、わたしのアイデンティティとはわたしが自分の立場を保持するための地平である」（Charles Taylor, 1989, p.27）。テイラーが説くように、アイデンティティが個々人の言動の根拠となる価値観を支えるものだとすれば、国民という集団にも同じものを想定してよいだろう。つまりナショナル・アイデンティティとは、集団としての国民の存在を価値づける根拠である。

テイラーは、アイデンティティ形成が「独白的 monological」ではなく「対話的 dialogical」であると強調した（Charles Taylor, 1991, pp.33–35）。つまり他者（とりわけ自分にとって重要な他者）との交渉においてその存在が認知（recognize）され、自己の尊厳（dignity）が保たれることによって、人は自らの存在の意味を確認する。集団としての国民にも同様のことがいえるだろう。集合体としての国民は、他者から自己に相応しい認知を得ることによって世界における自己の位置を確認し、自尊心を満足させることができる。もし相応しい認知が得られなければ、傷つけられた自尊心が自己主張の根拠となり、ナショナリズムの運動として噴出する原因となるだろう。

国民的自尊心がどのような表現をとるかは、置かれた環境によって規定される。わたしが念頭に置いているのは、その国民が置かれた歴史的および国際的環境・凝集核となる物語の性格・「重要な他者」との関わりなどである。日本のナショナリズムが黎明期を迎えたのは、西欧列強が東アジアに進出してきた時期だった。中華的世界は再編成を迫られ、西欧中心の世界観が日本知識人の世界認識の枠組を根本から揺るがせた。福澤諭吉は動物の保護色の比喩をつかって、「一切万事、西洋と其色を同うして其間に異相あるを覚へざらしめ」る必要を力説した（「宗教も亦西洋風に従はざるを得ず」、福沢⑨、五三二頁）。福澤が「アジア的」なものの否定に精力を注ぎ、せめて外面だけでも「文明の色相」で覆う必要があると説いたのは時代の要請だったのである。

日本にとって、西欧列強が新たな「重要な他者」となった。日清・日露の戦争をつうじて、「世界の同情」を求めて奮闘した徳富蘇峰の姿は、日本ナショナリズムの内実をみごとに反映している。しかも世界は帝国主義の時代に突入しつつあった。徳富蘇峰は第二次大戦後になって、日本人が「一から十まで」欧米人を師とした結果、「烏が鵜の真似」をして溺れてしまったのは「笑止千万」と嘯《うそぶ》いた（「勝利者の悲哀」、『近代日本思想体系』8、四九六頁）。これは日本ナショナリズムのイデオローグというべき人物の悪びれることのない述懐である。蘇峰の言葉に共感する必要はない。しかしそこに正直な実感が込められていることを否定するなら、日本ナショナリズムの理解の手がかりを失うだろう。外交史の通説に従うなら、日本が帝国主義国として自立し、西欧列強を模範（重要な他者）とした二〇世紀初頭の東アジアでは、米国とソ連、さらにナショナリズムに目覚めて利権回収を叫ぶ中国が、別個の意図をもちつつ英仏独などの「旧外交」に挑戦し始めていた。日本はもはや時代に適合しないやり方で強引に自己主張して、周囲をすべて敵に回したのだった。

日本ナショナリズムの凝集核はいわゆる国体論で、万世一系の皇統神話にもとづく驚くほど貧相な物語だった。それは台湾・朝鮮・満州などの各所に（僻陬の地まで）神社や鳥居を建設して、信仰のない人々に礼拝を強制した。むろん強制されたのは神道だけではない。公教育では日本語と教育勅語が採用され、名前も日本風に変えて「皇民」になることが要求された。その背景にあったのは、いわゆる同化政策である。一般に植民地政策には、英国モデルの自治主義とフランスモデルの同化主義があると意識されていた。台湾を獲得したとき福澤諭吉は、旧慣維持で経済上の利益の搾取を本旨とする英国のインド支配と、農工商すべてを植民地人が経営し「根底より文明化」する米国やカナダを区別したうえで、台湾統治は「アングロサクソン人種が亜米利加の大陸を開きたる筆法」に倣《なら》うべきだと説いた（「台湾永遠の方針」、福澤⑮、二六六頁）。具体的には、抵抗者は「兵民の区別を問はず、一人も残らず誅戮して焦類なからしめ」るという徹底した力による支配である（「厳重に処分す可し」、福澤⑮、二六九～七〇頁）。

台湾と朝鮮の植民地支配は、軍政機関である総督府が全権を握った武断統治だった。初期の台湾統治は困難を極めたが、児玉源太郎総督と後藤新平民政長官のコンビによるアメとムチを取り混ぜた巧妙な政策によって、武装反乱は平地では一九〇二年までにほぼ平定され、先住民族の山岳地帯でも一九一〇年代には終息した。竹越與三郎（三叉）は、かれらが抱いていた課題を以下のように叙述している。「未開の国土を拓化して、文明の徳沢を及ぼすは、白人が従来久しく其負担なりと信じたる所なりき。今や日本国民は絶東の海表に起ちて、白人の大任を分たんと欲す。知らず我国民は果して黄人の負担を遂ぐるの幹能ありや否や」（『台湾統治志』序）。むろん竹越は、欧米人の注視のもとで日本人がその課題を果しえたことを自賛しているのである。

台湾東北の金瓜石に残る鳥居
金瓜石は日本統治時代に金鉱として栄えたところ。山腹に石灯籠や鳥居が残っている。

一九一〇年八月に韓国併合が実現したとき、徳富蘇峰は初代総督の寺内正毅から新聞対策を依頼され、日本語新聞『京城日報』を監督することになった。蘇峰は、朝鮮人に「日本人たるを誇り、日本人たることを楽しましむる」必要性を説いたが、台湾とは異なって固有の文明を有する朝鮮を同化するのは簡単ではないと考えていた（「責任」『第十一日曜講壇』）。したがって蘇峰は「急遽なる同化論」を戒め、「自由」よりも「秩序」の必要性を説いた（「朝鮮統治の要義」、『両京去留誌』）。おそらくこれは、「比良目の目を鯛の目にすることはできん」とし、性急な同化を「文明の逆政」と批判した後藤新平の台湾統治に学んだのだろう（鶴見祐輔『後藤新平』第二巻、三九九頁）。しかしそれは決して自治や多文化主義を説いたものではなく、むしろ「只だ力あるのみ」の呵責ない武断統治を推奨したものである。蘇峰は初めて渡韓したときに発表した「朝鮮統治の要義」で、日本人の統治が朝鮮人に必要で、利益になり、満足できるものであることを知らしめよと主張した。「徹上徹下、子々孫々、彼等の運命は、日本国民たるの外、又た日本国民として同化するの外、他に方便なきを観念せしむ可し」というのである（徳富蘇峰『両京去留誌』二三八頁）。

しかし「水も漏れず、爪も立たず」と形容されるような圧政は、そもそも統治の名に値しないだろう。年にほぼ二回ずつ熱心に朝鮮に通っていた蘇峰は、併合から五年後に以下のように述べねばならなかった。「朝鮮統治の目的は威圧にあらず、心服にあり。之を心服せしむるには、物質的に満足せしむると同時に、精神的に満足せしめざる可らず。精神的に満足せしめんには、彼等の自尊心を尊重せざる可らず」（「朝鮮統治の成績」『京城日報』一九一五年一〇月二〇日）。ではどのようにすれば、朝鮮人の自尊心を満足させることができるのだろうか。蘇峰はその具体策について語ることはなかった。ただかれは、日本と朝鮮は「同人種」であり、朝鮮が独立国として自立できない以上、日本は「綏撫的帝国主義」によって「善政」をおこない「忠君愛国の精神」を養成すべきだと論じたのみだった。

以上のような蘇峰の主張が例外的だったとみなすことはできない。蘇峰の主張を「軍国主義者に非ざれば人に非ざるが如き口吻」と批判した大山郁夫は、第一次大戦後にマルクス主義に接近するまでは、デモクラシーとナショナリズムの合致を固く信じていた（「国民意識と国家政策」、大山①、二六〇頁）。大山の認識によれば、民族は「客観的実在」ではなく「歴史的社会的」に創りだされた「主観的実在」にすぎない。したがって「台湾や朝鮮のコンパトリオッツ」も、日本人として「共同伝統を謳歌する同一民族を形成するに至るべき筈のもの」だった（「デモクラシーの政治哲学的意義」、大山②、三二一頁）。つまり帝国主義を批判する見地に立たないかぎり、大正期のデモクラットも同化主義に何の疑問ももたなかったのである。

日本の植民地支配と軍事的侵略は、第二次大戦後の台湾・韓国（朝鮮）・中国の人々に何よりも強烈な共通の記憶を残した。今日、東アジアの国々を訪れる人は、至るところに「抗日」を記念する施設やモニュメントを目にするだろう。それは戦後の国民国家の再構築が「抗日」の歴史的記憶を凝集核にしてきたからであり、その記憶は状況や時宜に応じて再生産される。対外関係における一国を挙げての栄光や屈辱はナショナリズムの最高の資源であり、国民国家がナショナリズムなしに存続しえないとすれば、禍害は何度でも新たに語り継がれることになる。過去は帳消しにはできないので、時間の経過が記憶を薄れさせると考えてはならない。加害の事実をいい加減に済ませようとすればするほど、逆に記憶は新たな物語を再生する可能性を強める。したがって、それを資源にした物語が、相手の自尊心を傷つけるような形で再生しないように努力することが大事なのであ

韓国釜山の金剛《クムガン》公園にある「日帝蛮行犠牲者慰霊碑」

る。

大山郁夫が説いたように、ネイションの意識は「主観的実在」だから、記憶にもとづく物語は置かれた状況によって異なっており単一ではない。冷戦の結果、南北に分断された朝鮮については、一九六五年に韓国と日本が日韓基本条約を締結して正常化したが、併合条約の正当性（合法性）について、現在に至るまで両国が全く正反対の認識をしている。北朝鮮（朝鮮民主主義人民共和国）と日本との関係正常化や南北の統一は予測不可能な状態であり、事態の推移によっては、傷つけられた自尊心がもっと過激な物語を創りだす可能性もある。

中国と日本との関係は、一九七二年の日中共同声明と一九七八年の日中平和友好条約によって、外交的には正常化した。しかしこの措置は、中国の統治エリートが国際社会での存在感をアピールすることを第一義としたもので、一般民衆レベルでの合意の形成は十分ではなかったといわれている。とくに盧溝橋事件以後の日中戦争の犠牲者は膨大なので、「反日」のナショナリズムはマグマのように潜在している。既述のように、本来、ナショナリズムは国民的自尊心の表現なので、屈辱の歴史的記憶が蓄積しているところでは、自尊心が傷つけられたと感じられたときに容易に噴出する。きっかけは留学生の悪戯行為、国際試合での敗北、自国の恥部への言及（たとえば少数民族問題）など、些細なことでも過剰なほどナショナルな反発を引き起こすことになるのは、すでに経験ずみである。

韓国（朝鮮）や中国に比べると、台湾は事情がかなり異なる。日本の統治が始まったとき、台湾はすでに複雑なエスニック・グループからなっていた。もともとプロト・マレー系の多種類の先住民族が住んでいたところに、中国福建省・広東省から漢族が流入して先住民を山岳地帯に追いやった。漢族は閩南語《びんなんご》（ホーロー語あるいは台湾語ともいう）を話す福佬人《ふくろうじん》と、客家語《はっかご》を話す客家人に分類されるが、日本の統治が始まると等しく「本島人」として厳しい監視と差別の下に置かれたので、前述のように武装反乱がほぼ終息した後も、さまざまな形で抵抗を続けた。それは日本留学経験者を中心とする知識人の運動で、総督の専権を認めた六三法の撤廃や台湾議会の設置の要求となり、さらに台湾文化協会・台湾民衆党・地方自治連盟の結成として展開した。そしてこうした抵抗運動を通じて、かれらは漢族として大陸中国との連帯感や帰属感をもつとともに、「台湾人」としての歴史を共有することになった（なお先住民族の抵抗については、一九三〇年のタイヤル族による霧社事件以外には、知られている事実はきわめて少ない）。

日本の敗戦後、カイロ宣言にもとづいて台湾は中華民国の領土ということになった。台湾は中国の一省になるはずだったが、国民党は共産党との内戦に敗れ、一九四九年に台湾に敗走してきた。かれらは「外省人」と呼ばれ、日本統治時代から台湾に居住していた「内省人」を支配することになった。そのきっかけは一九四七年に起こった二・二八事件と呼ばれる国民党に対する暴動と、その後の内省人に対する組織的なテロ・虐殺である。その後、国民党は一九八七年まで戒厳令をしき、「大陸反攻」を最大の目的にした専制体制を樹立したが、一九七一年に国連代表権を中国に奪われたとき風向きが変わった。一九七五年に国民党主席に就任した蒋経国は内省人を徐々に登用し、そのなかで内省人の李登輝が頭角を現すようになると、台湾の新たなナショナリズムが湧き起った。

日本による半世紀の植民地支配の後に台湾の支配者となった国民党は、台湾を中国化しようとし、公用語も日本語から北京語に変え、日本の統治に勝るとも劣らない権威主義的支配体制を築いた。それはしばしば「犬が去って豚がやってきた」と称される体のものだった。犬は人を守ることができるが、豚は食って寝るだけというのである。事実、日本統治下に幼年時代を送った現在八十歳代の人々の口からは、日本統治時代の治安の良さを懐古する話がしばしば聞かれる。しかしこれを単純な「親日」と考えるのは誤りである。一九八〇年代末以降の民主化とともに勃興した台湾ナショナリズムは、何より大陸中国に対抗するための歴史の記憶と物語を紡ぎはじめたのである。

「歴史を鑑として未来を創ろう」とは、中国の歴史施設で見られる標語である。このことに反対するものはいないだろう。しかし歴史的事実はつねに多面的なので、何をどのように記憶するかについては無限のバージョンがある。東アジア諸国のあいだにある歴史認識の溝を埋めることは、容易な作業ではないだろう。われわれはまず相互に他者の歴史認識を確認し、自己のナショナリズムの根拠をこの地域の相互関係のなかで理解することから始めなければならない。

第一章 「国体」の創造—日本(1)

「鎖国」という言葉は、元禄時代に日本に滞在したことがあるドイツ人ケンペルの著書を、長崎通詞だった志筑忠雄が一八〇一年に『鎖国論』という表題で訳したことに始まるという（荒野泰典一九八八、一一~一二頁）。実際は、江戸時代を通じて、長崎はもちろん、対馬、薩摩、松前などで交易がおこなわれ、朝鮮からは通信使という大規模な使節団が日本を訪れた。近世日本は完全に「閉ざされた」社会だったわけではない。しかし外の世界との交流が厳しく制限され、日本人の渡航は原則として禁止されていたので、「開国」は「外」の世界に対する猜疑心や敵意を生み出し、ナショナリズムの起点となった。そこには二重の意味がある。ひとつは「中華」に対する対抗心や敵意で、それは儒者においては「小中華」と呼ばれる意識となり、国学や水戸学では日本固有の「国体」という意識に結晶した。

第二は西欧からの認知（recognition）という問題である。開国以後、中華世界像は急速に崩壊し、西欧中心の世界像がそれにとって代わった。そのとき日本の知識人を捉えた最大の関心は、アジア的世界に対する西欧からの差別的なまなざしだった。かれらは日本が中国や朝鮮と同一視されることを屈辱と感じ、少なくとも日本を差別化しなければ国際的に不利だと考えた。現に、維新後の最大の外交課題だった不平等条約改正で、日本がいかに「西欧的」であるかを実証しなければならなかった。日本が「文明的」であると西欧から認められねばならない、これが日本ナショナリズムの中心的課題となるのである。

一　国体論とナショナリズム

国体ナショナリズムの形成

近代日本のナショナル・アイデンティティの中核をなすイデオロギーは国体論と呼ばれた。それは、一つの王朝が古代から断絶することなく存続していることが日本という国家の特色であり、諸国に対する日本の優越性だという信念である。この考えは近世を通じて神道家や儒者の言説によって形成されてきた。その背景には、中国を世界の中心とする中華思想を受け入れながら、他方ではそれに対抗して自己を世界の中心とする「小中華」と呼ばれる観念があった。王朝が何度も転換した中国に比して、皇統が連続している日本こそ真の「中華」だという考えかたである。

いうまでもなく、「皇統の連続性」という観念は記紀の記述にもとづく。それを強固な政治神話にまで仕上げたのは国学と水戸学である。まず国学についていうと、賀茂真淵は儒教を批判して、さかしらな議論などせずに「天地の心のまま」であることが尊いと説いた（賀茂真淵『国意考』）。そして中国で儒教のような理屈が横行したのは「心わるき国」だからであり、日本のような「おのづから」のほうが優れているると主張した。本居宣長はこの観点をさらに推し進め、「天下治め賜ふ御しわざは、たゞ神代より有りこしまにまに物し賜ひて、いさゝかもさかしらを加へ給ふことなきをいふ」（「直毘霊」、本居⑨、五〇頁）と説き、『古事記』に描かれた世界を畢生の大著『古事記伝』によって再現しようとした。

宣長を師として仰いだ平田篤胤は、『古事記』を特権化した宣長とは異なって、記紀をはじめとする古典の記述を抜粋して自らの構想による「古史」を創作し、それを「古史成文」と呼んだ。それによれば、世界は天《あめ》（＝高天原、すなわち太陽）、地《つち》（＝地球）、泉《よみ》（＝月）の三つに整理され、それぞれイザナギとアマテラス、オオクニヌシと皇孫、イザナミとスサノヲによって支配されると考えられている。ここで注目されるのは、篤胤が人間世界の現象を「顕明事《あらわにごと》」と「幽冥事《かくりごと》」に分け、前者を皇孫、後者をオオクニヌシが支配していると主張したことである。当然ながら篤胤においては、生者の世界としての「顕明界」（見える世界）より、死後の魂が向かう「幽冥界」（見えない世界）のほうが圧倒的に比重が重い。人間の生は有限であり、死後の審判を司るオオクニヌシは人間の生のあり方をも倫理的に規定せずにはいないからである。ここでは皇孫の支配はきわめて限定的で、篤胤が具体的な天皇を意識していたかどうかさえ疑わしい。しかしオオクニヌシと皇孫との関係は、幕末の国学において完全に逆転する。しばしば「草莽の国学者」と呼ばれる有名無名の国学者たちの世界では、オオクニヌシの存在感が希薄化し、その結果、天皇の現世支配が強調されて、君や親への忠誠が強調されることになる（米原謙 二〇一〇）。

次に水戸学について述べよう。その中心的イデオローグである会沢正志斎は『新論』でつぎのように述べる。「西荒の戎虜に至っては、すなはち各国、耶蘇の法を奉じて、以て諸国を呑併し、至る所に祠宇を焚燬し、以てその国土を侵奪す」（『水戸学』六八頁）。会沢に先だって、すでに本居宣長が儒教を外教と捉え、外教への忠誠心が日本の国家的権威を毀損する結果を招くと警戒していた。この宣長の問題意識を受け継ぎ、「胡神《こしん》」の崇拝が「国体」の汚辱につながるとして、宣長における中国への対抗心を西欧列強への敵意に転換したのが会沢の『新論』だった。会沢は「巫覡《ふげき》の流」や仏教などの影響で、「神明の邦」が「西戎の徒属」とみなされ、人びとの内面が「夷《えびす》」と化して「民心を滅裂」していると批判した（『水戸学』六八頁）。そして従来の呪術や仏教はまだ一部の民を害しているにすぎないが、キリスト教の害毒はその比ではなく、領土侵略に直結すると警鐘を鳴らしたのである。

『新論』の傑出した特徴は、西欧の脅威を軍事力ではなく、キリスト教というイデオロギーの面で捉えたことである。「四体」のない人間が存在しえないように、国体のない国家も存在しえない。確固たる国体がなければ、「民心」は「胡神」に誘惑され、「民心一たび移らば、すなはち未だ戦はずして、天下すでに夷虜の有とならん」と会沢はいう（『水戸学』六九頁）。つまり国体が不安定でイデオロギー的な侵略に脆弱な状態では、富強も敵のために有利になるだけである。国家防衛のためには、単なる富国強兵ではなく、キリスト教に対抗する国民教化のイデオロギーを持たねばならないと説いたのである。

こうして会沢は、日本を万世一系の皇統を軸とする祭政教一致の国家体制と特徴づけ、天皇の存在を根拠に日本の対外的優越性を説いた。このような意味での「国体」という語がすぐに定着したわけではない。しかしペリー来航を機に、さまざまな文書にこの語が使われるようになる。ペリーが持参した大統領国書を受け取った幕府は、その六日後、朝廷に米国船渡来の事実を告げ、「深ク致心配候程」のことではないが、「御国体」に拘わらないとも限らないので、防備を「格別厳重」にすると説明した（『孝明天皇紀』第二、一一二頁）。これを受けた朝廷側は、「御国体ニ拘リ候儀有之候テハ誠ニ不安」なので、七社七寺に祈祷すると達書している（同上）。ここで「国体」とは国家の独立をさし、より直截的には皇統断絶への恐れを示唆する表現である。これ以後、「外夷」渡来に関連して「御国体」への懸念が常套句となり、天皇は事あるごとに「国体安穏天下泰平宝祚悠久」等々を神仏に祈願することになる。

和親条約の結果、米国公使ハリスが来日して通商条約が懸案になると、「国体」をめぐる議論はさらに激化した（米原謙 二〇〇八）。一八五七（安政四）年、幕府はハリスの江戸城への登城と公使の江戸駐在を認め、さらに通商を許可する姿勢を示した。尊王攘夷派はこの事態に激怒した。井伊大老を暗殺した浪士たちの「斬奸主意書」は、登城許可、条約締結、踏絵の廃止、邪教寺の建設、公使館の設置などを、「神州古来之武威を穢し国体を辱しめ祖宗之明訓孫謀」に悖《もと》る許しがたい行為だと批判している（『水戸藩史料』上編乾、八一六頁以下）。老中安藤信正を襲撃した水戸浪士の「斬奸趣意書」も、安藤がこのまま存命すれば、日本はキリスト教を奉じる「外夷同様禽獣の群」になってしまうと危惧し、自分たちの行為は「傲慢無礼之外夷共を疎外し、神州之御国体も幕府之御威光も相立《あいたつ》」ようにするためだと弁明した(『水戸藩史料』下編、一五四頁以下)。国家的な自負心が、「神州」という語で端的に表現されるような皇統の連続性を根拠としたエスノセントリズム(自民族中心主義)と結合し、「国体」という語に凝縮し始めたのである。

このようなエスノセントリックな情念が天皇と結びつき、近代の「国体論」として展開するには、天皇の権威が上昇して、政治的宗教的な争いを超越した「公平な第三者」としての体裁を獲得しなければならない。天皇の権威の政治的意味について、幕臣として幕府の倒壊に立ち会った福地櫻痴は、『幕府衰亡論』で興味深い考察を残している(『福地櫻痴集』一六四頁以下)。福地によれば、幕府は三つの点で朝廷に負い目があった。朝廷の任官叙位の権限、朱子学的な王覇の別という名分論、幕府が朝廷を「尊崇」するというタテマエに立っていたことである。朝廷は一般の人にとって名目的存在にすぎないが、大名や旗本にとっては「任官叙位」の権限をもっており、しかも朝廷の地位は朱子学の名分論によって基礎づけられたので、幕府は自己の権威を正当化するためにも朝廷を「尊崇」する態度をとった。その結果、「朝敵と云ふ悪名」を蒙ったら、「将軍家たりとも公方様たりとも天地間に身を容る丶所なし」と教えられたという。

天皇の権威の上昇は文久年間になって顕著になる。この頃、海外貿易の影響で物価騰貴が生じたので、幕府はさまざまな窮民救助策を講じたが、朝廷は幕府の措置が自らの「叡慮」であることを知らしめるように幕府に要求している。そして山城国の細民救助のために黄金五〇枚を賜与すると幕府に申し出たが、このときの天皇の「言渡」には「民は国の本、下民の困窮、その罪みな予《よ》に在り」という文言がある(『孝明天皇紀』第三、五三九頁)。「下民」の生活が不安定であれば、その責任は自分にあるという天皇の発言は、為政の直接責任者としての幕府よりも上位に自己を位置づけ、人民の前で「公平な第三者」としてふるまう姿勢を明示している。

さらに一八六四（文久四）年一月（陰暦）、将軍家茂が前年に続いて上洛し、天皇の要求に従って横浜鎖港を奏上したとき、孝明天皇は内外の政治的危機を「汝ノ罪ニ非ス、朕カ不徳ノ致ス所」とし、「何ヲ以テ祖宗ニ地下ニ見《まみえ》ルコトヲ得ンヤ」と歎いた（『孝明天皇紀』第五、一一〇頁）。そして「汝ハ朕カ赤子、朕汝ヲ愛スルコト如子《このごとく》、汝朕ヲ親ムコト如父《ちちのごとく》セヨ」と述べる。朝廷と幕府の関係を父子に擬す比喩は、その後さらに明快な形を取り、同月二七日の宸翰では以下のように表現されている。「嗚呼《ああ》、汝将軍及ヒ各国ノ大小名、皆朕カ赤子也。今ノ天下ノ事、朕ト共ニ一新センコトヲ欲ス。民ノ財ヲ耗スコト無ク、姑息ノ奢ヲ為スコト無ク、膺懲《ようちょう》ノ備ヲ厳ニシ、祖先ノ家業ヲ尽セヨ」（『孝明天皇紀』第五、二七頁）。天皇は「天地鬼神」や「皇神」に仕えるものとされ、将軍や大小名は天皇の「赤子」として「天下ノ事」のために尽力しなければならないとされたのである。ここに天皇が世俗的な対立を超越し、権力者と被支配者をともに包摂する「公平な第三者」として定立されていることがわかるだろう。

尊王攘夷

水戸学の特徴は「尊王敬幕」を説いたことだった。藤田幽谷「正名論」はその意図を端的につぎのように説明している。「幕府、皇室を尊べば、すなわち諸侯、幕府を崇《とうと》び、諸侯、幕府を崇べば、すなわち卿・大夫、諸侯を敬す。それ然る後に上下相保ち、万邦協和す」（『水戸学』一三頁）。幕府が天皇に忠誠をつくすことで、藩士・藩主・幕府・天皇という順に忠誠が積み上げられていくというのである。少し後に、会沢正志斎『迪彝篇《てきい》』も、天祖・天朝・幕府・邦君・臣民の関係を以下のように説明した。「天子は天工に代りて天業を弘め給う。幕府は天朝を佐《たす》けて天下を統御せらる。邦君はみな天朝の藩屏にして、幕府の政令をその国に布く。是が臣民たらん者、各々その邦君の命に従うは、すなわち幕府の政令に従うの理にて、天朝を仰ぎ、天祖に報い奉るの道なり」(『会沢正志斎集』三五六〜七頁)。藩士の藩主への服従は幕府に服従することを意味し、それは天皇に忠誠をつくして、その祖先に仕えることにつながるというのである。

このような忠誠の階統制では、藩主や幕府への忠誠と天皇への忠誠との間の裂け目は意識されていない。ペリー来航後、幕府の開国政策と朝廷の攘夷論が矛盾するようになるまでは、忠誠対象のあいだに裂け目が生じることはなかった。もともと水戸学は、こうした安定した忠誠の階統制を前提にして、幕府が天皇から政権を委託されたという「名分」を強調したものだった。

天皇の意向が幕府の政策に沿うかぎり、この名分論は幕府の正統性強化の論理になる。しかしペリー来航で幕府の権威が失墜したとき、事情は一変せざるをえない。水戸学に内在した忠誠と反逆の論理を一身に体現したのが吉田松陰である。ペリー来航直後に書かれた意見書「将及私言」で、松陰は「天下は天朝の天下にして、すなわち天下の天下なり、幕府の私有にあらず」(吉田②、一二頁)と主張している。これはペリー来航を日本という国家全体の危機と捉え、それが「天朝」によって代表されていると説いたものである。その後、松陰はこの「天朝による天下」という考え方を突きつめていき、「天下は一人の天下にあらず」というのは中国でのことで、日本では「天下は一人の天下」だという逆の主張をするにいたる（『丙辰幽室文稿』、吉田②、四〇五頁）。国家（天下）は皇祖から皇孫に伝えられてきたから、国家も人民も天皇の存在を前提とするというのである。

このように松陰は、「天下は天朝の天下」という「将及私言」の認識をさらに急進化させ、忠誠対象を天皇に一元化した。それは「普天率土の民、皆天下を以て己が任となし、死を尽して以て天子に仕え、貴賤尊卑を以てこれが隔限をなさず、これすなわち神州の道なり」（『丙辰幽室文稿』、吉田②、四〇六頁）という結論を導く。ここには地位や身分の既成秩序から解き放たれた人民の、死をも厭わぬきわめて能動的な服従心が説かれている。これが幕末の尊皇攘夷運動がもっていたダイナミズムの核心である。水戸学では、名義上は天皇への忠誠が公言されながら、実は幕府への忠誠心が優越していた。松陰は水戸学が説いた天皇への忠誠心を突きつめることによって、そこに内在した幕藩体制の論理を食い破った。それは徳川幕府の体制を権力の「簒奪」として否定し、忠誠心を天皇との一体化に集約するものだった。

この新しい忠誠の論理では、天皇が国民内部のさまざまな対立を超越した「公平な第三者」としてふるまうことになる。初期議会で民党がとる最終手段（ultimatum）は内閣弾劾の上奏であり、政府側が訴える対抗手段も天皇の詔書だったことは、このような事情をよく説明している。近代の日本では、藩閥政府も政党も財界もすべて「私」にすぎず、天皇のみが公共性を代表するという構造ができあがる。そこでは「勝てば官軍」と評され、「玉」を手にした側が「錦の御旗」をもち、それに反抗するものは「賊」とされて沈黙を余儀なくされる。いずれの側もこの「御旗」がいかがわしいと知っているが、抗弁することは許されない。明治元年三月、五カ条の誓文と同時に発布された「国威発揚の宸翰《しんかん》」は、それを以下のように表現する。幕政において朝廷は敬して遠ざけられる存在だったので、天皇は「億兆の父母」として「赤子の情」を知ることができなかったが、以後は「天下億兆一人も其所を得ざる時は、皆朕が罪」である、と。

二 「内」と「外」―国民国家の構想

中華世界像の崩壊

近世の日本知識人は、中華を世界の中心とする世界観に規定されていた。中国を中華とする朱子学者にせよ、日本を「小中華」とする儒者・国学者にせよ、事情は異ならない。しかしアヘン戦争での中国の敗北は、こうした世界像に自足することを許さない状況をつくりだした。終世、朱子学者であることを自認した佐久間象山は、中国敗北の衝撃を「唐虞《とうぐ》以来の礼学の区」が西欧の植民地になりかねないと表現し、まもなく蘭学を学び始めた（加藤氷谷宛書簡、象山③、一二五頁）。そして「清儒」の学問には「紙上の空談」が多くて実用に乏しいと指摘して、朱子学的「窮理」を相対化し、砲術などの西欧の学術を積極的に受け入れるようになった（山寺源大夫宛書簡、象山③、二二一頁）。藩の事業として『ヅーフ・ハルマ』（蘭和辞書）の出版を訴えた象山は、藩主宛の上書でつぎのように説いている。中国は自国を中華と唱え、外国が兵力や国力において優れていることを知らないために英国に敗れた。「彼を知り己を知る」のが防禦の根本だから、中国の轍を踏まないためには、「彼を知る」手段としてその言語を学んで技術を習得しなければならない。洋学を盛んにするには広く辞書を公刊することが必要で、写本で数部入手して、自分だけ利用できればよいという考えは「仁人君子の了見」に反する。「五大州の学術を兼備し、五大州の長ずる所を集め、本邦をして永く全世界独立の国とならしむる基礎を世に弘め」ることを期すべきである（「ハルマを藩業にて開板せんことを感應公に答申す」、象山②、六六頁）。

　ここにはもはや特定の地域や文明が他より優越した価値をもつという世界観は見出せない。象山の兵学の見地から世界を見れば、一方が他方を圧倒するのは道徳的価値によるのではなく、力によると考えるにいたるのは当然だろう。現に、自他の長所短所を知ることが肝要だと考えた象山は、「東洋道徳西洋芸術」という周知の語にもかかわらず、東洋が先験的に西洋より優れているとは考えず、むしろプラグマティックな折衷主義を採用したように思える。

　象山より二〇歳以上若い橋本左内も緒方洪庵の適塾で蘭学を学んだ経歴をもつが、思考の枠組はあきらかに儒学の範疇だった。左内が書き残した文章には「夷狄」「外蕃」などの語が散見され、伝統的な価値観から決して自由ではなかったことが窺える。しかし他方では、日本は古代から「武を以て天下を被定候《さだめられそうろう》御国体」と考えるような武士的エートスの持主だった左内は、世界をリアルに観察する才識があったように思える（「学制に関する意見剳子」、『日本思想大系』55、五四七頁）。左内は鎖国がもはや不可能だと考えただけではなく、弱肉強食の国際社会がいずれ一国を盟主とする同盟で結ばれた安定した関係になると予想した（「村田氏寿宛書簡」、『日本思想大系』55、五六七頁以下）。左内の観察によれば、盟主になるのは英国かロシアである。小国である日本は、沿海州・満州・朝鮮を併呑しアメリカやインドに植民地をもたなければ、西洋諸国と戦うことはできないが、日本にはそのような能力はない。英国とロシアのせめぎ合いはいずれ日本に波及し、英国は蝦夷や函館の租借を要求するにいたるだろう。したがって日本は先手を打ってロシアと同盟し、英国が侵略してくれば、これを好機にロシアを後ろ盾に戦って「真之強国」となることをめざすべきだという。この文章は一八五七（安政四）年に書かれたもので、いくらか荒唐無稽な面もある。しかし世界を英露の角逐の場と理解し、彼我の力関係を冷静に観察して、強力な隣国との同盟に活路を見出そうとしたのは、左内がいかに中華世界像から距離を置いていたかを示している。

橋本左内とほぼ同年齢だった福澤諭吉は、ペリー来航後に蘭学を始め、後に適塾で本格的にそれを身につけた。そして通商条約締結後は英語も習得して、幕府の遣外使節の一員として三度の欧米見聞を果たし、その成果を『西洋事情』をはじめとする優れた西欧紹介書として刊行している。西欧社会に対する囚われない観察は、中華世界像の相対化を前提とする。この点で、福澤は早くから中華文明に対する呵責ない批判的視点を確立していた。文久年間に書いたという「唐人往来」は、「人情は古今万国一様」で「仁義五常の教なき国はなし」と説いて、中華思想や神国思想の非合理性を指摘した（福澤①、一四頁）。そして国際社会には「世界普通の道理」があるので、それを順守しない国は「世界中の罪人」だという。アヘン戦争についても、中国は「道理づくで談判」せずに、アヘンを「理不尽に焼捨て」たので、英国から「散々痛め付け」られる結果になった。これは「唐人が世間見ずにて道理を押立つることを知らざる己が不調法なれば自業自得」だという（福澤①、二一頁）。

一八六九（明治二）年に出された三つの著書を一覧してみよう。『掌中万国一覧』では、諸国を

「混沌」「蛮野」「未開」「文明」に分類し、中国を「未開」、米英仏独を「開化文明」とランクづけしている。アヘン戦争以後の清国と英国の紛争を概観した『清英交際始末』は、清国に対する冷淡な叙述に終始し、その自尊や無知を「実に愍れむべし」と評した。また「児童婦女子」のために執筆した『世界国尽』では、孔子について言及した後、中国の政治体制について以下のように解説している。「支那の政事の立方は、西洋の語に「ですぽちっく」といへるものにて、唯上に立つ人の思ふ通に事をなす風なるゆへ、国中の人皆俗にいふ奉公人の根性になり、帳面前さへ済めば一寸のがれといふ気にて、真実に国の為を思ふ者なく、遂に外国の侮を受るよふになりたるなり」（福澤②、五九四頁）。ここでは儒教と「ですぽちっく」な政治体制との関連づけはおこなわれていないが、「オリエンタリズム」（E・サイード）を連想させる視線は、福澤が西欧の側から中華文明を見ていることを示している。

福澤は『学問のすすめ』の初編から三編までの叙述で、国家間関係を個人の平等のアナロジーで説明した。たとえば初編ではかつての攘夷論を批判し、「天理人道に従て互の交を結び、理のためには「アフリカ」の黒奴にも恐入り、道のためには英吉利、亜米利加の軍艦を恐れず（後略）」（福澤③、三一頁）と説いたことは有名である。しかしこの叙述は以下のように続くことを忘れてはならない。「然るを支那人などの如く、我国より外に国なき如く、外国の人を見ればひとくちに夷狄《いてき》々と唱へ、四足にてあるく畜類のやうにこれを賤しめこれを嫌らひ、自国の力をも計らずして妄《みだり》に外国人を追払はんとし、却て其夷狄に窘《たしな》めらる、などの始末（後略）」（福澤③、三一頁）。ここに明快に読みとれるように、国家平等論は中華世界像を否定して開国を正当化するための福澤一流のレトリックだった。

当時の人々にとって、「万国公法」の存在は列強の「虎狼ノ心」を否定するものではなく、むしろ国際社会の現実が弱肉強食であることを明示するものだった（岩倉具視「外交・会計・蝦夷地開拓意見書」、『対外観』八頁）。まして福澤は、幕府の外国方として多数の外交文書の翻訳に従事する外交の現場にいた。そこでは列強が「万民互の通法」を笠に着て、要求が通らなければ「日本の当地及び他処の安静を危くすべし」などという脅迫が書き込まれていた（生麦事件の処理にかんする文書から引用。福澤⑳、五七九頁と五八二頁を参照）。福澤は国際社会が弱肉強食であることを十分に承知しながら、攘夷論や中華世界観を否定する目的で、国家間での「世界普通の道理」の支配を強調したのだろう。かれが万国公法のタテマエを字義どおりに信じていたとは考えられない（この点で、福澤の国際観が自然法的なものから「マイト・イズ・ライト」の国家理性論に転換したとする丸山眞男の解釈は肯けない。丸山の「近代日本思想史における国家理性の問題」「福澤諭吉選集第四巻・解題」など参照）。

福澤諭吉の国体論

ところで幕府から天皇の権威を奪取することで武家政権を打倒した維新政権は、対外的危機の克服と新政府の権威の確立というふたつの課題をもっていた。倒幕運動は尊王攘夷のスローガンで始まったが、一八六五年に条約許可の勅書が出たことなどによって、政府の外交方針としては開国が確定した。だからさしあたり重要なのは、武家政権を打倒したイデオロギー勢力を背景に、天皇の権威を確立することだった。明治元年三月、新政府は以下のような布告を発した。「此度、王政復古、神武創業の始に基づかせられ、諸事御一新、祭政一致の御制度に御回復遊ばされ候(下略)」。

ここに表明された「王政復古」と「祭政一致」という理念は、まず五カ条誓文の儀式を天皇が「天地神明」に誓う形式で実施したことに示され、さらにその具体化として神祇官再興が布告された。神祇官の設置は古代律令制に復帰して、神道にもとづく祭政一致体制をめざしたもので、全国で廃仏毀釈の運動が燃えあがった。明治三(一八七〇)年には大教宣布の詔が出され、神道による国民教化をめざしたが、この体制はまもなく行きづまった。そして神祇官は神祇省、さらには教部省に再編成され、神官と僧侶を教導職に任命して、「三条の教則」にもとづく国民教化運動が展開された。「三条の教則」とは、①敬神愛国の旨を体すべきこと、②天理人道を明らかにすべきこと、③皇上を奉戴し朝旨を遵守せしむべきこと、というもので、あきらかに神道に傾斜したものだったので、浄土真宗本願寺派が反対運動を展開し、最終的に教導職制も挫折した。

明六社に結集した洋学派知識人たちが活動し始めたのは、神道国教化をめぐって、政府が以上のような試行錯誤を続けている時期だった。かれらは政府がめざす政教一致体制を異口同音に批判した。『明六雑誌』に掲載された西周「教門論」、加藤弘之「米国政教」、森有礼「宗教」などはその代表で、いずれも政教分離を説いている。加藤弘之『国体新論』は、「国学者流」が唱える「天神政治《テオクラシー》」を「荒誕無稽」と批判し、神典上のことを尊信するのはいいが、国家は人間界のことだから「人間界の道理に合わぬこと」は取るべきでないと説いた。

明六社同人のなかでも福澤諭吉は、伝統的な国体論が西洋文明移入の最大の障害になると考え、それを正面から批判した点で傑出していた。『文明論之概略』第二章で、福澤は国体をつぎのように定義している。「国体とは、一種族の人民相集て憂楽を共にし、他国人に対して自他の別を作り、自から互に視ること他国人を視るよりも厚くし、自から互に力を尽すこと他国人の為にするよりも勉め、一政府の下に居て自から支配し他の政府の制御を受るを好まず、禍福共に自から担当して独立する者を云ふなり」(福沢④、二七頁)。

これは水戸学以来の国体の概念を根本的に転換したものである。従来の国体論は、国家の体面や伝統的な国家体制にかかわる言葉だった。福澤はこうした伝統的な言説の磁場から離れて、J・S・ミル『代議政体論』の「ナショナリチ」に関する有名な一節を援用し、他者との差異の共有という点に国体の核心を求めた。「(前略)国体の情の起る由縁を尋るに、人種の同じきに由る者あり、宗旨の同じきに由る者あり、或は言語に由り、或は地理に由り、其趣一様ならざれども、最も有力なる源因と名く可きものは、一種の人民、共に世態の沿革を経て懐古の情を同ふする者、即是なり」(福沢④、二七頁)。こうして「ナショナリチ」の核心は、歴史を共有する意識に求められる。国体とはこのような歴史を共有する単位としての「ナショナリチ」の独立と存続として定義された。

福澤の国体論は、「王政復古」という形で結実した明治維新の対外的危機意識をすくいあげつつ、それを巧みに換骨奪胎して近代的なナショナリズムに転換したものである。しかし『文明論之概略』の福澤は、「皇統連綿」や「神政府」にもとづく旧来の国体論を批判しただけで、国体の中身である共有すべき歴史的記憶について何も述べていない。福澤がこの問題について立ち入った考察をするのは『時事小言』(一八八一年)以後のことである。「国民の気力を養ふ事」と題された『時事小言』第六編で、福澤は「懐旧の口碑を共にして其喜憂栄辱を共にする」ことが「報国心」の核心だと論じた。

　このとき福澤が念頭に置いていたのはキリスト教の脅威である。キリスト教については、すでに『文明論之概略』第一〇章で、「皇学者流の国体論」とともに批判していた。キリスト教の「一視同仁四海兄弟」の大義が、「一国に私する心」としての「報国心」に反するというのが根拠だった。『時事小言』での批判はもっと激しい。「今日我国に於て耶蘇の教を学ぶ者は、西洋人の師恩を荷ひ、西洋諸国を以て精神の師と為す者なり」(福澤⑤、二一四頁)。キリスト教によって精神的に去勢され、「自他の別を作為」することを本領とする「報国心」が内部から融解してしまうことを、福澤は恐れた(福澤⑤、二一四頁)。キリスト教の教理は公平を旨とするが、西洋諸国にとってそれは「固有の宗教」として「政治と密着」しているので害とならない。日本にとってそれは「外教」であり、「外教」を学ぶことは精神的な「従属」を意味する。精神の奴隷化が「形体」の奴隷化を伴うことは必至だと、かれは危機感をつのらせた。

　福澤がにわかにキリスト教排撃に熱を入れ始めたのは、この時期に三河の「天主教徒自葬事件」に関係したからである。東本願寺派の共同墓地にカトリック教徒がキリスト教式の埋葬をして、仏教徒の村民と訴訟になった事件で、福澤は村民のために訴状を代筆し、塾生を派遣して外教排撃の演説行脚をさせ、さらにこの事件の重大性について大隈重信、田中不二麿、中村道太などに書簡で訴えた。同じ時期にかれ自身も、三田演説会で「宗教論」あるいは「宗教の説」と題する外教排撃の演説を何度も行なっている。

一八八二（明治一五）年一月、内務省は「神官は教導職の兼補を廃し葬儀に関係せざるものとす」との布告を発した。前述のように真宗本願寺派が離脱した結果、神仏合同でキリスト教に対抗することを企図した教導職制は崩壊した（教導職の正式な廃止は一八八四年）。この内務省達はその事実をふまえ、神社が他の宗派と同じレヴェルで布教や葬儀に関わることを否定したものである。この布告に前後して、神道系の各宗派（黒住教・天理教など）は「教派神道」として独立して、宗教として位置づけられたので、神社神道だけが仏教や神道の各派と異なる次元に位置づけられることになった。これは神道国教化政策の失敗をふまえて、神社神道は宗教ではなく国家的儀礼だと位置づけたものである。

この内務省達を受けて、福澤は『時事新報』に「神官の職務」と題する論説を掲載した。神道は「敬神の教」を説くもので宗教ではないとの年来の主張が認められたことに、満足の意を表明したものである。ここで福澤は、神官の職務は日本の歴史を講ずることによって「懐旧の感」を生ぜしめ、「国権の気」を養うことだと述べる。「我日本の如きは開闢以来一系万世の君を戴《いただい》て曾《かっ》て外国の侵凌を蒙りたることなく、金甌無缺は実に其字義の如くにして曾て尺寸の地を失はざるものなれば、古来の国史を開て之を読めば愈々益々勇気を増さゞる者なかる可し」（福沢⑧、八一頁）。歴史の共有こそナショナリズムの核心と考えていた福澤は、アイデンティティの根拠を神道に求め、神道非宗教論の成立によって、それが「ナショナリチ」喚起の役割を担うに足る存在となったと判断したのである。この文章で無視できないのは、「報国心」の中心となる「懐旧の感」が万世一系の皇統と不可分と考えられていることである。かつて『文明論之概略』第一〇章で、「皇学者流の国体論」を批判したとき、幕府や藩主に対する忠誠心に代えて「王室を慕ふの至情を造り之をして真に赤子の如くならしめん」（福澤④、一八七頁）とするのは、文明の時代には不可能だと論じていた。福澤はこの点で一八〇度の転換をしたのである。一週間後、かれは「帝室論」を『時事新報』に連載し始める。ここに至って、エスニックなアイデンティティの根拠を万世一系の皇室にもとめる決意をしたのである。

「内」と「外」

福澤諭吉の国体論がなぜこのような劇的な転換を遂げたかは、容易に想像がつく。上記のキリスト教の問題を除けば、自由民権運動の進展である。維新以後、政治は特権階級の独占から解放され、言論をつうじて誰でも参入できる領域になった。自由民権をスローガンとする反政府運動は、もとは征韓論をめぐる維新政権の内部分裂に起源があるが、新聞・雑誌・演説会などの媒体によって社会の底辺に広がった。その状況は、政府首脳によって「激昂の論を掲げ、人心を煽動し、国体を破壊し、禍乱を醸成して以て快と為す」ような言論の氾濫と把握されていた（伊藤博文「教育議」、『教育の体系』八〇頁）。同じころ福澤は、交通通信手段の発達が思想の流通を迅速にし、政府と人民の意識の差を拡大して、両者の対立を不可避にすると警告している（『民情一新』）。こうした事態を避けて官民調和を実現するために、福澤は国会開設を主張する。国会は官民対立をルール化し、政権の帰趨を「人民の多数」によって決定しようとするものである（「藩閥寡人政府論」）。だが福澤は、国会開設だけで官民調和が実現できるとは楽観していなかった。

自由民権運動が胎動を始めた一八七八年に、かれは『通俗民権論』と『通俗国権論』を同時に刊行し、「内国に在て民権を主張するは、外国に対して国権を張らんが為なり」と主張していた（福澤④、六〇三頁）。国権拡張には強い「報国心」が必要であり、他者との相違を明確にするためにナショナル・アイデンティティの確立がもとめられた。国民共有の歴史的記憶をもとめて、結局、福澤は記紀の記述にもとづく皇統神話に行き着いたのだった。

以上のように、「内」において「国体」の内容と根拠を確認することは、「外」に対する差異を明示することでもある。維新政府は、まるで囲碁の巧者のように足早に地固めをしていった。まず蝦夷地については、幕末に幕府直轄領としていたが、アイヌとの交易がおこなわれるだけで国境線は未確定だった。ロシアの蚕食を恐れた政府は、明治二年に開拓使を置き北海道と改称した。さらに日本人とロシア人が雑居する樺太にも開拓使を設置したが、後に千島樺太交換条約を締結して国境を確定した（一八七五年）。

他方、江戸時代から島津家の支配下にあった琉球王国は清国とも冊封関係にあったが、政府はまず琉球国王を藩主とする琉球藩を設置した。折から琉球人が漂着した台湾で先住民に殺害される事件がおこったのを口実に、政府は一八七四（明治七）年に台湾に出兵し、清国と「互換条款」を締結して、琉球人を日本人と認めさせることに成功した（毛利敏彦『台湾出兵』）。そして琉球側の抵抗を排して、一八七九（明治一二）年に琉球藩を廃止して沖縄県とし日本の版図内においた。

琉球処分は朝鮮問題と複雑に交錯していた。江戸時代に幕府と朝鮮の外交関係を担当したのは対馬藩だった。一八六八（明治元）年、新政府は対馬藩を通じて朝鮮に王政復古を通告したが、その文書には中国皇帝しか使用できない「皇」「勅」などの語があり、中国と朝貢関係にあった朝鮮が容認できない内容だったので、文書の受理を拒否された（「書契問題」と呼ばれる。なお以下の点について、田保橋潔 一九六三、石井孝 一九八二、森山茂徳 一九八七など参照）。華夷秩序を墨守する朝鮮とそれを打破しようとする日本は出発点から対立し、日本側では征韓論がくすぶった。たとえば対馬藩から外交の権限を回収した外務省は、太政官に上申した一八六九年の文書で以下のように述べている。「（前略）目近魯西亜ヲ初、其他ノ強国頻リニ垂涎、俎上ノ肉トナサントス、コノ時ニ当リ、公法ヲ以テ維持シ、匡救撫綏ノ任、皇朝ヲ除クノ外更ニ無之（後略）」（田保橋潔上巻一九六三、一八八頁）。朝鮮がロシアをはじめとする列強の支配下に置かれれば「燃眉ノ急」という事態になるので、日本はまず「兵威」を示して朝鮮の「侮慢ノ肝」を破ってから、国交を正常化するべきだと述べたものである。このように安易な征韓論が早い時期から浮上したのは、不平士族の関心を外に向けるという政略的な配慮だけでなく、神功皇后の朝鮮遠征にかんする記紀の説話、古代の任那日本府や豊臣秀吉の遠征などの逸話が、国民の歴史的記憶として呼び起こされたことが影響している。

日朝関係が解決の糸口をつかめないなかで、日本は朝鮮の宗主国である清国との国交調整に動いた。日清間には正式の国交関係が存在しなかったので、政府は一八七〇年に国交と通商の下交渉の使節を派遣し、清国が正式交渉に応じたので、翌年に日清修好条規が成立した。清国では、日本が欧米と結びつくことを阻止する意図があったという。この条約は領事裁判権と協定関税率を相互に承認するという特異な平等条約だった。

江華島の草芝鎮《チョジジン》

朝鮮はここでフランス・米国・日本の軍隊と戦った。広場の建物のなかに当時の大砲が陳列されている。

行きづまったままの日朝関係については、条約改正を意図して米欧を歴訪した大久保利通らと留守政府の西郷隆盛らが征韓論をめぐって対立して、非征韓派が勝利した（明治六年の政変）。しかし事態を打開するには何らかの力の誇示が必要との見解は根強く、結局、それは江華島事件となって現れた。日本の軍艦雲揚が江華島に接近して砲撃され、軍事衝突にいたったものである。その結果、締結されたのが日朝修好条規で、朝鮮は「自主之邦」であると規定した。清国との宗属関係を否定する意図を込めたものだったが、清国と朝鮮の側では、「自主之邦」であることと冊封関係とは矛盾するものではないと理解したので、朝鮮をめぐる日清関係は日清戦争まで決着がつかなかった。開国後の朝鮮では、大院君《デウォングン》（国王の父）と閔妃《ミンビ》一族の抗争に開化派と守旧派の対立が交錯し、清国と日本がそれを利用して勢力拡大を計るという状況だった。一八八二年の壬午軍乱や一八八五年の甲申政変は、いずれも日清両国の思惑が反映したものだった。

前述の福澤諭吉の国体論の変化は、以上のような東アジアの状況を強く意識したものだった。福澤は、この頃から、西欧の脅威だけでなく、中国朝鮮との関係を強く意識し始めていた。条約改正を企図して、明治四（一八七一）年から欧米を歴訪した岩倉使節団は、欧米各国から歯牙にもかけられないという苦い経験をした。国際的地位を上昇させるには、「西洋人の眼中」に日本がどう映るかが何より重要だったのである。「西洋人が局外より日本支那を対照し、果して日本は支那に優るとの思想を懐くべきや如何ん」と、福澤は自問している（「日本は支那の為に蔽はれざるを期すべし」、福澤⑨、四一四頁）。「亜細亜の古国」と訣別しなければ、結局、日本は「尋常東洋の一列国」とみなされるしかないだろう（「輔車唇歯の古諺恃《たの》むに足らず」、福澤⑩、三二三頁）。有名な「脱亜論」は、日本国民の精神が「亜細亜の固陋」を脱して西洋文明の域に達したと主張しているが、これは半分は強がりであり、半分は差異を強調する戦略的発言と理解すべきである。

三　国体ナショナリズムと「文明の義戦」

教育勅語

以上のように、「内」においてナショナル・アイデンティティを根拠づけることは、「外」に対して差異を明確にすることであり、このふたつの作業によって国民国家としての基礎固めが完成した。一八八九（明治二二）年に発布された帝国憲法と翌年の教育勅語はその具体的表現であり、近代日本の国家体制の骨格をなすものである。教育勅語は、有史以来、忠と孝の順守によって国民が

「億兆心ヲ一」にしてきたことを「国体ノ精華」として誇示し、「一旦緩急アレハ義勇公ニ奉シ以テ天壌無窮ノ皇運ヲ扶翼スヘシ」と命じた。日本の歴史を忠孝によって塗り固めたのは明白な歴史の偽造であり、後に北一輝はその欺瞞性をあからさまに批判して、「日本国民の殆ど凡ては皇室に対する乱臣賊子」で、「忠臣義士」は「例外」にすぎないと書いた（『国体論及び純正社会主義』、北①、二六九頁）。しかし北のような批判はきわめて例外的で、万世一系の皇統と家族国家という擬制が、国民の歴史として作りだされ称揚された。北の著書が即座に発行禁止になったことはいうまでもない。

　一八九〇年前後の国家体制構築期に、国体ナショナリズムを展開した典型的な言説として、陸羯《くがかつ》南《なん》と新聞『日本』の社説を取りあげてみよう。憲法発布の前年、『日本』の前身『東京電報』の社説は、皇室が「歴史上政治上の主権者」であるだけでなく「道徳上国民の宗家」であると主張している（陸①、五三三頁）。これは教育勅語の理念を先取りしたものといえるだろう。この社説は「万世一系の国体」を「大和民族」の「歴史上の無二の名誉」とし、これこそ日本の「国民性格《ナショナルカラクテル》」だと説いた。当然ながら、天皇統治の歴史的な一貫性と道徳性を強調する思想は、「純粋潔白なる歴史上の感情」を国家統一の基礎とする志向となり、それを阻害する言行を糾弾し禁止することにつながる。例えば楠公父子の訣別は虚伝であると主張した重野安繹《しげのやすつぐ》の研究は、考証ではなく穿鑿だと糾弾される。「吾人の光輝となすべき模範」となる歴史上の事跡は、たとえ誇張や歪曲があっても「庇保して吾人の国光を発揚」すべきだということになる（「歴史家及考証」、陸②、四六三頁）。神道家などから集中砲火を浴び、東京帝国大学退官を余儀なくされた久米邦武の論文「神道は祭天の古俗」も、「凡そ事の皇室に連るものは吾人は臣民の徳義として公然とこれを問題とすることを慎まざるべからず」と、『日本』は久米の軽率さを批判した（「神道論者の寄稿」、陸③、四六四頁）。国体論という強力な磁場が形成され、すべての言論はこの磁場のなかで枠づけられ方向づけられるようになっていくのである。

憲法の歴史的由来について論じた『近時憲法考』で、人民の要求によって成立した西洋諸国の憲法とは異なり、日本の場合は「天皇の大御心」にもとづくと、羯南は述べる。つまり西欧の立憲主義は君主権力の制限を趣旨とするが、日本の「皇権は臣民に向て無限にして皇祖皇宗の謨訓に対しては有限なり」ということになる。これは「皇祖皇宗の遺訓」の遵守を説いた教育勅語と異ならない。統治権の総攬者としての天皇は「皇祖皇宗の遺訓」以外の何ものからも制約を受けないから、その権力は普通の意味での国家権力ではない。もし天皇の統治権が、議会や内閣と同じカテゴリーでの国家権力なら、天皇は最高の国家機関たる「世襲大統領」になってしまう（陸①、一一六頁）。皇祖皇宗の後光に輝く天皇は、絶対者でありながら道徳性のオブラートに包まれ、「赤子」たる臣民に対して親としてふるまう。文久年間に出現した天皇像がここに明確に定着しているのがわかるだろう。新聞『日本』の社説は、このことを以下のように表現している。「我が日本に在りて国民の本心は　天皇を以て神と為し、臣民を以て宝と為す。神なり、故に侵すべからず。宝なり、故に軽んずべからず」（「憲法恪守論」、陸③、一九七頁）。

皇室を「道徳上国民の宗家」と捉えた羯南は、神道は宗教ではなく日本の「国風を指称」したものと考えた（「布教条例、典礼と宗教」、陸②、三八六頁）。換言すれば、それは日本独特の国家的典礼（「国礼」）だから、国民である以上、いかなる信仰の持主もそれに服従しなければならない。いわゆる「教育と宗教の衝突」問題についていえば、これはキリスト教がみずから随伴してきた「外俗」を捨てなかったために日本の「国礼」と対立したもので、その本質は教育と宗教の対立というより、むしろ「国礼と宗教との衝突」である（「教育と宗教」、陸④、二二九～三七頁）。条約改正に反対して出された「国際論」でも、国民が精神的に武装解除されることを「心理的狼呑」や「心理的蚕食」の語で説明し、キリスト教は西欧の慣習と一体なので、「国礼」と衝突するのは必至だと警戒心を露わにしている。羯南は条約改正や欧化主義について福澤諭吉と対極の立場にあったが、国体論についての両者の言説は相似形をなしているのがわかるだろう。

教育勅語が発布されたとき、『日本』の社説は、以下のように説いた。「夫れ父母に孝、兄弟に友、夫婦の和、朋友の信、及び皇室に対する忠、是れ皆な日本国民の固有なる倫道なり、日本国民の歴史的慣習なり、日本社会の由りて建つ所の元素なり。是れ学理の以て推究すべきものにあらずして、感情を以て断定すべきものなり」（「斯道論」、陸②、七五〇頁）。教育勅語が「国体の精華」と称したものを、羯南は「歴史的慣習」の名において正当化し、「学理」の介入を排除した。

しかし論理的な説得を拒否して、「感情」のレヴェルでしか正当化できないなら、国体論はいずれ破綻するしかないだろう。事実、維新当初の国家目標を達成した日露戦後、国体論の綻《ほころ》びは明白になる。徳富蘇峰は『時務一家言』（一九一三年）で、青年たちの「忠君愛国思想の欠乏」を嘆いて、以下のように書いている。「吾人が祖先は、国体論に就て、未だ何故との疑問を発したるものなかりき。今日の青年に於ては、殆んど其の疑問を発せざるものはなき也」（『徳富蘇峰集』二八五頁)。国体論は青年たちの「何故」に対する回答をもたない。蘇峰とは逆に、国体論を批判する意図をもった木下尚江は、学者は国体論について「教訓」するだけで「説明」せず、あえて質問するものがいれば「革命の挑戦として戦慄」していると指摘した(「飢渇」、木下④、三四九頁)。

こうして国体論をめぐる言論の磁場では、論理的な「説明」を拒否し、「何故」という質問自体を忌避する状況が作りだされた。そこでは「忠君愛国」の大仰な掛け声と有無を言わさぬ押しつけが盛行し、内面的確信を欠いた「空虚な儀式」(ルソー)が演じられて、いたるところに「似非君子」が跋扈する事態となる。初等教育における勅語奉読の儀式はその端的な表現だった。そこではタテマエとホンネが巧みに使い分けられた。戦場で「天皇陛下万歳」を叫んで自決することと、私的な場で「天ちゃん」と呼称することは、決して矛盾しない。幕末に、「錦の御旗」という大義名分と、天皇を「玉」と道具視する見方が併存したのと同じことである。社会全体が自己欺瞞の網の目に絡めとられ、そこから逃れる術を知らなかったのである。

日清戦争

前述の壬午軍乱と甲申政変によって朝鮮に対する清国の宗主権が強化され、日本の影響力は後退した。日本にとって、日清戦争はこうした状況を打破して巻き返しを図る決意を込めた一歩だった。外相陸奥宗光が『蹇蹇録《けんけんろく》』で語っているように、日本は外交では「被動者」としてふるまい、軍事的には主導権を握ろうと腐心した。日本にとって、朝鮮問題の主役は朝鮮ではなく清国であり、舞台の袖と客席には列強が陣取っていた。陸奥の表現によれば、ロシアは「舞台の一隅」に隠れた

「一個の演技者」であり、英国は「舞台の外」にいる「熱心なる看客」だったのである（『陸奥宗光』一〇三頁）。

日清戦争が勃発したとき、言論人は例外なくこの戦争に大義があると考えた。福澤諭吉が「日清の戦争は文野の戦争なり」を発表したのは、戦争勃発直後だった。この戦争は文明と野蛮の戦争で、日本は世界文明のためにその妨害者を打倒するのみと論じている。一カ月ほど後の『国民之友』（第二三三号）には内村鑑三の英文 Justification of the Korean War が掲載され、次号にその翻訳「日清戦争の義」が載る。「支那は社交律の破壊者なり、人情の害敵なり、野蛮主義の保護者なり」と論じたものである。こうした考えが朝野を問わない定論だったことは、外務大臣だった陸奥も「西欧的新文明と東亜的旧文明の衝突」と表現していることでもわかる。

欧化主義に反対する陸羯南は、文明国を自称し他を劣等国視する欧米の偏見を批判し、その屈辱をそそぐことが日本の使命だと主張していた（『国際論』）。当然、かれは自己を西欧文明の側に置くことを肯じない。むしろ欧米が唱える「四海兄弟主義」を「排他自衛の思想」として非難し、それに歩調を合わすのは「欧米人に誉められん」とするにすぎないと述べた。さらに「日清の欧化主義」と題する『日本』社説（一八九一年七月一九日）では、日本の欧化が無原則なのに対して、清国での西欧文明の輸入は「実益を先にし虚形を後に」するという原則が貫かれていると評価している。しかし戦争が勃発すると、『日本』の論調は一変する。清国は「東洋の一大野蛮国」とされ、「王師の大目的は東洋の中央に跋扈する蛮人を駆逐する」ことだと主張される（陸④、五七九～五八〇頁）。そして戦勝が確定すると、日本の文明は「優に一等の域」に達したと自負し、憂えるべきは日本の文明が欧米から「知られざる」ことだという（陸④、六一五頁）。
後進国の国際的地位を決定するのは欧米の評価である。「知られ」ていないとは、自己のふさわしい認知を得ていないことを意味する。福澤諭吉は一八八四年の論説「宗教も亦西洋風に従はざるを得ず」で、動植物の保護色の比喩を用いて、欧米文明の色彩とは異なる色相をもつものは「疎斥」を免れないと指摘し、「一切万事、西洋と其色を同うして其間に異相あるを覚へざらしめ、彼れをして其互に区別する所なきを視て我を疎外するの念を絶たしむるに若かざるなり」と論じた（福沢⑨、五三一頁）。井上馨外相によって演出された鹿鳴館の風物は、福澤の構想の通俗版である。

復元された日清戦争時の清国の主力艦「定遠」
1895年2月、日本軍は清国の北洋艦隊が逃げ込んだ軍港・威海衛に夜襲をかけ、「定遠」を座礁させた。現在、威海（山東半島北東部）の港には、当時の設計図によって忠実に復元されたという「定遠」が観覧用に供されている。

福澤や井上にかぎらず、およそ欧化主義は、西欧化による国際的地位の上昇こそ不平等条約改正や国家独立の早道と考えた。しかし急速な欧化はアイデンティティの危機をもたらす危険性があるだけでなく、西欧化しても欧米からふさわしい認知を得られないという欲求不満を亢進させることもある。日清戦争中に書いた論文をまとめた徳富蘇峰『大日本膨脹論』（一八九四年）は、こうした屈折した心理と自尊心の回復というテーマをみごとに表現している。例えば「征清の真意義」では、ペリーによる開国を「強姦」に比すべき「屈辱」と断じ、「今日に到る迄、世界諸強国と対立して、我が膝の直からざるは、この汚点のためなり」（『徳富蘇峰集』二六一頁）と主張している。ここに「強姦」と評されたペリーによる強制的開国の「屈辱」は、以後の蘇峰がくり返し立ち返る地点であり、近代日本のナショナリズムの原点だった。

強いられた開国の後に来たものは「軽侮」だった。世界は日本人を「猿猴に接近したる人類」か「人類に接近したる猿猴」としてしか見ていないと、蘇峰は痛憤する（「征清の真意義」）。欧米人が日本を自己と対等と見ていないことはいうまでもない。それどころか、日本は清国とすら対等と考えられていない。日清戦争はこのような屈辱を晴らす「好機」だった。戦勝は日本を中国より上位に位置づけることを可能にし、それによって日本は傷つけられた自尊心を回復できる。蘇峰がいうように「最大の戦利品は、大日本国民の自信力」だった。この「自信力」の根本は、何よりも欧米による認知である。その意味で、この戦争は「暗室」での格闘ではなく「世界の前」での決戦だった（同上書、二五三頁）。「吾人は清国に勝つと同時に、世界にも打勝てり。吾人は知られたり。故に敬せられたり、故に畏れられたり、故に適当の待遇を享けんとしつつある也」（同上書、二六五頁）。

福澤諭吉が中国朝鮮との差異という視点から強調した「脱亜」の論理が、ここに別の形で再現しているのがわかるだろう。陸奥外相も戦勝の成果を自賛して、「耶蘇教国以外の国土には欧州的の文明生息する能はずとの迷夢を一覚せしめ」たと、欧米の日本評価が一変したことを伝えている（『陸奥宗光』一四八頁）。かれらと同様に蘇峰も、清国は「文明の敵」であり、戦争が「文明の義戦」であることを強調した。そして「義戦」という言葉に疑問を呈した欧米の言論に対して、「何の権か」（『国民新聞』一八九四年九月九日）は、欧米諸国が文明の名において他国に干渉した例を挙げて、「野蛮なる国家を征するは文明の権なり」と反論する。そして「支那を征伐するまたこの権によるのみ。欧州強国の為したる事は、即ち吾人の為さんと欲する所なり」と、欧米文明を逆手にとって自己正当化を試みている。ここには、欧米から受けた屈辱を清国との戦争によって代償し、欧米から認知されることで自尊心を回復したいという欲求がみごとに表現されている。

第二章　開国前夜から日韓併合まで——朝鮮(1)

朝鮮のナショナリズムは他の非西欧諸国同様、西欧起源のナショナリズムの「派生言説」（Chatterjee 1986）である。しかしその「派生」は、西欧近代と自国伝統の異種交配（hybridization）を伴う。つまり、朝鮮ナショナリズムは〈伝統と近代の異種交配の産物〉である。そこで西欧起源のナショナリズムは、産業化と民主化、自由と平等を象徴する一方、暴力と専制、植民地主義（＝支配−抑圧の認識・言説機制）を肯定するという両面性をもつ。それは、排除と包摂を原理とし、また欧米中心的近代主義、オリエンタリズム、文化本質主義、人種主義などと結合している。これに適応しようと、朝鮮ナショナリズムは多様な形で発明され形成されたのである。ここでいう適応とは同調と抵抗との両概念を含意する。

朝鮮ナショナリズムは、その特徴として、抵抗と普遍への志向（orientation）や分裂への傾向（trend）が強い。まずは他者の帝国主義・植民地主義に対する抵抗志向。それゆえ朝鮮ナショナリズムは反帝・反植民地主義という抵抗言説を多く含んでいる。もっとも、同調言説が全くなかったのではない。朝鮮ナショナリズムの多様な形のなかで、一部は同調言説を含んでおり、同調志向を示している。朝鮮ナショナリズムは〈同調と抵抗の間〉で発明・形成されていったのである。ただし抵抗志向が圧倒的に強い。

朝鮮にとって、他者とは西欧、清国、日本を指す。これらの他者は、抵抗の対象であると同時に同調の対象でもあった。いいかえれば、憎悪の対象であると同時に憧れの対象でもあった。単純化していえば、まず、西欧は最初に抵抗・憎悪の対象だったが、次第に同調・憧れの対象へと転じていく。次に、清国は伝統的に愛憎錯綜の関係にあったが、近代に入っては、抵抗・憎悪の対象になり、次第に他山の石・反面教師になっていく。最後に、日本は伝統的に蔑視の対象だったが、近代に入って、同調・憧れと抵抗・憎悪との間で揺れ動いた後、次第に抵抗・憎悪の対象になっていく。そして「忘れえぬ他者」となった。

二番目は自己の普遍を守護し、他者の普遍を導入しようという普遍志向。その背景には、朝鮮の原初ナショナリズムが尊華論（意識）を基盤として発現していたという事実がある。後述するが、尊華論は特殊と普遍の両志向を孕んでいる。だが、そもそも尊華論は――誰にも開かれた、誰でも共有できる――中華の文明・文化を尊ぶという論である。その意味で、必然的に普遍志向を伴う。この普遍志向は朝鮮の、原初ナショナリズムのみならず、近代ナショナリズムにも投影されている。もっとも、朝鮮の近代ナショナリズムは次第に特殊志向を強めていったといえる。

さて、「ナショナリズムの普遍志向」とは一種の矛盾語法である。元来、ナショナリズムは特殊なものだからである。それが普遍を志向すると、結局、自己のナショナリズムを内破しかねない。しかし、普遍志向は自己の抵抗ナショナリズムを強化する要素ないし支援する手段にもなりうる。自己の普遍を守護し、他者の普遍と結合する、それによってナショナリズムを強化し、他者の支援を得ることも可能だからである。とくに国権が脅かされる危機に対処し、また国権を奪われた状況を乗りこえるためには、特殊のみを志向するようなナショナリズムに固執できない。朝鮮のような弱国の場合、普遍志向は他者のナショナリズムの特殊と、その特殊に基づく帝国主義・植民地主義に抵抗するための手段でもあったといえよう。

上記したように、普遍志向は自己のナショナリズムを内破しかねないが、他方では、自己の抵抗ナショナリズムを強化する要素ないし支援する手段にもなりうる。その意味で、それは〈自己否定と自己強化〉との相反性を孕む。この相反性はまた、他者の普遍を導入し結合する際にも働く。その導入・結合は、自己のナショナリズムを強化・支援すると同時に、自らを内破するような相反作用の要因にもなりうるのである。その際、強化要因となるか、内破要因となるかは、その導入・結合の仕方（例えば自己の普遍と他者の普遍との協調か、自己の普遍に代わる他者の普遍の移植か）と絡む、また他者の普遍の性格（例えば連帯性か膨張性か）とも絡む複雑な問題である。特記すべきは、普遍志向はその変態として、アジア主義や帝国主義・植民地主義との妥協志向へと変質する場合もあるということである。いわば〈普遍の特殊化〉の現象である。

最後に、分裂への傾向。ナショナリズム（＝ナショナル・アイデンティティ）は一連の差異との関係において形成される。その差異は容易に他者の排除や抑圧に転ずる。その排除と抑圧はまた、他者だけでなく、自己に対しても行われる。自己内部で、真のナショナリズムをめぐる競争が常に存在するからである。この競争が発生すると、自己は〈同一化された自己〉と〈差異化された自己〉に分裂する。自己の同一化は自己の差異化（＝自己の他者化）を伴うのである。それはまた、差異化・他者化された自己の空白に他者を挿入する形で、他者の自己化（＝他者の同一化）を伴う。そこで〈差異化された自己〉は他者同様、排除ないし抑圧される。もっとも、〈差異化された自己〉もまた、ナショナリズムをもつことができる。こうしてナショナリズムは〈自己〉分裂する傾向を示す。

朝鮮ナショナリズムは分裂傾向が強かった。その理由は第一に、自己同一を確保すべき国家の〈求心〉力が弱かったことである。さらにより大きな理由として、朝鮮をめぐる強大国の勢力競争が存在した。勢力を伸ばした順でいえば清国→日本→ロシア→日本である。これらの強大国は協調と抵抗の錯綜する対象であった。そして脅威勢力の変化と抵抗主体の性向によって、朝鮮ナショナリズムは「反清、反日」などに分裂し錯綜した。そして「韓国併合」前後には、抵抗は反日に収斂した。同時に、朝鮮ナショナリズムは分裂を克服し、統合していく様相も見せた。一九一九年の三・一独立運動はその頂点であった。しかしその後、抗日路線をめぐって、再び葛藤・分裂と離合集散を繰り返すようになる。

一　原初ナショナリズムの発現

朝鮮のナショナリズムは他国同様、近代の産物である。もっともその基盤として尊華論（意識）の伝統がある。この尊華論が近代朝鮮におけるナショナリズムを産み出す基盤となったのである。その意味で、尊華論を朝鮮の「原初 primordial」ナショナリズムの発現と理解してよい（Smith 1986参照）。

尊華論は二種類に分けられる。一つは、自国内の種族や地域（内）を華、他国のそれを夷と固定しようとする、いわば種族・地理的概念としての華夷意識に基づく尊華論。これは特殊志向の面をもつ。もう一つは、「華夷変態」の可能性を認める、いわば文明・文化的概念としての華夷意識に基づく尊華論で（金鳳珍 二〇〇四、六五～六六頁）、普遍志向の面をもつ。この両者と関連して、佐藤慎一は「実体概念としての華夷観」と「機能概念としての華夷観」という二種類の華夷観を提示している（佐藤慎一 一九九六、二〇四～二〇六頁）。筆者は、前者を〈閉ざされた〉尊華論、後者を〈開かれた〉尊華論と命名したい。

前述したが、そもそも尊華論は（誰にも開かれた、誰でも共有できる）中華の文明・文化を尊ぶという論で、その意味で、〈開かれたもの〉である。朝鮮の尊華論もこの〈開かれたもの〉に起源する。だが、一七世紀の明清交替後、〈閉ざされたもの〉への性向を強めた。夷王朝である清国に対する攘夷意識と結合し、尊華攘夷論を成立させたのである。そして「朝鮮のみ中華」という小中華意識（＝朝鮮中華主義、鄭玉子 一九九八）が形成された。その後、尊華攘夷論は官僚・知識人から民衆へ広がり、また儒者の衛正斥邪論を産み出していく。

衛正斥邪とは正学を衛《まも》り、邪学を斥《しりぞ》けるという考えである。それは国内的には、朱子学を正学とし、それ以外の儒教の潮流および仏教、天主教を邪学として斥け、対外的には、尊華論（意識）に基づき、朝鮮を小中華と自認し、清とその他の国々を夷狄視した。そして、これを基盤として、官僚型、儒者（衛正斥邪）型、民衆（東学）型など多様な形の原初ナショナリズムが発明される（この発明とは「伝統の発明」を意味する。Hobsbawm eds.1983）。もっとも、その基盤の中には〈開かれた〉尊華論も含まれる。

朝鮮の原初ナショナリズムは、対日開国（一八七六）以降、近代ナショナリズムに変容していく。同時に、尊華論も変容していくのだが、その変容は二つの方向に分かれる。一つは〈開かれた〉性向を増す方向。もう一つは〈閉ざされた〉性向を守る方向。両方向は相克し混合する。それによって尊華論とナショナリズムは、複雑な性向を産み出しつつ、内外情勢の変化に適応していく。この適応は、抵抗と協調ないし反発と模倣、伝統と近代の異種交配（hybridization）といった複雑な作用を含む。そのなかで、朝鮮近代のナショナリズムは多様な形で形成されていったのである。その多様な形を、趙景達は「文明護持主義的」（衛正斥邪派）、「文明再生主義的」（東学）、「文明協調主義的」（穏健開化派）、「文明移植主義的」（急進開化派）などの範疇で分類している（趙景達 一九九一）。

尊華攘夷論

朝鮮政府は一八世紀末から一連の天主教徒の弾圧事件を引き起した。弾圧の論理は一言でいえば、尊華攘夷論であった。弾圧の序幕は正祖七（一七八三）年、金範禹《キムボムウ》（洗礼名ThomasKim）を処刑した事件で、さらに正祖一五（一七九一）年には珍山事件が起きた。珍山事件の原因は、全羅道珍山《チンサン》に住む尹持忠《ユンジチュン》が母親の喪に服する際、祖先の祭器を燃やしたことにある。彼の親戚である権尚然《クオンサンヨン》も行動を共にした。朝鮮政府は尹と権を処刑した。

正祖一九（一七九五）年、弾圧は政府内に及んだ。当時、政府内では「老論」「南人」と呼ばれる二系列の党派が並立していた。老論は尊華攘夷論の祖と言うべきもので、尤庵・宋時烈《ソンシヨル》（一六〇七～八九。北伐論者、朱子尊崇論者）を領袖として成立した党派である。かれらは明清交替以来、中央政界の実権を握ってきた。一方、南人は星湖・李瀷《イイク》（一六八一～一七六三。実学派の巨匠）の学派の党派で、南人系の官僚・知識人は西学（西洋の学問・宗教）に深い関心を示し、その一部は天主教に帰依していた。正祖は彼らを一七九五年に処罰し、〈正学の朱子学を衛《まも》り、邪学の天主教を斥ける〉との「斥邪学教」を頒布した。これが、衛正斥邪論の起源となる。

正祖死後の純祖元（一八〇一）年、老論は南人官僚の天主教徒に大弾圧を加え（辛酉教獄）、同時に北学派も弾劾した。北学派とは、老論一派として国内改革や対外開放を志向する党派を指している。「華夷一也」論で有名な洪大容《ホンデヨン》（一七三一～八三）、北学派の祖とされる朴趾源《バクジウォン》（一七三七～一八〇五）はその代表的な人物である。そこから、朴齊家《バクチェガ》（一七五〇～一八一五）らの海外通商論者も輩出した。彼らは〈開かれた〉尊華論（の伝統）を受け継ぎ、〈清国や西洋諸国も中華の要素をもつ〉とし、他国のもつ中華・文明を学びいれる道を開こうと試みた。そのためには開国が必要となる。そこから尊華開国論が発現し、朝鮮の原初ナショナリズムの一形態を構成していた。

天主教の国内浸透はその後も続く。そして民間の天主教徒は、北京の「パリ外邦伝教会」と連絡しつつ教勢を拡張し、一八三一年に朝鮮教区を創設する。またモーバン、シャスタン、アンベルらのフランス人宣教師も密入国する。朝鮮政府は一八三九年、フランス人宣教師を含む天主教徒に大弾圧を加えた（己亥教獄）。その七年後の一八四六年、フランス政府はセシル提督が率いる三艘の軍艦を派遣し威嚇した後、撤収した。そのほか、通商を要求する西洋船舶も朝鮮の沿海にしばしば出没した。こうした事態によって、朝鮮人の危機意識と攘夷意識は高揚していった。

一八六〇年の英仏連合軍による北京占領事件は、朝鮮人の危機意識と攘夷意識をさらに高揚させた。そうした状況下で一八六三年、一二歳の高宗《コジョン》（在位一八六三〜一九〇七）が即位し、父・興宣大院君《デウォングン》（一八二〇〜九八。通称、大院君）は摂政となった。大院君は摂政十年間、儒者の衛正斥邪派と連携する形で攘夷政策を取るようになる。その一例を見よう。

一八六六年二月、朝鮮政府は九人のフランス人宣教師、前承旨・南鐘三《ナムゾンサム》らを含む数千人の天主教徒を処刑した（丙寅教獄）。これを口実に、フランス艦隊が江華島《カンファド》へ侵入（丙寅洋擾）すると、同年九月、フランス艦隊との攻防のさなか、高宗は華西・李恒老《イハンロ》（一七九二〜一八六三。華西学派の祖、衛正斥邪派の領袖の一人）を同副承旨に任命し、献策を求めた。華西は官職を辞退しながらも、斥和＝攘夷を献策している。「国論が両説に分れて戦っている。洋賊を攻めるべしとは国辺人の説であり、洋賊と和すべしとは賊辺人の説である。…後説に由れば、人類は禽獣の域に陥る」（『承政

院日記』、高宗三年丙寅九月一一日条）と。

華西はまた、「中国の道が亡べば則ち夷狄、禽獣に至る。北虜［清国］の夷狄はなお語るに足るが、西洋の禽獣は語るにも足らない」（『華西集』巻一二、「洋禍」）と言う。彼にとって、斥和＝攘夷は「人類」朝鮮と「禽獣」西洋との対決となる。そこには、華西の理重視の主理論に基づく、強烈な二項対立思考が投影されている。その分、強烈な抵抗意識を表し、これが衛正斥邪派の原初ナショナリズムを構成する。そして近代の二元思考や二項対立思考に対峙する形で、強力な抵抗ナショナリズムを産み出す。

もっとも、衛正斥邪派の原初ナショナリズムは普遍性向を持っている。それは、先の引用文の中では「人類」という言葉で表される。この人類とはまず朝鮮人を指すが、しかしその範疇には論理的に（正を衛《まも》る）他国の人々も含まれるだろう。また華西は「西洋が道を乱す」といい、「天地の間、一脈の陽気がわが東にある。…この道を明らかにすること、焚［火事］を救うように汲汲と急がねばならない。国の存亡は、むしろ第二の事なのだ」（『華西集』附録、巻五、「柳重教録」、一九頁）と言う。ここで「道」とは儒教の道だが、それが「わが東」朝鮮にある。その意味では、特殊性向である。とはいえ、華西の道は朝鮮「国」に回収されない普遍性向をもつ。それは、「国の存亡」を超える普遍の道として、国家主義ではなく、普遍的な文明・文化主義と親和性をもつからである。

華西学派からは金平默《キムピョンムク》（一八一九～九一）、崔益鉉《チェイッヒョン》（一八三三～一九〇六）、柳麟錫《ユインソク》（一八四二～一九一五）ら、朝鮮近代における一連の衛正斥邪運動と義兵運動をリードする多くの人物が輩出した（呉瑛燮　一九九九を参照）。彼らは、最も非妥協的な抵抗ナショナリズムを代表していた。だがその限界も大きかった。近代における文明の基準の移転にうまく適応できず、「有効適切な現実的手段を創出することができなかった」（金榮作　一九八九、四〇頁）のである。しかしその限界は裏を返せば、近代文明や現実の負に対する抵抗・批判精神の強靭さを物語る。

東学

水雲・崔済愚《チェジェウ》（一八二四～六四）は一八六〇年、東学を創始した（趙景達　一九九八、中福龍一九八五、李炫熙編　一九八四など）。その教理の根本は「天道」を信じ、踏み行うことにある。「至愚なるものは禽獣、最霊なるものは人」（『龍潭遺詞』道徳歌）と説かれるように、人間は誰しも内に神霊を有する。ゆえに、すべての人間は「天主」降臨を感得することによって天道を実践できる。そのことは（二一字呪文と呼ばれる）「降霊呪文（至気が今に至《いた》って大きく降《くだ》ることを願う）」と「本呪文（天主を侍し、その造化が定まることを永世に忘れなければ、万事を知る）」に端的に示されている。要は、至気（宇宙万物の本源）の降臨によって天主との一体化（侍天主）が実現される（造化）のだが、それを信じれば、万事の真理を知ることができる、ということである。

そこで「至気」とは気重視の態度を示すものである。その意味で、東学は朱子学の主理論とその虚理化に対する批判を孕んでいる。また「天主」とは一種の人格神を含意する。その名称が東学は西学の天主教であるとの嫌疑を受ける要因となった。それゆえ、水雲は「左道惑民」の罪を被り、一八六三年一二月に逮捕され、翌年三月一〇日処刑された。しかし東学の人格神観の起源は天主教ではなく、儒教や道教の上帝観や伝統の天神観にあった。またその「侍天主」思想は人間平等思想を表している。水雲は「天心即人心」「天人一如」を言った。それが第二代教祖・崔時亨《チェシヒョン》（一八二九～九八）の「事人如天」へ、第三代教祖・孫秉熙《ソンビョンヒ》（一八六一～一九二二）の「人乃天」へと展開される。

水雲は「洋学［西学］は似て非なるもので、その呪文には実がない。運も一つ、道も同じだが、その理は非なのだ。…吾《われ》は東に生まれて東の道を受けた。道は天道だが、学は東学である」（『東経大全』論学文）という。そこには西学・西道への対抗意識、東学・東道への自尊意識が示されている。また「崑崙山の一支脈が中華に広がり、わが東邦は小中華を生んだ」（『龍潭遺詞』龍潭歌）といい、小中華意識も表明する。こうした意識を、東学の原初ナショナリズムの発現と理解してよいだろう。政府は一八六三年、「名づけて東学といい、東国主義を取る」（『日省録』、高宗元年一月二九日条）と解していたが、その東国主義とは東学のナショナルな性格を象徴的に表現したといえよう。

東学はまた、強烈な反清・反日意識を表明する。例えば「大報壇に盟誓して汗夷［女真族の清国］の怨讐を酬いてみよう」（『龍潭遺詞』安心歌）と。また「可憐なり、可憐なり。わが国の運数可憐なり。前世の壬辰［文禄慶長の役］は何年なりや。…崎険なり、崎険なり。わが国の運数は崎険なり。犬のような倭賊、汝ら身命を顧みろ」（『龍潭遺詞』安心歌）と。それによって水雲は、当時の危機状況に対応して「わが国」意識、国家意識を鮮明にした。水雲が唱える「輔国安民」は、まさにこうした国家意識を前提にして打ち出されたものである。それが、のちに東学の近代ナショナリズムとして再編されていく。

このように、東学は強烈な国家意識を帯びており、その分だけ衛正斥邪論と比べて、国家主義に親和性をもつ。ただしそれは東学の一面にすぎない。東学は他面では、普遍志向を示す。東学の道＝天道はそれを表しており、朝鮮「国」に回収されない。要は、東学は国家主義と共に、普遍的な文明・文化主義と親和性をもつのである。東学の目標は「輔国安民」に止まらない。その窮極目標は「後天開闢」による「地上天国」の建設である。水雲によれば、人間の歴史は「未開→文明（聖人の三皇五帝出現以後の天命を敬し天理に順じた時代）→堕落（晩近以来、天理に順じない時代）」との三つの時代に区分される（『東経大全』布徳文）。これら過去の時代は「先天」とされる。しかし近い将来に訪れる「後天」時代には新しい時運により、代天者＝帝王の介在なく天霊の直接降臨がなされて、侍天主（→民衆の君子化・神仙化）が可能となり、地上天国が開闢すると言う。

「後天開闢」の思想は朝鮮王朝の解体を含む、東学の改革性向を示している。東学と衛正斥邪論の差異について趙景達は、前者が「現実の小中華世界の堕落を前提として、その再生を主張する」のに対して、後者は「現実の小中華世界の肯定を前提として、その護持を主張する」と区別したうえ、「このような意味で東学は、まさに文明再生主義的ナショナリズム」であるという（趙景達 一九九一、一二〇頁）。もっとも、「後天開闢」の思想は「万民同帰一体」の地上天国を開いて万民を救済すると説いた点で、人間平等思想・民衆思想を表している。

東学の普遍性向はしかし、自己のナショナリズムを内破する要因にもなった。それが改革志向と結合して、同じく普遍として立ち現れた近代文明に自己を同一化させる動因になるわけである。その近代文明化がむしろ自己否定と結合し、国家意識を内破する。しかもその一部は近代文明化の先駆となった日本を肯定し、アジア主義や帝国主義と妥協する傾向を示すようにもなるのである。例えば大韓帝国期に至ると、第三代教祖・孫秉熙は開化思想を取り込んでいくのだが、その過程は親日化の過程でもあった。孫は、日露戦争に際しては「日本同盟論」を唱えて日本軍に協力し、愛国啓蒙運動期には東学を天道教と改め（一九〇五）、統監府政治の下で自治運動を展開する（康成銀一九八七を参照）。また、孫秉熙の弟子であった李容九《イヨング》（一八六八〜一九一二）は侍天教を創始し、日本と携帯する必要を説き、親日団体の一進会（一九〇四年結成）に加わって「韓日合邦」運動を展開する。

尊華開国論

前述したが、朝鮮には〈開かれた〉尊華論の伝統があって、そこから（北学派に代表される）尊華開国論も発現した。この尊華開国論も朝鮮の原初ナショナリズムの一形態を構成していた。この伝統を継承した人物の一人が朴趾源の孫の瓛斎・朴珪寿《パクキュス》（一八〇七〜七六）である。彼は「北学派と開化派を結節させた中心人物」（姜在彦 一九七三、七頁）とされる。朴は晩年、初期開化派を育てたが、その中には金玉均《キムオッキュン》（一八五一〜九四）、朴泳孝《パクヨンヒョ》（一八六一〜一九三九）、徐光範《ソクアンボム》（一八五九〜九七）ら急進開化派（一八八四年の甲申政変の主役）、金允植《キムユンシック》（一八三五〜一九二二）、金弘集《キムホンジップ》（一八四二〜九六）、魚允中《オユンジュン》（一八四八〜九六）、兪吉濬《ユキルジュン》（一八五六〜一九一四）ら穏健開化派（一八九四〜九六年の甲午改革の主役）が含まれる。

一八六六年四月、朴珪寿は平安監司として平壌《ピョンヤン》に赴任した。間もなく、五月に米国籍の商船サプライズ号の船員たちが平安道の鉄山《チョルサン》に漂着した。そのとき、朴は船員を救護し、清国まで安全に送還した。しかし同年の夏、米国船ジェネラル・シャーマン号が大同江に侵入するや、朴はその焼き打ちを指揮した。そして同年の秋、丙寅洋擾が起きた。当時の朴は政府の攘夷政策に従い、また華西の献策を支持していたが（金明昊 二〇〇五、九九〜一〇一頁）、その支持は、彼の公的立場に限ってのことである。

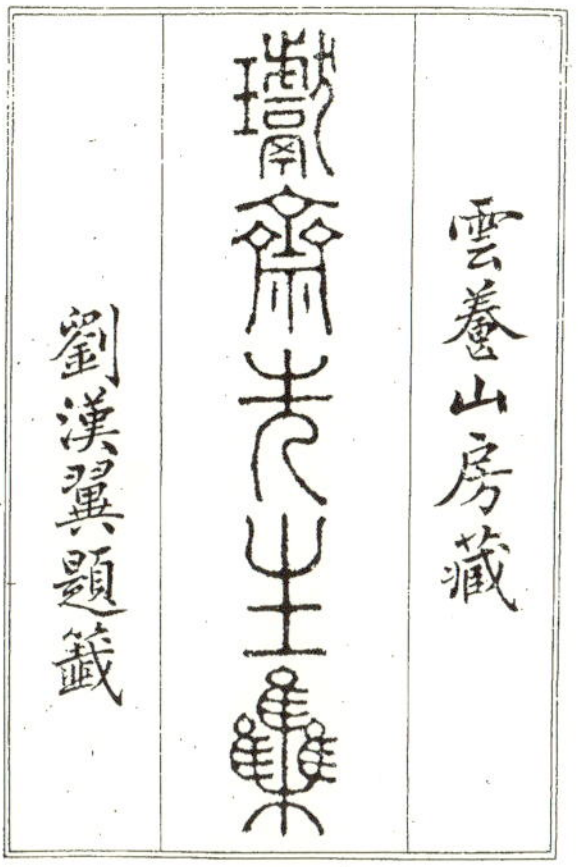

勿搆衅滋擾各安無事萬萬不勝大願敝邦世守東藩久蒙
殊眷視同內服凡有疾痛未有不曲軫恩諒猶恐或傷帡幪
覆燾天地莫量今玆憂虞之孔棘安得不大聲疾呼而冐瀆
至此眔增兢惶之至爲此合行移咨專差司譯院前僉正李
應俊齎咨前去請照驗轉奏施行須至咨者
允植謹按我國僻在一隅不聞外交之事自丙寅美船遭
難以後美使屢懇商辦務歸和好擧國譁然皆以斥和爲
高廟議如此先生雖主文柄不能獨立已見其文移往復
據理詳陳宛轉其辭不失國家體面而已至如閉門却好
非先生之意也不得已也其時余嘗侍坐先生先生喟然

朴珪寿『瓛斎集』の表紙、左は金允植の按文の一部

シャーマン号事件後の一八六七年一月、米国側はシューフェルト提督を派遣した。彼は黄海《ファンヘ》道《ド》長淵《チャンヨン》の沿岸に停泊して国王宛て照会を送ったが、回答をもらえずに帰った。そのとき、朴珪寿は黄海道観察使の名義で作成した回答（「擬黄海道観察使答美国人照会」）を用意していた。そのなかで朴は米国を「礼譲を尚《とうと》ぶ、合省名邦」（『瓛斎集』巻七、一〇頁）といい、「和好」＝対米開国の可能性を示唆していた。当時、朴珪寿は対米開国論を公的に唱えたのではないが、私的立場では対米開国論を唱えていた。

金允植は一九一一年に『瓛斎集』を編纂した際、「美国兵船滋擾咨」に「按」を付している。「美国兵船滋擾咨」とは一八七一年に辛未洋擾（米国艦隊の江華島侵攻事件）の後、朴が起草し、清国礼部への咨文（報告書）として送った文書を指す。その「按」のなかで金允植は、「丙寅年の美船遭難以後、美使［米国使節］がしきりに商弁を懇請し、和好」を求めてきたとき、朝鮮では「皆斥和を高とし、廟議も同様だった」ので、朴珪寿も逆らえなかったのだが、しかしその「閉門却好」（＝斥和）とは朴の「意」（＝私的立場）ではなかったと述べている。朴珪寿はまた、米国を「最も公平、啓疆（領土侵略）の慾がない」国といい、この米国と「盟約を締結すれば孤立の患を免れる」との意見を表明したとも述べている（『瓛斎集』巻七、二二五～二二六頁）。

この金允植の「按」に対しては、「これは八十歳近くの老後の金允植が、数十年前に聞いたとの言葉を回想したものであり、証言としての価値が落ちる」（金明昊 二〇〇五、三九八頁）と、その信憑性を疑うような見解もある。しかしこの見解に、筆者は同意しない。朴珪寿の立場には公私両面があったという視点が欠けているからである。実は、件の「美国兵船滋擾咨」のなかで朴自身は、「彼、好をもって来れば、我も好をもって応じ、彼、礼をもって来れば、我も礼をもって接する」（同上、二二二頁）と言っている。これは、〈好には好〉〈礼には礼〉との（対米）開国論理にほかならない。同じく金允植の回想だが、当時の朴珪寿は金に、「西法が東来すれば、夷狄禽獣にならざるをえないと言う。しかし吾は、東教が西に被られる［敗られる］はずはなく、将《まさ》に夷狄禽獣が人に化すと思う」（『続陰晴史』上、一五七頁）と述べたともいう。東教への自尊意識と共にその東教を西洋に広めるべく、開国が必要だという論理なのである。いわば尊華開国論で、そこには朴の原初ナショナリズムが示されているといえよう。

しかし、辛未洋擾は政府内の尊華攘夷論をさらに強化させた。その象徴として「洋夷侵犯、非戦則和、主和売国」（洋夷が侵犯するとき、戦わざれば則《すなわ》ち和することになるが、和の主張とは売国である）との斥和碑を建立し、攘夷を貫く決意を示したのである。このような状況の下で朴珪寿は、開国を公論化できる機会の到来を待つしかなかった。一八七三年一二月の「癸酉政変」はその機会をもたらした。この政変によって大院《デウォングン》君が下野して高宗の親政が始まり、王妃・閔妃《ミンビ》（一八五一～九五）の戚族を中心とする新政権（閔氏政権）が誕生したからである。新政権の右議政に昇進した朴は、開国政策への転換を促した。その一策として当時の朝日間の懸案だった「書契問題」の打開を図り、対日開国論を展開するようになる。しかし政府内の斥和論に基づく日本排斥の気運はなお高かった。

二　近代ナショナリズムの形成と分裂

一八七五年九月、日本は雲揚号を派遣、江華島に侵入し砲撃事件を引き起した。この雲揚号事件をめぐって朝鮮政府内の議論は斥和と開国の間で分裂した。その中で朴珪寿は対日開国論を公論化した。そして領議政（＝総理大臣）・李最応《イチェウン》（一八一五～八二）。大院君の兄として開国・開化推進論者だったが、壬午軍乱のとき、惜しくも殺害される）のような有力な協力者を得た。その結果、一八七六年二月、朝・日修好条規が締結されたのである。これに反発して衛正斥邪派は「丙子連名儒疏」を上申し、「倭洋一体」論に基づく斥和を主唱した。この斥和疏運動を、政府は懐柔と弾圧の両面策で抑え切った。その後、数年間、朝鮮政府は開化と対欧米開国の方針を固めながら、開化・開国政策を推進する準備をしていたと思われる。

対日開国から四年後の一八八〇年六月、朝鮮政府は修信使・金弘集を日本に派遣した。金は仁川開港、公使駐京、関税改定など両国間の懸案を協商する一方で、清国公使館の公使・何如章、参賛官・黄遵憲らと会い、開国後の朝鮮が取るべき政策を協議した。日・朝間の協商は何ら成果を挙げることができなかった。だが金弘集は、清国側の政策意見書として『朝鮮策略』を黄遵憲から贈与されて持ち帰った。その内容は「親中、結日、聯美［米］」（中国と親しみ、日本と結盟し、米国と連合すること）と「自強」の策であった。この『朝鮮策略』は朝鮮の官僚・知識人に大きな影響を与えた。

翌八一年に入って、朝鮮政府は開化・開国政策を本格的に推進し始めた。例えば、同年一月、開化・開国（外交）の事務を司るための政府機構として統理機務衙門（略称、統署）を新設した。その初代の総理大臣を兼務したのは領議政・李最応であった。また軍制改革として新式軍隊の別旗軍を設置し養成した。さらに日清両国の近代化を視察するため、日本には紳士遊覧団（一八八一年五〜八月頃）、清国には同年一一月に対米開国協議という密命を兼ねた領選使・金允植を派遣した。同年、衛正斥邪派は「斥邪疏運動」を展開したが、これも政府の懐柔と弾圧の両面策によって抑え込まれた。その後、日清戦争までの約十五年間、衛正斥邪派の運動は静止状態に入る。

こうして一八八二年五月には対米開国が実現し、また他の西洋諸国への開国も進んでいった。その過程で、多数の開化派が育成された。ところが米国に開国してまもなく、同年七月に旧式軍隊による壬午軍乱が起きた。軍乱は清国軍の介入によって鎮圧されたが、これを機に清国の対朝鮮干渉が強まることとなった。こうして開化派は反清性向の急進開化派と親清性向の穏健開化派の二つに分かれ、両派のナショナリズムも分裂する。のちに急進開化派は甲申政変を起こしたが、失敗に終わる。それ以降日清戦争に至るまでの間、清国の干渉下で、朝鮮のナショナリズムは跛行するようになった。

穏健開化派のナショナリズム

一八八二年二月一五日、領選使・金允植は北洋大臣・李鴻章を訪れ、朝米条約の草案を検討している（『陰晴史』上、高宗一八年辛巳一二月二六日条）。第一条は、「朝鮮は中国の属邦だが、外交と内政は自主」との条項であった。この属邦条項について、金は「この一款を添入するのは極めてよい」と答えている。そして翌日、高宗に封書を送り、条約草案の検討結果を報告するなかで、「わが国が中国の属邦であるのは、天下の共に知ることである」といい、朝鮮は「もし大邦の作保［庇護］がなければ、特立［独立］を保つのは実に難しい」ので、例の属邦条項で清国の庇護を確保し、朝鮮の自主独立を守るべし、との意見を述べている（同、高宗一八年辛巳一二月二七日条）。彼の「親清」ナショナリズムの表示である。

しかしこの属邦条項は、李鴻章と米国の全権大臣シューフェルトの間で行われた交渉の結果、削除されることとなった。その代わりに朝鮮国王より同趣旨の照会を米国政府に送ることで了解されたのである。その後、同じ年の五月、李鴻章は水師提督・丁汝昌と馬建忠を朝鮮に派遣、これにシューフェルトを同行させた。そしてシューフェルトと朝鮮側の全権大臣・申櫶《シンホン》（一八一一〜一八八四）、副大臣・金弘集との間の交渉を経て、五月二二日に朝米修好通商条約が結ばれた（奥平武彦一九六九、三章、岡本隆司二〇〇四、二章を参照）。その二日後、高宗は米国大統領あての照会をシューフェルトに伝達した。そこには「朝鮮は中国の属邦だが、内治外交はこれまでと均しく大朝鮮国君主の自主に由る」とあり、いわゆる「属邦自主」論が標榜されたのである。

この「属邦自主」論をめぐって、清国の干渉が強まるにつれて、朝清間の異見が生じることになる。また穏健開化派と急進開化派の間でも親清と反清の対立が生じた。その背景には両派の文明観の相違があった。穏健開化派の金允植は、甲申政変後、次のような文明観を表明している。「東土は文明の地、更に開化することがあろうか。甲申諸賊［急進開化派］は、盛んに欧洲を尊び、尭舜を薄め、孔孟を貶して彝倫（倫常）の道を野蛮と謂い、その道を易えることを開化と称する。…所謂開化とは、すなわち時務を謂う」（『続陰晴史』上、一五六〜一五七頁）。つまり、「東土」朝鮮はもとより「文明の地」なので、風俗を革《あらた》めるような開化は必要とされず、もし必要なら、「時務」としての開化に限る。いわば東道西器論（東の道＝孔子・孟子の道を守りながら、西の器＝西洋の科学・技術を受け入れるという論）的な西洋文明の導入論で、中華文明の護持と近代文明の受容を両立させようとしたのである。金允植にとっては、「欧洲」を尊び、「彝倫の道」＝東道を「野蛮」とする急進開化派の文明観は危険なものであった。

しかし急進開化派の立場から言えば、金の文明観こそが危険なものだった。それは、文明の基準が中華文明から近代文明へ移転していた当時の現実変化を軽視しているからである。そうした現実に適応するためには急進改革＝変法が必要となるが、その必要を十分に認識せずにいる。金允植においては、朝鮮の文明的危機と国家的危機という二重の危機を克服するための対策はきわめて穏健なものになる。彼の「親清」ナショナリズムもまた、危険なものであった。まず、「親清」が現に清国の干渉をゆるし、朝鮮の自主を阻害したからである。次に、清国の力が朝鮮を庇護できるほど十分ではない場合、「親清」はむしろ、朝鮮の独立を脅かすことになるからである。

清国の対朝鮮干渉は日清戦争の勃発とともに終わった。だがその間の約十年を、朝鮮は自らの危機克服策を備えることもできずに過ごしてしまった。そこで、実は日清戦争を待つまでもなく、「親清」ナショナリズムはすでに破綻していた。それゆえ日清戦争の時、金允植ら穏健開化派は甲午改革政府の主役として参加したのである。甲午改革政府は日本の支援を求め、他方ではそれを牽制しつつ、急進的な改革に取り組んだ。しかし甲午改革政府は、反対勢力によって「親日」と疑われ、一八九六年二月の俄館播遷（高宗がロシア公使館に避難した事件）によって崩壊した。そうして甲午改革政府の多数の要人は処刑され、一部は日本に亡命する。金允植は、配流に処せされる。

配流中の金允植は、急進開化派の流れをくむ独立協会運動、清国の戊戌変法（一八九八）に共感を示していた。そして一九〇五年の乙巳保護条約に際しては、「三千里の疆土は、居然として他人の属となり、ただ皇室の空名を存するのみ。痛哭すべし」（『続陰晴史』下、一六一頁）と悲しんだ。金の配流がとかれたのは一九〇七年、保護国期のことだった。その後、一九一〇年の日韓併合に至るまで愛国啓蒙運動に加担していた。だが日韓併合後、金は日本政府の爵位授与を受け入れたので、は日本政府に長文の「独立請願書」を寄せている。その汚名を取り払うべく、一九一九年の三・一運動において、彼は日本政府に長文の「独立請願書」を寄せている。

急進開化派のナショナリズム

金玉均は、甲申政変前の日本滞在中に書いた「朝鮮改革意見書」のなかで、次のように述べている。「[壬午軍乱以降]清国が我[朝鮮]を属国と見なしたのは、誠に萬無の恥である。またこれによって、国に振作の望みがなくなった。第一にやるべきは、[清国の]羈絆を撤退させて、特に独全自主の国を立てることである。独立を欲すれば即ち、政治・外交を自修自強しなければならない」(『金玉均全集』、一一〇〜一一一頁)と。ここで言う「属国」の打破と自主独立国家の建設および政治・外交の自修自強がまさに甲申政変の目的となった。

一八八四年一二月四日、急進開化派は甲申政変を起こした。政変には、漢城駐屯の日本軍を含む多数の日本人と、日本留学から帰国していた徐載弼《ソジェピル》(一八六四〜一九五一)らの士官生徒が加担した。そして翌日、革新政綱を制定・公布した。その政綱は数十項目に及ぶといわれるが、その中の十四項目が金玉均の『甲申日録』に記されている。第一は、「(壬午軍乱時に清国軍によって拉致され、清国の保定府に拘束されていた)大院君を不日陪還し(ただちに帰国させ)、朝貢の虚礼を議行し廃止する」こと。第二は、「門閥を閉止して人民平等の権を制定し、それをもって官吏を択ぶ」こと。そのほか、内閣制度の樹立、財政統一と経済改革、軍事改革、警察制度の樹立などで構成される。そこには急進開化派の「反清」ナショナリズムが克明に示されている。

急進開化派はいわゆる西勢東漸という現実の変化を深刻に受け止めていた。そして国家的危機の克服を優先的に掲げて、そのための急進的な改革＝変法を追求したので、急進開化派のナショナリズムは国家主義への志向が強い。同時に、近代文明を基準とする近代文明主義への志向も強い。そして日本の近代化を模倣し、日本を中心とするアジア主義的連帯を模索しようという志向も強かった。こうした急進開化派のナショナリズムを、金允植は危険と見なしていたようである。

金允植は言う。「玉均、泳孝、光範は日本から還るや、日本を欽艶し、東洋のイギリスと見なしてそれをことごとく健羨した。…排華尊洋の論を述べてその言を自主と称した」（『追補陰晴史』、五六五～五六六頁）。また、急進開化派は「清国を制する者、ただ日本のみ」として政変を起したわけだが、政変が成功したならば、「陽に自主の国として尊ばれようが、実は日本の属国」（同、五七七頁）となったのだろうと酷評する。急進開化派の「親日」性向を危険視したのである。しかし急進開化派＝「親日」とは金允植の誤解だったと言わざるをえない。

金玉均は、甲申政変後、亡命地の日本から高宗に宛てた上疏文（一八八六）のなかで、次のように述べている。「清国はもともと恃《たの》むことができない国である。日本もそうである。この二国はおのおの自家の維持に追われて余力がないのに、どうして他国を扶助することができるだろうか」（「池運永事件糾弾上疏文」『金玉均全集』、一四六頁）と。日本も清国と同じく、「恃むことができない国」と判断していたのである。そして「外に広く欧美［欧米］各国と信義をもって親交し、内には政略をあらためて愚昧な人民に文明の道を教え、商業を興起して財政を整理し、また兵を養う」（同）ことを提案する。これが、金玉均の危機克服策であった。

朴泳孝も亡命地の日本で一八八八年、長文の高宗あて上疏文を作成している（「朝鮮国内政に関する朴泳孝建白書」）。それは政治、法律、経済など様々な分野の改革を論じたものである（田鳳徳一九八一、第二編三、青木功一 一九七六年七月、一九七七年一月）。そのなかで朴は、清国や日本にはもちろん、欧米諸国にも依存してはならず、「自立自存之力」をもって「保民護国」すべく、朝鮮自らの「富強、更張」を促している。ここにも「親日」性向は全く見られない。

ナショナリズムの跛行

甲申政変後から日清戦争に至るまで、朝鮮は清国の干渉の下で〈失われた十年〉を過ごすことになる。その間、朝鮮のナショナリズムは清国の干渉に抵抗しつつ間断なく表出されたものの、現実を打破できず、抑圧された形で跛行する。その様相は、例えば朝・露密約事件（第一次一八八五年春～夏、第二次一八八五年冬～一八八六年夏）、朴定陽事件とそれを機に再燃した「朝鮮＝属邦」論をめぐる朝・清間の相克などに現れる。

第一次朝・露密約の推進役は、李鴻章の推薦で一八八二年一二月に朝鮮に赴任し、外衙門協弁兼総税務司となったメレンドルフであった。その密約を挫折させた李鴻章は、メレンドルフの後任として、駐上海米国総領事・デニーを外衙門の顧問とし朝鮮に派遣することとなった（Swartout 1980）。また、高宗と宮廷・政府内の反清勢力を牽制するため、一八八五年一〇月、大院君を釈放し回国させるとともに、一一月には袁世凱に駐箚朝鮮総理交渉通商事宜という職位を与えて再派遣し、朝鮮の内政・外交を監督させた（李陽子 二〇〇二、林明徳 一九七〇を参照）。

ロシア公使ヴェーベルは一八八五年一〇月に着任した。これを機に高宗と宮廷内の反清勢力がヴェーベルに接近した。反清勢力には閔妃をはじめ、一部の閔氏戚族、（のち甲午改革政府に参加する）新進開化派の金嘉鎮《キムガジン》（一八四六～一九二二）、金鶴羽《キムハグ》（一八六二～九四）らが加わっていた。そして一八八六年夏、第二次朝露密約が結ばれた。しかし袁世凱の妨害によって、それは失敗に終わった。そのとき袁世凱は、李鴻章に高宗の廃位を建議したが受け入れられず、その後も一度ならず高宗の廃位を画策した。

デニーは一八八六年四月に朝鮮に赴任した。赴任後のデニーは朝露密約の顛末を知見し、また袁世凱の行為を見聞し、朝鮮の自主外交を推進しようと、朝鮮政府に米国とヨーロッパ諸国への公使派遣を勧めた。一八八七年八月、高宗は伝教（王様の命令書）をくだして、朴定陽《バクジョンヤン》（一八四一～一九〇五）を米国公使として派遣した。その際、高宗は清国の礼部に次のような咨文（光緒十三年八月二二日、一八八七年一〇月八日）を送っている。「中国は、美国とまず通好することを允《ゆる》し…そして先に照会を出し、「朝鮮は中国の属邦だが、内、外はこれまで均しく自主を得る」と声明した。そして小邦［朝鮮］をして侯道［君としての法度］を恪守させる［守らせる］一方、各国には平行［平等］に相待（接）せしめた。それによって（朝鮮の）体制と交渉は努めて両全に帰した」（『清季中日韓関係史料』第四巻、二三七五頁）。

上の引用文の要は、清国は一八八二年の照会の精神に立ち戻って、朝鮮の自主外交に干渉してはならない、ということである。「両全」とは、いいかえれば、旧来の朝貢関係における朝鮮の「内治・外交は自主」との慣行を全うし、それによって条約関係における朝鮮の平等主権と自主外交を完全なものにすることを意味する。その意味で、「両全体制」とは、朝貢関係と条約関係が共存する体制を指す。「朝鮮＝属邦」は認めるが、それを口実にして朝鮮の自主外交に干渉しないよう、高宗は訴えたのである。

しかし袁世凱と清国は朴定陽の赴任を妨害した。その結果、朴定陽は清国が提案した「另約三端」（赴任後、清国公使の指導に従うという三つの約束）の条件付で赴任することとなった。もっとも、ワシントン赴任後の朴定陽公使はその条件を無視し、自主外交を試みた。そこで清国は朝鮮政府に圧力をかけ、朴公使は着任して一年足らずで召還されてしまった。これが朴定陽事件の顛末である（岡本隆司 二〇〇四、第六章）。

その間、デニーは『清韓論』（一八八八年二月出版）を著し、清国側が朝鮮の自主外交に干渉するのは国際法や学説上不当であると説き、「朝鮮＝属邦」論を否認しようとした（岡本隆司 二〇〇四、第七章）。この『清韓論』を読んで、同調した兪吉濬も「邦国の権利」（『西遊見聞』所収）という論文を通して「朝鮮＝属邦」論を否認した（金鳳珍 二〇〇四、第二章）。そのなかで兪は、朝鮮は「属邦」（vassal）ではなく、「贈貢国」（tributary）であり、その贈貢国は「独立主権国」であると主張したのである。

兪吉濬は次のように言う。清国には「受貢する権利」はあるが、朝鮮に干渉する権利はない。そして贈貢国＝朝鮮の同等約国は受貢国＝清国の同等約国であるので、朝清両国は、条約関係の締約国に対してはそれぞれが主権平等国である。したがって清国が朝鮮に命令し、諸国との同等な条約をやめさせることや、使節＝朴定陽公使の派遣を妨害することは「不可」である。その結論部では、

「強国の君も君である。弱国の君も君である。…受貢国の君主が贈貢国の君主に同等な礼を許さないのは、即ち友人の友を不敬することになり、万国の品例に合わない」と、国家平等観念を表明する。そこには「反清」ナショナリズムが投影されていたといえる。

三　日清戦争とナショナリズムの相克

日清戦争を機に、朝鮮ナショナリズムは多様な形で噴出し、全国的に広がり始めた。だが、その多様なナショナリズムの噴出を収斂させうる政府ないし国家の求心力は弱く、混乱と分裂状態に陥り、むしろナショナリズム間の相克を誘発してしまう。その混乱と分裂状態を克服すべく、一八九七年には大韓帝国政府が誕生し、「専制皇権」を強化するとともに「公定」ナショナリズムを創出していった。そうした政策はある程度、成功を収めたのだが、しかし結局のところ、当時の時代状況を克服するには力不足だったといえよう。

甲午改革政府

一八九四年の春、東学農民軍が東学の公認と内政改革を要求して蜂起した。それを機に同年六月、清国と日本が派兵した。その後、農民戦争は鎮静したが、日清両国軍は撤退せず、むしろ日本側は朝鮮内政の共同改革を清国側に提案した。それを清国側が拒否するや、七月二三日、日本軍は王宮を占領して、大院君を強引に擁立し、政府の摂政に任命した。こうして日清両国は交戦状態に入る（宣戦布告は八月一日）。

七月二七日、大院君は軍国機務処（略称、軍機処）を発足させ、総裁・金弘集、副総裁・朴定陽および一六名の議員を任命した。その中には兪吉濬、金鶴羽、金嘉鎮、趙羲淵《チョヒヨン》（一八五六～一九一五）、安駉寿《アンギョンス》（一八五三～一九〇〇）らの新進開化派が含まれていた。こうして甲午改革政府（第一次金弘集内閣）が出帆したのである。軍機処は同年一〇月二九日まで存続し、「対外（清国からの）独立、自主外交」を標榜する議案一号、二号をはじめ約二百十件の改革案を議決した（柳永益一九九七、四章）。その間、日本政府は朝鮮の「保護国化政策」を採択し（明治二七年八月一七日付「陸奥提出閣議案」『日本外交文書』二七巻一、六四六頁）、一〇月二五日、内務大臣・井上馨を新任公使として派遣した。

当時、反日性向は朝野を問わず、朝鮮全国に広まっていた。王宮を占領して内政改革を強要した日本に対して、反感をもたなかった朝鮮人はいなかったはずである。しかし、国家的危機状況において、大院君をはじめ甲午改革政府の開化派は、やむをえず日本を利用・活用しようとした。彼らは「用日」派ではあるが、親日派とは言えまい。その用日は、日本の出方によっては、親日にも反日にも転じうるものであった。朝鮮の宮廷と政府との間、また政府内の開化派の間にも、改革政策をめぐる葛藤や意見対立は存在していた。それを利用して日本は朝鮮の保護国化を企んでいた。こうした状況のなか、第一次金弘集内閣は、東学農民軍の鎮圧のための日本軍の動員を承認し、また反日性向を表した大院君の摂政権を廃止した。

日本政府は、一八九四年八月に日本亡命中の朴泳孝を帰国させた。そして在米中の両徐（徐光範と徐載弼）のうち徐光範を帰国させた。朴泳孝は一二月に内部大臣となり、これで金弘集・朴泳孝連立内閣（第二次金弘集内閣）が成立した（徐光範は法部大臣）。当時、兪吉濬は総理大臣の金弘集に次ぐ、内閣総書だった。約五カ月間存続した同内閣は、それ以前の「紙上改革」を「実地改革」の軌道に乗せた。それは、新旧両派の結合による成果だったといえる。

同内閣の具体的な成果は、「洪範十四条」の立案、自主独立の宣揚、内閣中心の立憲君主制の樹立、地方行政制度の改革、警察制度の樹立、常備軍の組織などにまで及んだ（柳永益　一九九七、三章）。「洪範十四条」は対外独立の宣言、改革全般の指針となる憲章だが、その起草者は兪吉濬だった。当時、東学農民軍の再起は、朝・日連合軍の作戦によって鎮圧されていた。日清戦争では、日本の勝利がほぼ確実になっていた。また一八九四年一二月より翌九五年一月までに、四十余名の日本人顧問官が採用された。さらに日本政府は朝鮮政府に借款三百万円を貸与した。これらも金弘集・朴泳孝連立内閣の改革推進力となった。だが同時に日本人顧問官の内政関与、朝鮮の対日経済従属などの禍根、さらに改革政府内の波乱の要因も招くものであった。

一八九五年五月の日本への三国干渉を機に、朴泳孝は日本の内政干渉を排除する一方、内閣の実権を握り改革を主導しようとした。それは、朝野の反日気運と自主改革の願望を反映してのことだった。朴はまた、内閣を改造し、宮中の統御を試みた。この内閣改造の試みは一応成功し、いわゆる「朴泳孝内閣」が成立することになった。それは内閣中心の立憲君主制の樹立であり、いいかえれば、国王と宮中の権力の制限、とくに閔妃勢力の牽制を意味していた。それゆえ、朴と宮中との関係は一挙に冷え込んだ。その後、宮中の反撃により、朴泳孝（一派）は同年七月に再度日本に亡命した。

その後、「朴定陽・兪吉濬内閣」が成立し、また一八九五年八月には「金弘集・朴定陽内閣」が成立した。日本政府は、勢力挽回を図るべく、対朝鮮政策を練りなおした。また、重大な工作、すなわち閔妃除去計画を用意していた。同九五年九月一日、新任公使・三浦梧楼は、その指揮者として朝鮮に赴任し、一〇月八日に閔妃殺害事件を惹き起こした。事件当日に、三浦は大院君を担ぎ出して宮中に入り、内閣を改造させた。「金弘集・兪吉濬内閣」が成立したのだが、閔妃殺害事件はこの内閣、いや、改革政府の正統性を根底から揺さぶった。宮中と内閣の間には不信が生まれ、また衛正斥邪派による乙未義兵運動の拡大をはじめ民衆の抵抗を再び引き起こした。そうした政局不安の渦の中で「金・兪内閣」は延命に苦心するような状況に置かれた。

法部大臣の徐光範は駐米公使を自ら申し出て、一八九五年一二月にワシントンに向かった。一方、甲申政変の首謀者の一人として米国滞在中だった徐載弼《ソジェピル》（一八六四〜一九五一）は帰国を決心し、同年一二月に漢城に着いた。当時の内務大臣・兪吉濬は徐載弼に中枢院顧問の職と新聞発刊の補助金を与えた。だが翌九六年二月一一日、俄館播遷により甲午改革政府は崩れた。総理大臣・金弘集、度支部大臣・魚允中は殺され、兪吉濬ら多数の官僚や軍人は避難したのち日本に亡命した。そして「親露・親米的」な政府が成立した。駐米公使・徐光範は失意のうち九七年に任地で死亡した。彼の死は甲午改革政府の「用日」ナショナリズムの挫折を象徴する。

東学農民戦争

前述したが、大院君は東学農民軍の再蜂起を促した（趙景達 一九九八、第八章）。これに呼応して、全琫準《チョンボンジュン》（一八五五〜九五）ら農民軍の指導者は再蜂起した。その動機について、全琫準は「貴国［日本］は開化を称して初めから一言半句もなく民間に伝布し、かつ檄書もなく兵を率いて都城に入り、夜半王宮を撃破して主上［国王］を驚動させたという。ゆえに草野の士民らは忠君愛国の心をもって慷慨に絶えず、義旅［義兵］を糾合して日人と接戦し、この事実を請問しようとしたのである」（「全琫準供草」『東学乱記録』下、五二九頁）と述べている。そこには「抗日・反開化」ナショナリズムが示されている。とはいえ農民軍は政府に「弊政改革案」を提示する一方で、地方改革に取り組んでいた。

一八九四年一〇月、全琫準は次のようなハングルの檄文を発した。「開化奸党が倭国と締結して乗夜入京し、君父を逼迫して国権を恣にした［大院君放逐事件］。…朝鮮人同士ならば、道は異なるとしても、斥倭斥化はその義が一般である。…忠君憂国の心があるならば、すぐに義理に立ち返って、相議して共に斥倭斥化し、朝鮮が倭国にならぬように同心協力して大事をなそうではないか」（「宣諭榜文並東徒上書所志謄書」『東学乱記録』下、三七九〜三八〇頁）。つまり、「斥倭斥化」（反日本・反開化）のための官民統一戦線を呼びかけたのである。全琫準ら農民軍にとっては、政府の「用日」は「親日」の非ナショナリズムにほかならず、打倒の対象であった。

その背景には日本軍の工作すなわち農民軍「討伐」の申し入れと、それを受諾した甲午改革政府の強硬鎮圧策があった。朝・日連合軍と農民軍との接戦から終局に至るまでの詳細な経緯は省く

（趙景達 一九九八、第九章）。その終局は、農民軍の無惨なる敗北であった。その過程で戦死・虐殺された農民軍の数は二十万以上とも三十万以上とも言われる。一二月二八日、全琫準は生捕りされ、漢城に移送されて尋問を受けた後、処刑された。その後も小規模の抗日・反政府闘争が続いたが、勢いは次第に衰えていった。こうして東学農民軍の「抗日・反開化」ナショナリズムは大弾圧を受けて離散し、その後、東学は新しい活路を模索していく。

乙未義兵運動

甲午改革政府の「用日」ナショナリズムと開化・改革推進は、前述したように、大院君勢力や東学農民軍からは理解されず、その抵抗を受けた。衛正斥邪派もまた、甲午改革政府が樹立した直後から、抵抗を試みた。だが日清戦争と東学農民戦争により、その実践は遅れた。やがて一八九五年一〇月に起きた閔妃殺害事件（乙未事変）を機に、衛正斥邪派は義兵を組織し挙兵する。そこに油を注いだのは、同年一一月一五日に「金弘集・兪吉濬内閣」が発布した断髪令である。断髪令が発布されてまもなく、柳麟錫ら華西学派が挙兵した（呉瑛燮 一九九九、第四章）。これと前後して、義兵運動は全国各地に広がっていったのである（乙未義兵運動）。

義兵運動の目標は「尊華攘夷」から「斥倭斥化」へと変わっていた。その意味では、東学農民軍の目標と一致していた。もっとも、従来の尊華攘夷が退歩したのではない。当面の目標として、攘夷が斥倭へ、尊華が斥化へと変わったのである。したがってその目標は「攘夷に基づく斥倭、尊華に基づく斥化」といってよい。とくに「尊華に基づく斥化」は義兵運動の、強烈な抵抗精神とともにその「反開化」の保守性を象徴する。

柳麟錫は言う。「嗚呼、哀慟。ここに四千年の華夏正脈と二千年の孔孟大道と朝鮮五百年の礼楽典型と家々の数十世の冠裳法度が断たれた。…先王の道を守るために死ぬのは士の義理」(「乙未毀服時立言」、『毅庵集』巻三五)。また、「国家が倭・洋と講和して以来、変乱は絶えまなく起こった。やがて泳孝・光範輩は…倭兵をつれてきて、君上の身を刀で威嚇し、君上の令を恣に作り、将に「王位を」簒奪しようとした。…祖宗制度を一斉に革めて、ついに先王の法服を毀傷するに至った」(「答李文仲　乙未閏五月」、『毅庵集』巻七)。朴泳孝・徐光範ら開化派と「倭」は、夷狄にして駆逐すべき他者にほかならないのである。

その後、乙未事変が起こるや、柳麟錫は「内賊」の甲午改革政府と「外盗」の日本の凶悪を糾弾していた(「答李文仲　乙未十月」、『毅庵集』巻七)。やがて断髪令が発布されるや、柳麟錫は、「処義三事」すなわち「挙義掃清(義兵を挙げて政府と日本を駆逐する)」、「去之守旧(故国を去って「正道礼義」を守る)」、「致命遂志(致命自靖。志を遂げるために自決する)」という行動綱領を提示し、「挙義掃清」を選んだ(「與同門士友」、『毅庵集』巻二四)。その動機は「国讐」(日本と開化勢力)に報復するための「斥倭斥化」、すなわち甲午改革政府の開化派と日本を駆逐することにあった。衛正斥邪派の「反日・反開化」ナショナリズムである。

一八九六年二月七日、義兵将となった柳麟錫は全国義兵の編制を整備し、総勢一万余に及ぶ軍勢をもつようになった。その四日後の一一日、中央の勤王勢力は俄館播遷を断行し、甲午改革政府を崩壊させて新政府の「朴定陽内閣」を樹立した。これによって、勤王勢力の目標は達成されたのである。だが義兵の「尊華に基づく斥化」という目標は、まだ達成されていなかった。その目標は、新政府の開化性向とも齟齬するものだったからである。そこから新政府と義兵との軋轢・敵対関係が生まれた。

新政府は、国内安定のため、乙未事変の再調査、服制改変令・断髪令の修正（任意自由化）、投獄者の放免、納税の軽減などを行った。そして義兵の解散（宣諭）をはかったが、柳麟錫は拒否した。こうして新政府樹立後も約半年間、各地では、義兵と日本軍・官軍との戦闘が続く。その間、新政府は「先に宣諭、後に討伐」策を立てて義兵解散に努め、他方では、官軍と日本軍の連携による討伐を行った。窮地に追い込まれた柳は九六年六月、指揮下の義兵を率いて「西行」の道を選んだ。「去之守旧」の道を選んだのである。その理由について、柳は言う。「十賊の党与が囲んでいるのも、倭醜の兵站が連なっているのも以前と同じである。…さらに、「ロシア公使館からの」還宮が遅れて、「閔妃の」国葬も典礼も今なお挙げずにいる。百僚が逃亡して隠れ、四方民心は動揺し、国勢は以前より倍も危うい。この時、どうして義兵をやめることができるか」（「西行時在旌善上疏」、『毅庵集』巻四）。

このように、柳麟錫の「斥倭斥化」の目標は頑なに堅持されていた。彼の義兵は一八九六年八月、楚山《チョサン》に着いた。そこで柳は「再檄百官文」を発して、鴨緑江を越えて西間島の懐仁県に入った。西間島の懐仁県はのち、数多くの亡命客が通う、抗日運動の聖地となる。

独立協会運動

前述したように、甲午改革政府の内務大臣・兪吉濬は徐載弼に新聞発刊の補助金を与えた。そして「俄館播遷」後の新政府は、「親ロ・新米的」改革政府として、徐載弼が「前任内閣と約束した新聞経営を拒もうとしなかった」という（徐載弼「滞美五十年」、李庭植 二〇〇四「付録二」、四〇六頁）。こうして徐は九六年四月七日に『独立新聞』を創刊し、また同年七月には独立協会を結成して開化・改革思想の普及運動、民権・国権思想の啓蒙運動に携わる。徐の目標は、朝鮮民衆の教育・啓蒙による「国民」創出と「自主独立」国家の建設にあった。こうして彼は「近代」ナショナリズムの大衆化を図ったのである。

さて、徐載弼は、約一二年間の米国生活を通して西洋の近代思想を習得しながら、新しい〈ナショナル〉アイデンティティを形成していた（金鳳珍 二〇〇八）。その形成は自己の他者化と他者の自己化を伴う。また、朝鮮人としてのアイデンティティとの相克を孕むことにもなる。つまり、徐の思想には朝鮮＝自己蔑視と、愛国心や自尊心が錯綜しているのである。自己蔑視はその裏返しとして自己憐憫、自己批判を内包する。そして当時の朝鮮（民衆）は教育・啓蒙の対象として〈差異化、他者化された自己〉＝〈朝鮮〉となる。

徐載弼の自己＝朝鮮認識は、西洋文明を基準とした、極めて近代主義的なものであった。彼の思想において、朝鮮は、〈朝鮮〉と「文明朝鮮」との二つに分かれていた。彼の〈朝鮮〉観は、朝鮮型のオリエンタリズムともいうべく、文明人の尊大から表象された要素を含んでいる。こうして『独立新聞』の論説には、朝鮮蔑視の言説が多様な形で持続的に登場する。例えば、九六年四月九

독닙신문

뎨일권　뎨일호

조션 셔울 건양 원년 스월 초칠일 금요일

광고

논셜

『独立新聞』第一号

日付論説には「現在、朝鮮は強くもなければ富饒でもなく、人民は塗炭の中にある。その理由は、朝鮮人に為国心（愛国心）がなく、ただ自身の有益（利益）だけを取り、同国の人民を害しようとし、自分たち同士で争うからである」（『独立新聞』一巻、五）とある。ここで朝鮮は蔑視の対象であると同時に憐れみの対象である。徐の朝鮮蔑視はもちろん朝鮮人の自尊心とナショナリズムを刺激・啓発し、文明朝鮮を作ろうという意志の表現である。その意味では、彼のナショナリズムの裏返しなのである。

その後の論説においても、朝鮮蔑視は繰り返し登場する。一方、徐載弼は朝鮮人啓蒙の成果に期待し、将来世代の文明朝鮮の可能性に希望を託していた。例えば、九七年一月一九日付論説は、「朝鮮人民は独立とは何かを知らなかった。だが最近、各学校の学徒たちが…米国の独立宣言文を翻訳して独立の義理と境界と要因を勉強し…内外国民に愛国人民の行実［朝鮮語で行実とは道理と礼義を知り、かつ実践するとの意」を見せている」とし、「朝鮮人民の生命と財産と自由権、また朝鮮政府の地位と名誉と栄光を世界に輝かせ、強固に保存するように、と死ぬ日まで祈りつづける」(『独立新聞』二巻、二五頁)という。そこには、朝鮮の民権伸張と国権確立を願う、徐載弼のナショナリズムが投影されている。

徐のナショナリズムは朝鮮蔑視のみならず、朝鮮の長所を評価し、自慢しようという傾向も生み出す。例えば「国文」(ハングル)や自国の歴史上の英雄などの伝統への関心である。ただしそれは、主として、清国に対する朝鮮人のナショナリズムの啓発という点にある。それゆえ、新たな伝統を発明しようという意志は弱い。ちなみに、朝鮮の伝統や歴史に大きな関心を示し、また新たな伝統を発明し、それを朝鮮人の自尊心とナショナリズムの啓発に活用しようとしたのは、むしろ改新儒学者グループを中心として一八九八年九月に創刊された『皇城新聞』であった(後述)。

徐載弼における新たな伝統の発明への意志の弱さの理由は、彼の近代主義の性向が伝統に対する関心を抑圧したからだと考えられる。もっとも、特記すべきは、徐の「朝鮮人=優等人種」論である。例えば、「もしわれわれを教育し…学問しさえすれば、東洋の中で第一の人種になるだろう」(九六年五月二日付論説、『独立新聞』一巻、四五頁)といい、また「朝鮮人民は日本人民に少しも劣らぬ人種である。…三十年後の朝鮮が今日の日本より優れた国になれぬはずがない」(九六年一二月三日付論説、同、四一三頁)と主張する。

徐載弼は朝鮮自主独立のための民権伸張と国権確立を目指した。だが彼は、国家的危機克服を優先するゆえに、民権よりも国権を優先させる傾向を見せる。当時の世界では、強者のみが自主独立できる、いいかえれば、〈自由は強者の自由〉という命題を認めていたのである。それゆえ強者の地位を目指して、徐は『独立新聞』の論説のなかで、「文明開化」「富国強兵」「人民教育」の論を展開する。当時の弱肉強食的現実は彼に、まず国権を確立しなければならない、国権がなければ民権もないと認識させたのであろう。

徐載弼の権利観念は強者への憧れを伴う。そして〈強者の権利、自由〉に同調する言説を生み出す。朝鮮蔑視はその表れといえる。もっとも、〈強者の権利、自由〉に専ら同調していたのではなく、それに反発もしていた。彼の朝鮮自主独立論は実にそれへの反発にほかならない。要は、徐の朝鮮自主独立論には〈強者の権利、自由〉に対する同調と反発が錯綜しているのである。彼の自主の意識は、国権確立への強い志向性をもつ反面、帝国主義列強に対する自主性（＝帝国主義への抵抗・批判意識）が相対的に弱かったということになる。

そもそも徐の文明開化論と自主独立論は、帝国主義への同調と抵抗というジレンマを有していた。彼は、文明開化を諦めてでも帝国主義に抵抗するほどには反帝の意識は強くなく、自主独立を否定してまで帝国主義に同調することもできなかったのである。これは、彼のナショナリズムのジレンマでもあった。このようなジレンマは、彼が受容した西欧のナショナリズムの両面性に起因する（本章の冒頭文章を参照）。それによって、ある程度、帝国主義あるいは植民地主義を容認・肯定してしまう。しかしその一方で、被抑圧者朝鮮の自主独立を求めており、帝国主義・植民地主義に対する抵抗言説を生み出す基盤にもなる。

だからこそ、徐載弼のナショナリズムの言説は朝鮮の民衆と知識人を覚醒させ、また発憤・奮発させることになった。そして独立協会の運動は次第に、民衆と知識人の間に広がっていった。九八年三月には漢城の鐘路で、万民共同会という大規模の大衆集会が催された。万民共同会は「国権守護と利権反対、自主自強」運動を展開するとともに、他方では、「言論・集会の自由、議会設立」運動を通して民権思想を普及していった。その首謀者たる徐載弼は九八年五月に米国に追放される。その後、万民共同会の運動が本格的に展開されるや、政府は懐柔と弾圧の両面政策を取るが、結局、弾圧策に転じ、同年一二月、独立協会を解散させることになった。

大韓帝国政府

一八九七年二月二〇日、高宗はロシア公使館から宮殿に還った。還宮後、高宗は国政運営を主導しようという意志を示しながら、中央と地方の制度改革をはじめ各種改革を推進していった。これは基本的に、甲午改革政府の改革路線を継承するものといってよい。ただし甲午改革政府と決定的に違うのは、君主権の強化（絶対君主制の確立）にあった。高宗と勤王勢力は、甲午改革以来、失墜していた君主権を強化し、それによって改革を推進し国権を確立しようとしたのである。君主権の強化の一環として、高宗と勤王勢力は「称帝建元」作業に取り組み、同年八月一五日から年号を光武に改めた後、一〇月一二日には高宗の皇帝即位式を挙行した。そして国号を大韓帝国と宣布した。それは、欧米国際秩序の中で国家地位を高めるべく、「公定」ナショナリズムを創出しようという意思表明であったといえよう。

この称帝建元に対して、柳麟錫、崔益鉉ら衛正斥邪派は、伝統の帝王観念に違うとの理由で反対

園丘壇全景

高宗が 1897 年に大韓帝国の樹立を宣言し、皇帝に即位した場所。現在のソウルの朝鮮ホテルの北側。

した。一方、独立協会は称帝建元に賛成し、『独立新聞』の一連の論説を通して歓迎の意を表した。例えば、「朝鮮は、ただ自主独立国であるだけではなく、自主独立の大皇帝国となった。こうした国の栄光に、朝鮮人民は感激せずにはいられない」、「国の威厳と権利と栄光と名誉を大事にしかつ宣揚」すべし（『独立新聞』一八九七年一〇月一四日付）と。称帝建元については、独立協会と光武政府の利害は一致していたのである。

しかし、どのような政体を設けるかとの問題をめぐって、独立協会と光武政府の利害は必ずしも一致していなかった。前述したように、独立協会は国権とともに民権を重んじていた。そのため、万民共同会を開催し、議会設立運動を展開した。この運動は、政府内の一部閣僚からも支持された。それゆえ、政府は一八九八年七月一三日に既存の中枢院を改編し、独立協会会員四〇名を新任議官に任命した。それで独立協会は満足せず、真の議会設置を目指し中枢院改編を要求した。この要求を朴定陽内閣（一〇月一二日成立）は受け入れ、一一月二日に中枢院官制（十七条）を新たに制定し、四日に公布した。この新官制の第一条によれば、中枢院は「立法権、議政府（行政府）の政策に対する同意権、監査権、諮問権、政策建議権」などの権限をもつことになっている。

　ところが新官制の公布当日の一一月四日、政府内の反対派は「匿名書」を操作し、独立協会の幹部十七名を拘束した。「匿名書」の内容は、「独立協会が専制を否定し共和制を志向している」というものであった。しかし独立協会は当時、「専制」を肯定していたのである。というのも、当時、朴定陽内閣と中枢院改編の交渉中であった独立協会（会長尹致昊）は、大規模な民衆集会である「官民共同会」（一〇月二八日～一一月二日）を開催し、政府官僚の共同参加を呼びかけていた。その二日目の二九日、「官民共同会」は政府への「建議六条」を議決したが、その第一条には「官民が同心合力して専制皇権を堅固にさせること」とある。

　翌五日、「匿名書」に激怒した高宗は「独立協会を解散せよ」との詔勅を発し、朴定陽を含む改革派閣僚は解任された。その結果、中枢院官制の実施は霧散し、独立協会と政府との間の一種の「社会契約」も失敗に終わった。その後、独立協会会員と民衆は、幹部十七名の釈放と協会の存続を要求する対政府闘争に突入したが、政府の弾圧により、ついに独立協会は解散させられたのである。

　その後、光武政府は「専制皇権」を強化していった。そして翌九九年八月一七日、「大韓国国制」（九カ条）を制定した。それは「自主独立の帝国」（第一条）と「専制」（第二条）の宣言、無限君権による軍統帥権、立法権、官僚任免権、外交権の保有など絶対君主制を規定するものであった。

こうして「専制皇権」を強化した高宗は、「旧本新参」（旧制度を本としながら新制度を導入すること）を掲げて漸進改革を推進しながら、国家的危機を克服しようとした。とはいえ、「専制皇権」は独立協会の意図と異なるものであった。また「旧本新参」は、独立協会にとっては、開化派の急進改革からの後退を意味するものであった。

四　日露戦争とナショナリズムの昂揚

一九〇〇年、列強の清国分割が進み、中国民衆の排外主義運動が高まるなかで義和団の蜂起が広がった。これを機に、大韓帝国政府は採るべき対外政策を練り直そうとした。そこで浮上したのが「日韓国防同盟案と朝鮮中立化案」だったが、高宗は朝鮮中立化案に傾き、その案を推進することになった（森山茂徳　一九八七、一一七〜一四五頁）。政府はロシア、米国などの欧米列強に接近し、その協調を求めたが、朝鮮での利権獲得をめざす欧米列強は、大韓帝国の中立化を支援する意志をもっていなかった。他方、日本は朝鮮中立化案とは全く反する路線を打ち立てていた。対露戦争の遂行と朝鮮保護国化の路線がそれである。

一九〇四年二月、日露戦争が勃発するや、大韓帝国政府は局外中立を宣言した。日本政府はこれを無視し、二月二三日に「日韓議定書」を締結した。そのなかで「日韓親交、東洋平和」（第一条）、「皇室安全」（第二条）、「独立および領土保全」（第三条）を掲げたが、他方では、「軍略上必要な地点の臨機収用」（第四条）をとりつけた。第一〜三条はやがて欺瞞的な条項であることが判明する。とはいえ、それを機に朝鮮では、黄色人種や日本への賞賛とともに、日韓・東洋の連帯意識が高まる。日露戦争は、朝鮮ナショナリズムが一定程度（日本を盟主とする）アジア連帯論と結合する契機となったのである。

アジア連帯論

安重根《アンジュングン》（一八七九〜一九一〇）は、『東洋平和論』（一九一〇年二月作）の序文のなかで、日本の対露戦勝を「数百年以来、悪を行ってきた白人種の先鋒を一戦して大きく破った。千古希有のこと、万邦記念すべき跡である」（安重根　一九九五、一七〇〜一七一頁）といって賞賛する。こうした日本賞賛について、安重根は二つの理由を挙げる。一つは、日本天皇の宣戦布告文に唱えられた「東洋平和、大韓独立」、もう一つは、「黄白人種の競争」である。だから「黄人種日本の戦勝による韓清人民の熱狂は日本への敵愾心を一夜にしてとかし、一大愛種党をなした」（一七〇）という。

ところが日露戦争の勃発から半年後の八月二二日、「第一次日韓協約」が結ばれた（その約一カ月前の七月二四日には、言論・集会などの弾圧をねらった「軍事警察施行に関する実施事項」という軍事訓令を公布していた）。この協約は朝鮮保護国化の第一歩を意味する。朝鮮人の間では、日本との連帯に対する懐疑が広まっていった。その様相を、後に抗日ナショナリズムの急先鋒となった『大韓毎日申報』は如実に示している。『大韓毎日申報』は、一九〇四年七月に英国人ベセルと梁起鐸《ヤンギテク》（一八七一〜一九三八）が創刊した日刊新聞である。論説陣には朴殷植《バクウンシク》（一八九五〜一九二五）、申采浩《シンチェホ》（一八八〇〜一九三六）らを擁していた。この新聞の論説も開戦当初は、日韓連帯意識を表していた。しかし一九〇五年一月六日付の論説から、日本側の「黄人種同盟」「アジア人のためのアジア」とのスローガンは経済的、政治的、軍事的利権を獲得するための美名にすぎないと主張したのである。

日本は一九〇五年一一月一七日、「第二次日韓協約」（乙巳勒約）を強制締結した。この「協約」を含む「韓国併合」に至るまでの一連の条約については、韓国（と北朝鮮）では、強制を問題とし、「源泉無効」とされてきた（康成銀 二〇〇五など）。さらに近年、李泰鎮は「条約の手続き上の不法性」（略式処理と高宗皇帝や中枢院の批准の欠如など）を暴露し、それを理由として「条約不成立」論を展開した（笹川紀勝・李泰鎮編 二〇〇八）。だが歴史上の現実においては、同「協約」の結果、大韓帝国政府の外交権は剥奪され、統監府（初代統監伊藤博文）が置かれた。朝鮮は日本の保護国となったのである。

これを機に、朝鮮のアジア連帯論は漂流し挫折し、形骸化し失踪していく（金鳳珍 二〇〇五参照）。それは「連帯と自主の相克」に起因する。一方、朝鮮ナショナリズムは全国的に昂揚し、多様な形で噴出していく。その様相は、『大韓毎日申報』と『皇城新聞』（一八九八年九月創刊、一九一〇年九月廃刊。論説陣は張志淵、朴殷植ら改新儒教派）の論説に克明に現れている（Schmid 2002）。その一例として、『皇城新聞』の主筆張志淵《チャンジヨン》（一八六四～一九二一）の論説「是日也放声大哭」（この日の恥辱を恨み、声を放って大哭する）（「第二次日韓協約」締結三日後の一一月二〇日付）を取り上げよう。

「先日、伊藤［博文］侯爵が来韓したとき、愚かなわが人民は互いに言った。「侯爵は普段東洋三国の鼎足安寧を取り持つことを自任した人だから、今日の来韓はおそらく私たちの国の独立を強固にする方策を勧告するためであろう」と。…しかし、全く意外な五条件［乙巳勒約］がどうして提出されたのか。この条件はわが韓国だけではなく東洋三国の分裂をもたらす兆しである。…ああ！恨めしい。ああ！悔しい。私たち二千万人、奴隷にされた同胞よ！生きているのか、死んでいるのか。檀君［朝鮮民族の始祖、檀君朝鮮の建国者］・箕子《キジャ》［殷の聖人、箕子朝鮮の建国者］以来、四千年の国民精神がひと晩の間に忽然滅亡してしまったのか。痛くて痛い。同胞よ！同胞よ！」。

こうした状況の下で、抗日運動として、愛国啓蒙運動と義兵運動が展開される。この二つの運動は多様な類型に分かれると同時に、お互いに生かし合うという意味での相生と相克との背反を孕む。背反とは、国権回復という目標の相生、そのための路線の相克を指す。そのための路線とは、愛国啓蒙運動の自強（＝実力養成）、義兵運動の抗日闘争を指す。もっとも両運動の間の転向も可能である。だが実際は、愛国啓蒙運動から義兵運動への転向のケースが多かった。安重根はそのケースの一つである。

安重根は一九〇六年、平安道で新式学校を設立して教育に従事し、また愛国啓蒙運動団体の西友学会（〇六年一〇月創立）に加入した。だが翌〇七年八月、ウラジオストクに赴き、義兵を組織した。そして〇九年一〇月二六日、ハルビン駅で伊藤博文を暗殺し、翌年三月に旅順監獄で処刑されるまでの間に、獄中で『東洋平和論』を著したのである。そのなかで安は、「［日本は］同じ人種の韓国を抑圧して条約［第二次日韓協約］を結び、満州の長春以南を租借するとの口実で占拠した」、それゆえ「日本の偉大な声明と正大な功績は一朝にして去った」（一七一）と日本帝国主義を批判している。

遺言を残す安重根

一九一〇年二月一七日、関東都督府高等法院長との面談（「聴取書」）のなかで安重根は、次のような提案をしている。まず、旅順を永世中立地として開放し、日清韓三国の代表の常設委員会を創設することによって東洋平和会議体を構成する。次に、三国は共同で旅順に銀行を設立し、また公用貨幣も発行して金融・経済面の共同発展を図る。最後に、三国は平和維持のための多国籍軍を養成組織する。これは一種の東アジア共同体論ともいうべき三国連帯構想で、それ自体、日本帝国主義に対する批判と抵抗の言説である。

アジア連帯論は「用日」方策としての機能をもち、抵抗と協調の二面性を帯びている。したがってその論理と実践の間にはジレンマがひそんでいた。このジレンマを際立たせるような状況＝保護統治の下で、愛国啓蒙運動の論理は変容していく。しかも愛国啓蒙運動は日本官憲の協調ないし黙認を抜きにしては成り立たないものであった。この運動団体の多くは統監府の認可をえた、いわば合法団体なので、抵抗と強調の間で揺れ動いた。そこから日本帝国主義と妥協しつつも抵抗するといった「妥協的抵抗」ナショナリズムが産み出される。それが妥協に傾いたとき、親日論理に陥る。その典型が一進会の日韓合邦論であった。

一進会会長の李容九は、日韓合邦論を唱えて「韓国併合」に貢献した。とはいえ李容九の日韓合邦論は、樽井藤吉の『大東合邦論』（一八九三年作）の「日韓両国の対等な連邦」を理想とした連帯論であり、その分、「韓国併合」に対する抵抗を含んでいる。つまり、李の日韓合邦論さえも抵抗言説としての機能を失うことはなく、一種のナショナリズムの表現だったのである。だから「韓国併合」後、一進会は解散されたのだろう。李容九はある意味では、日本（のアジア主義者）に「裏切られた」といえる（西尾陽太郎 一九七八）。

愛国啓蒙運動の論理は、一進会の親日論理とは一線を画すところに存在する。その論理は、自強＝実力養成を通して自主独立を回復しようという実力養成論にほかならない。この愛国啓蒙運動について、月脚達彦は「立憲改革派」（尹孝定・呉世昌・権東鎮ら）と「改新儒教派」（朴殷植・張志淵ら）に分類して考察したうえ、前者を「克日」型のナショナリズム、後者を「道義」型のナショナリズムと命名している（月脚達彦 二〇〇九、三五九—三六〇頁）。こうした結論に至るまでの比較考察は月脚の同論文に譲るが、立憲改革派の場合、妥協性向がより強かったといえよう。もっとも、愛国啓蒙運動の実力養成論はその後も継承されていくが、それがまた複雑に変容し、いわば妥協的な抗日ナショナリズムを形成するようになる。

抗日闘争とナショナリズム

月脚達彦によれば、「日本に徹底的に抗うという『大韓毎日申報』の「申采浩的」な論調は、「抗日」型のナショナリズム」という（同上、三六〇頁）。申采浩はたしかに抗日ナショナリズムを代表する人物の一人である。とはいえ、改新儒教派の「道義」型のナショナリズム（例えば朴殷植）も強烈な抗日性向を表す。衛正斥邪派のナショナリズムもまた、「道義」型として強烈な抗日性向を表す。こうして抗日性向は立憲改革派を含む愛国啓蒙運動家の間にも浸透していたが、さらに民衆一般に広まり、東学をはじめ多様な宗教と抗日ナショナリズムを産み出した。宗教的ナショナリズムには、姜一淳《カンイルスン》（一八七一〜一九〇九）の甑山教、羅喆《ナチョル》（一八六三〜一九一六）の大倧教を初めとする檀君系の宗教、朴重彬《パクジュンビン》（一八九一〜一九四三）の円仏教などのほか、キリスト教もある。

これら抗日ナショナリズムはもちろん、強烈な抗日性向と国家主義的性向を表すが、それとは裏腹に、強力な普遍性向と反国家主義的性向を孕んでいる。それゆえ国家存亡にこだわらず、つまり国家が亡んでもかまわず、抗日精神とナショナリズムを堅持し育成していくことができたのである。そして抗日闘争を実行するために、抗日ナショナリズムは越境し、国外へ亡命するディアスポラのナショナリズムを産み出す。ここでは申采浩、朴殷植、崔益鉉のケースに触れてみたい。

申采浩は『大韓毎日申報』一九〇九年八月一〇日付論説「東洋主義に対する批評」のなかで、「韓国人が列国の競争時代に国家主義をとなえず、東洋主義を迷夢するならば、それは今日の時代の人物と未来の他の星の世界との競争を憂えるのと異ならないだろう。この悲境のなかで、束縛からの脱却の道を考えず、東洋主義を説くならば、それはポーランド人が西洋主義を説くのと同じである。国家こそが主であり、東洋は客である」と言う。東洋主義＝アジア連帯論批判である。アジア連帯論は抵抗機能を喪失し、むしろ日本帝国主義との妥協論理に陥っていた。「今日」は列国競争の時代、だから必要なのは国家主義しかないという。申采浩は「韓国併合」後に中国へ亡命し、抗日闘争を展開する一方で、民族史学と英雄史観を発明していった。

他方、朴殷植は『西北学会月報』（第一巻第一号。一九〇八年六月）の論説「賀吾同門諸友」のなかで、「今日は、世界人類が智力を競争し、優勝劣敗して弱肉強食する時代であり、わが族の智力が他族に敵わなければ…淘汰し尽くされるのが天演［＝進化］の公例であるという。…四千年国土を保全しかつ二千万生命を救済することは、わが儒の責任ではないか」（『白巖朴殷植全集』第一巻、三九二～三九三頁）と述べている。この「公例であるという」との表現は、社会進化論に対する批判意識を含意している。人間界における「優勝劣敗、弱肉強食」とは、朴殷植にとっては、受け入れがたい命題であったのだろう。だがそうした現実を知見し、儒学者同志たちに保国家・救国民を呼びかけたのである。

朴は言う。「今日、諸君が時宜を講究し教育に注意するのは…実にわが道の大用を発揮することである」「国家を扶植し生民を救済する大事業があるならば…勉めろ、わが同胞諸君よ」（同上、三九四頁）と。これは「わが道」の儒教を土台としたナショナリズム、いわば儒教ナショナリズムの発明であるといえよう（金鳳珍 二〇〇六）。儒教ナショナリズムとは一種の矛盾語法である。儒教は朝鮮の伝統思想として、ナショナリズム発明の土台になりうるが、儒教そのものはネイションに回収されず、むしろナショナリズムと矛盾する。場合によって、それはナショナリズムに対する強烈な抵抗言説になりうる。

朴殷植は、「過去十九世紀と現今二十世紀は西洋文明が大発達した時代である。だが、将来二一世紀は東洋文明が大発達するべき時代である。どうしてわが孔子の道が終に地に墜ちるであろうか。将来全世界にその光輝を大きく顕す時期があるだろう」（「儒教求新論」一九〇九年三月、『全集五』、四三八頁）と予測する。そこには西洋文明不信の〈反近代〉精神がうかがえる。それが、彼の強烈な抵抗ナショナリズムの土台となったといえよう。もっとも、儒教とナショナリズムとの間には矛盾が存在するので、それだけでは、強烈なナショナリズムを産み出すことができない。それを克服する形で朴は、申采浩同様、民族史学や英雄史観を発明していったのである。

例えば、「高句麗永楽大王墓碑謄本を読む」（『西北学会月報』第一巻第九号、一九〇九年二月）という記事をみよう（永楽大王は高句麗の第十九代広開土大王。広開土大王の石碑は満州の輯安にある）。朴は言う。「歴史は国家の精神であり、英雄は国家の元気である。…歴史を尊重することと英雄を崇拝することは国家を愛する思想である」（『全集五』、四二五頁）と。そして「わが韓は四千余年の文明の旧い国」だが、「自国の英雄を崇拝せず、他国の英雄を称道してきた」ので「国性が消鑠し、国粋が磨滅することになった」（同）と、自己批判を加える。のち一九一一年、朴殷植は最初の亡命地・満州桓仁県で、民族英雄を礼讃する一連の著作、『夢拝金太祖』『泉蓋蘇文伝』『東明聖王実記』『渤海太祖建国誌』などを出版している。

衛正斥邪派の崔益鉉は一九〇六年六月、義兵を起こしたが敗れて対馬で獄死した。義兵を起こした際、彼は「日本政府に寄せて」を著している（『勉菴集』「雑著」）。その冒頭で、「忠国愛人は性といい、守信明義は道という。人にこの性がなければ必ず死し、国にこの道がなければ必ず亡びる」とし、次のように述べている。「韓・日・清三国が互いに輔車となってはじめて東洋の大局が保全

処刑される義兵

できるということは、智者を待たずとも知れたことであり、私も深く望んだ。…しかし近年、貴国のなすところをみて、やがて私の意見が間違いではないことを知った。貴国は今強大であっても、ついには必ず亡び」云々と。ここで崔が言う「三国輔車＝連帯、東洋大局保全」論は、日本帝国主義に対する批判・抵抗言説となる。その最後の文章には日本の将来を憂える心境が投影されている。同時に日本の「今」の強大を呪い、将来の滅亡を占う、峻烈な批判が込められている。

日本の非道に対する、崔の批判の土台にはとうぜん、儒教の普遍主義や道徳主義がある。もっとも儒教道徳は〈武、争〉を憎み、〈文、和〉を好む。人々をはじめ自然万物をいつくしむ、仁はその最高徳目である。崔益鉉の言葉を借りるならば、〈武、争〉は野蛮な「邪気」、〈文、和〉は文明の「性、道」である。その邪気を斥けるため、崔は抗日武力闘争を選んだのだが、それはあくまで文明の「性、道」をまもるための苦肉の策にほかならない。崔益鉉の「占い」はその四〇年後の日本の敗戦を鑑みれば、あながち的外れの予測ではなかった。たとえ強大国であっても、非道をなせば、必ず亡びるといった道徳的理想を、崔は抱いていた。その意味で、崔は理想主義者だが、しかしその理想をもっていたからこそ、現実がどこに向うべきかを問い、現実を拘束しようとしていたのである。それは、当時の現実を盲目的に追随するような現実主義者に対する厳しい批判になりえたといえよう。

第三章　日清戦争の衝撃と近代国家形成―中国(1)

中国のナショナリズムは西洋植民地主義の衝撃によって発生したものに違いない。しかし、ナショナル・アイデンティティを意識して国民形成を図ろうとするのは、日清戦争（甲午戦争、一八九四〜九五年）以後のことであった。もとより、アヘン戦争（一八四〇年）の衝撃が中国の国家意識と近代化への目覚めに重要なきっかけを与えたのも否めない。本章では、まず日清戦争までの変動の様相を整理し、その上で、日清戦争の衝撃と戊戌変法《ぼじゅつへんぽう》におけるナショナリズムの芽生えを語り、そして、義和団事件後の主権喪失の深刻化、ナショナリズム運動としての辛亥革命における代表的な思潮を解明する。

一　洋務運動と早期維新派

世界への視野と「中体西用」

アヘン戦争は清朝にとって「地方的な事件」(『朝貢貿易システムと近代アジア』二五頁)ではあったが、その対応の過程で受けた衝撃はかつて経験しなかったことである。清朝は今までの夷狄《いてき》対応と同じように「羈縻《きび》」政策(中国の王朝が周辺の民族に対する懐柔や自治許容の間接統治)を取った。しかし、イギリスの強権的な軍事的征服、貪欲な領土要求やたび重なる賠償金要求に驚き、南京条約の調印までは懐柔ばかりでなく抗戦も繰り返した。また、広東の林則徐や浙江の裕謙など官僚層による抵抗や、三元里抗英闘争をはじめとする人民の抵抗も壮絶な戦いであった。

清朝は南京条約の協定関税、領事裁判権、片務的最恵国待遇について、夷狄を「羈縻」する伝統的論理によって正当化したが、イギリスの戦勝国としての強硬な姿勢に抗し得なかったのも事実である。さらに、南京条約に準じた待遇を続々と求めに来る欧米諸国にも、「一視同仁」という伝統的な道徳理念によって適用し、清朝はアヘン戦争後の外交関係を中華世界の論理に取り込もうとした。しかし、不平等条約における主権の喪失に伴って、外国によるダンピング、資源の略奪、中国人労働者(苦力《クーリー》)の拉致と売買、租界地の獲得などが起こり、中国は半植民地の境遇に陥りはじめた。

中国社会の変化に直面し、士大夫層には危機感が生まれると同時に、一種の開放的思想が現れた。

魏源は、外国の侵略に抵抗する立場から「夷の長技を師とする」と主張し、西洋の工業技術を学ぶ必要性を説き、林則徐編訳の『四洲志』を元に『海国図志』を編纂し、各国の歴史地理ばかりでなく、西洋の民主政治制度をも紹介した。徐継畬《じょけいしゃ》は、『瀛環志略《えいかんしりゃく》』を編纂して世界の歴史地理を紹介し、欧米の民主政治制度について系統的に語り、それを称賛した。また、アヘン戦争の経験と教訓を記録し、清朝の妥協政策を批判して、軍と人民の抗英闘争を称える書物も現れた。これらの思想の変化には、世界への開放的態度、科学技術の面で西洋に学ぶ必要性の提唱、欧米の民主的政治制度への正面からの評価、国の運命を憂慮する愛国的な意識が示されている。近代化に対する一種の萌芽的な自覚である。

「夷の長技を師とする」という考え方を実践に移したのは、明治維新とほぼ同時期で一八六〇年代後半に始まった洋務運動である。曾国藩、李鴻章、左宗棠ら華中、華南の地方長官は、外国列強の力を借りて太平天国をはじめとする人民の反抗闘争を鎮圧するなかで、西洋の軍事力の強さと脅威を痛感した。そこで「自強」を図り、西洋科学に立脚した軍事工業の建設を推進し、後に一般工業の建設にも広げた。産業の推進に伴い、「船政学堂」のような西洋の科学技術を学ぶ学校や、「同文館」「広方言館」という名の外国語学校も設立され、欧米への留学生派遣も行われた。恭親王・奕訢《えききん》はその支持者であり、積極的な推進者であった。

洋務運動の特徴として注目すべき点は、まず「自強」の目的である。第一は国内の農民蜂起を鎮圧し、清朝の統治を維持することであり、第二は外国列強と和睦の関係を保ちながら自らを強め、外来侵略を防ぐことである。内乱と外患について、奕訢は太平天国や捻軍などの民衆反抗を「心腹の患」とし、外国の侵略を「肢体の患」とする（『籌弁夷務始末《ちゅうべんいむしまつ》』⑧、二六七五頁）。李鴻章は「目前の患は内寇にあり、長久の患は西洋人にある」とする（『李文忠公全書』④、一七頁）。これらは内乱への対応のほうを優先している。もう一つ注目すべき点は、「中体西用」（中学［中国の政教道徳］を体とし、西学［西洋の科学技術］を用とする）方針である。「中国の倫常名教をもって根本とし、それを諸外国の富強の術によって補強する」（『中国近代啓蒙思潮』上、七一頁）という馮桂芬《ふうけいふん》の主張はその代表である。

洋務運動は産業の近代化を進める過程で、軍事工業から民間用工業へ、「官督商弁企業」から「商弁企業」へと発展し、中国民族資本主義の発端をも開いた。また洋務人材の育成において、科学技術に立脚した教育、外国語教育、留学生派遣などを行った結果、「自強」の目的と「中体西用」の方針を超えた視野と思考を持つ新しい人材も成長した。もとより、近代化のための要素を育てたにもかかわらず、あくまでも従来の王朝体制を維持するための「自強」であって、近代国家の形成を目指す運動ではなかった。

「商戦」への対応と「君民共治」

洋務事業の発展とそれに伴う近代的要素の発生、西洋社会への理解の拡大によって、洋務的思考を超えようとする知識人集団が育まれ、成長してきた。早期維新派がそれである。彼らのなかには、上海や香港などの開港地を体験して西洋文明をよく理解している人々や、外国に派遣された使節や外交官の経験者、洋務事業に携わって西学の研究を重視する人々がいた。早期維新派の共通点を言えば、軍事力の発展による「自強」ばかりでなく、政治と経済の面でも一定の改革を求めるという維新志向である。

彼らは当時の時勢について、五港を開いてから未曽有の「大変局」を迎えたという認識を共有している。国家の主権についても一定の認識があり、不平等条約の協定関税、領事裁判権、片務的最恵国待遇による中国利権侵害を重大な問題とする。万国競争の時代において彼らは、閉鎖的で自己中心の態度こそ不利であるとし、国際社会に開放的な姿勢を主張する。鄭観応から見れば、中国は万国に列するのを蔑んで公法に入らなければ、孤立無援で独り被害を受ける。「もし中国が自らを万国の一つと認めれば、その公法も中国だけを無視することができず、中国の法も万国を行くことができる」。そして、華夏中心主義の放棄、海禁の停止、条約に基づく通商を力説する（同上、一一八頁）。

ただし、万国に列し「万国公法」の体系に入るだけで被害を免れるという考え方ではない。むしろ、公法の遵守か否かは国の強弱に左右されるという弱肉強食の現実を認識している。鄭観応によれば、「国の強弱が等しければ、互いに公法をもって維持するが、強弱不均等の場合は公法を必ずしも行わない」。「公法は虚理である。強者はその法をもって他国を制約するが、弱者は不当の待遇を受けることも免れない。したがって、国を持つ者は奮って自強を図り、そうしてはじめて公法の益を得ることができる」（『中国近代史資料叢刊・戊戌変法』①、六八～六九頁）。王韜《おうとう》も「国が強ければ、公法を廃することも興すこともできるが、国が弱ければ、公法を欲しても公法は吾に用いられない」、「万国公法は、必ず兵が強く国が富み勢力が匹敵してから入るべきである」と指摘した

（『中国近代史資料叢刊・洋務運動』①、四八五頁、『中国近代史資料叢刊・戊戌変法』①、一三八頁）。一国の強盛と主権の維持には緊密な関係があるという捉え方も、早期維新派に共有された。

国の強盛について早期維新派は、軍事力より商工業の発展を優先的に考える。馬建忠は「国を治めるのに富強を本とし、強を求めるのに富を先に造るべきである」と唱える（『中国近代史資料叢刊・戊戌変法』①、一六三頁）。薛福成は通商を富強の本とする考え方を共有しながら、工業を商業競争の基礎と見なし、「西洋人の富を造る術において、工業でなければ商業の源を開くことができず、これゆえ工業を基とし商業を用とする」と説いた（同上、一五四頁）。商工業を重視する彼らは実際において強い緊張感があり、国際社会の通常の競争を「商戦」として捉えた。鄭観応は『盛世危言』で「商戦」を論じ、「泰西各国は商をもって国を富にするが、兵をもって商を守るのは、兵によって戦うばかりでなく、商によっても戦う。兵戦は時間が短く禍が顕であるが、商戦は時間が長く禍が大きい」と語った（『中国近代啓蒙思潮』上、一一〇頁）。関税自主権の回収は、彼らの強い要求であった。

また、早期維新派は西洋の政治にも注目した。西洋諸国の政体を「君主」「民主」「君民共主」に分けて理解し、中国に最も適する政体として「君民共治」を力説する。議会政治については、上下の情を通じ君民一心を保つための役割に関心を寄せる。王韜は中国の三代の理想政治を価値基準として、「君民共治は上下を相通じ、民の苦情が上に達し、君の恩恵が下に達することができる」とする（同上、一三六頁）。鄭観応も「議院による上下同心」を富強の本と見なしている。しかも「万国公法」への参入と関連して議会の必要性を論じ、「公法を行おうとすれば、国勢を伸張するより重要なことはなく、国勢を張ろうとすれば、民心を得るより大事なことはなく、民心を得ようとすれば下情に通ずるより重要なことはなく、下情に通じようとすれば議院を設けるより大事なことはない」と述べ、上下の通達と民心の団結という点を重視する（『中国近代史資料叢刊・戊戌変法』①、四〇頁、五七頁）。早期維新派はほとんど「民権」を君権への補完として推賞するが、「民主」に賛同しない。鄭観応によれば、「君主は権が上に偏り、民主は権が下に偏り、君民共主は権の均衡が取れる」（『中国近代啓蒙思潮』上、一四三頁）。薛福成は「君民共主」を孟子の民本思想にたとえ、「君主と民主の偏重弊害がなく、最も適切な均衡が取れる」とする（同上、一一八頁）。何啓、胡礼垣は「政治は民の事を君が行うのであり、君の事を民が行うのではない」という意味で、君主や士大夫による仁政を説いたが、民による政治は推賞しなかった（同上、一二二頁）。

早期維新派は、政治と経済面の改革を求める志向において洋務派の「自強」思考を超えたにもかかわらず、「中体西用」の方針を脱したわけではない。薛福成も「西洋人の気・数の学を取り入れ、わが堯舜、禹湯、文武、周公、孔子の道を守る」と言い（同上、七四頁）、鄭観応も「中学を主とし、西学を補とする」と言う（同上、一〇〇頁）。西洋の技術だけでなく西洋の政制も中国起源のものとしてその導入を主張したのは、頑固派の反対に対応するためだけではなく、儒学を基底においた中国社会を立て直そうとしたのである。そこに華夏文明の矜持があっても、中国民族のアイデンティティがあるとは言えない。国民形成の意識が現れていないのである。

アヘン戦争後、中国に出現したいくつかの改革の動向を見れば、魏源の「夷の長技を師とする」や、曾国藩、李鴻章らの洋務運動はもちろん、鄭観応、王韜らの早期維新思想も、基本的に従来の

「大一統」の王朝体制を維持するという枠内にあった。近代国家を作るというナショナリズム運動の発生は、少なくとも日清戦争の衝撃を受けた後である。

二　戊戌変法とナショナリズム

日清戦争の意味

アヘン戦争後、中国知識人には近代化への萌芽的な自覚が生まれたが、その自覚は近代国家形成の意識ではなかった。この意識の発生に触媒作用を果たしたのは、半世紀後の日清戦争である。日清戦争は日本と清朝との朝鮮をめぐる確執の中で起こった。日本は西洋に並ぶ近代国家を目指し、朝鮮を「利益線」として勢力圏に収めようとしたが、清朝は伝統的な朝貢体系の論理を維持し、朝鮮との藩邦関係を守ろうとした。日本が対清戦争を仕掛けてきたのに対し、清朝は対戦を避けようとして和を求めながら戦争に引き込まれた。この戦争における清朝の惨敗は、洋務運動の欠陥を曝け出したばかりでなく、中国の伝統的な対外関係の論理を覆すきっかけとなった。

一八九五年の下関条約談判において、日本は戦勝国の姿勢をもって臨み、清朝に領土の割譲と巨額の賠償金を要求した。気勢激しく迫ってくる日本に対し、李鴻章は軽減するよう説得に努めたが、遼東半島の割譲と台湾および付属の島々と澎湖列島の割譲、銀二億両（利息を含めて清朝三年間の歳入にあたる）の賠償金などの過酷な内容が下関条約に盛り込まれた。ロシア・フランス・ドイツの三国に干渉され、日本はやむなく遼東半島を還付したが、遼東半島を取り戻す代金として清

下関条約の談判を行った春帆楼

朝に白銀三千万両を取り立てた。

　下関条約調印の情報が伝わると、中国の世論は騒然とし、条約廃止、領土割譲反対の叫び声が全国に響き渡った。康有為は北京で科挙を受ける一三〇〇人の挙人と連名して光緒帝に上書し、条約の拒否と抗戦の継続を求め、変法（政治改革）によって亡国の危機を救うよう呼びかけた。有名な「公車上書」である。これが発端となって、戊戌変法と呼ばれる維新変法運動が展開しはじめた。

　ところが、中国人にもう一つの衝撃を与えたのは、日清戦争後の事態である。下関条約によって清朝は、日本に巨額の賠償金を返還するために大借款をし、ヨーロッパ諸国の資本輸出の対象となった。一八九五年、ロシアとフランスは清朝への第一期借款を獲得し、一八九六年と一八九八年、イギリスとドイツは清朝への第二期と第三期の借款を獲得した。借款は税関収入を担保とするため、ヨーロッパ諸国は中国の税関管理まで手を伸ばした。しかも中国の不利な立場を利用して、鉱山開発と鉄道建設の利権を次々ともぎ取った。

「喪権辱国」の事態はこれに止まらない。「瓜分《かぶん》」と呼ばれた列強諸国による中国での勢力範囲争奪も行われた。三国干渉への代償としてドイツは、まず一八九五年一〇月、中国の漢口と天津で租界地を獲得した。また一八九六年一二月膠州湾租借を求め、さらに九七年一一月、宣教師殺害事件を口実に膠州湾を武力で占領し、そして九八年三月、清朝に条約を押し付けて膠州湾を租界地にした。ロシアも一八九七年一二月、旅順・大連を強行占領し、九八年にはドイツの例にならって、旅順・大連を租界地にした。続いてフランスは一八九八年四月、広州湾の租借を求め、九九年一一月に広州湾租界地を獲得した。イギリスは一八九八年六月、九龍半島全域を香港植民地に収めることを清朝に認めさせた上、さらに威海衛の租借を求め、そして七月に威海衛を租界地として獲得した。日本も取り残されないように、一八九八年四月福建を自分の勢力範囲にすることを清朝に認めさせた。こうして列強諸国は競って中国で租界地や勢力範囲を獲得した。遅れてくるアメリカは入る余地がなく、一八九九年「門戸開放政策」を打ち出して、アメリカの利益を確保するようにした。

日清戦争は中国人に、「瓜分」という亡国の危機を実感させると同時に、国家を形成して主権を守る大切さを認識させたという意味で、近代中国の重要な転換点である。日清戦争後の変法運動も、上述の事態の推移につれて近代国家形成への理解を深めた。その間、西洋に学んで改革を行った日本の成功に注目するようになり、康有為は『日本変政考』を上奏して日本の改革を学ぶよう呼びかけ、梁啓超らと一緒に民間の訳書館を設けて日本語訳書の重訳を推進し、のちに「日訳西学」の風潮へと発展した。また、数多くの中国青年は、国家の独立を図り日本に学ぶという願望を抱いて日本へ留学し、清朝支配層も、日本が地理的に近く「同文同種」であるという観点で日本留学の利点を認め、日本に留学生を派遣しはじめた。こうして、日本との思想的な相互連鎖も現れてきた。

康有為・梁啓超・厳復の改革思想

変法運動は初期において必ずしも国民国家形成の意識を示したのではない。変法運動の主要な指導者・康有為は公羊学者（『春秋公羊伝』に基づき、孔子の微言・大旨を求めようとする学派）であり、早く香港や上海で西洋社会の要素に接触し、『海国図志』や『瀛環志略』および洋務期の訳書を読んで、西洋に学び中国社会を改革する思想が芽生えた。今文経学の「三世説」を敷衍して、「拠乱世」、「昇平世」、「太平世」という三段階の社会進化説を打ち出し、変法維新の理論を構築しようとした。一八九一年広州で長興学舎を設けて変法思想を講授し、九三年学舎を移転して万木草堂と改名した。康有為の弟子に戊戌変法のもう一人の指導者・梁啓超がいた。その間、康は梁啓超らと協力して『新学偽経考』と『孔子改制考』を著した。『孔子改制考』は、孔子が古聖先王の説に仮託して改制思想を創造したことを虚構し、公羊学説に西洋の政治思想を付会して、「拠乱世」（君主専制の世）から「昇平世」（君主立憲の世）へ、そして「太平世」（民主共和の世）へ進化するという歴史発展説を打ち出し、変法の理論的根拠とした。

一八九五年の下関条約に反対する「公車上書」において、康有為は、夷狄への懐柔策として、領土を割譲して目先の安寧を図る伝統的な外交を批判した。康から見れば、台湾の民を捨てるのは「天下の民を散ずる」重大事であり、領土割譲は亡国を招く重大なことである。中国の領土を覬覦《きゆ》する列強諸国には「礼譲」で対応することはできない。今は「守成」ではなく「開創の勢」を、「一統垂裳」ではなく「列国並立の勢」をもって国を治めなければならない（『中国近代啓蒙思潮』上、一八三～一八四頁）。「公車上書」の後、康は進士に受かって工部主事になり、引き続き皇帝に上書した。第四の上書では、君民上下の隔絶を問題として、「議会を設けて下の情を通ずる」ことを主張し、学会と新聞社の設立の必要性を説いた（『中国近代史資料叢刊・戊戌変法』②、一七六～一八五頁）。

康有為の唱導によって、改革志向のある知識人は北京、上海、湖南、広東、天津などの地域で新聞を設立し、学会を組織し、学堂を開き、維新変法の啓蒙活動を展開した。一八九五年、康は北京で『万国公報』を創刊し、後『中外紀聞』に改名した。梁啓超はその主筆であった。また同年、康と梁の働きかけによって北京強学会が組織された。康はさらに南下して上海強学会を組織し、翌年『強学報』を創刊した。『強学報』は孔子紀年を採ったため、清朝の国制に反するとして保守勢力に糾弾され、強学会の解散と『強学報』の停刊になった。一八九六年上海で、汪康年は黄遵憲の協力を得て『時務報』を創刊し、梁啓超を主筆に招いた。『時務報』は一八九八年八月まで持続し、変法運動の推進に大きな役割を果たした。その中で梁啓超の著述、とくに「変法通議」、「中国の積弱は防弊に由ることを論ず」、「君政民政の変遷の理を論ず」、「群を説く」などの論文が大きな影響を与えた。このように康・梁の名は変法運動を代表するものとして併記されるのである。

もとより、変法運動には康・梁の思想だけでなく、多様な思想が関わり合った。厳復の活躍も代表的である。厳復はかつて洋務運動の学校で西学を学び、イギリスにも留学で派遣された。帰国後、海軍育成の教育に従事しながら、多くの西洋政治の著作を研究した。一八九五年頃は北洋水師学堂の総弁（学長）を勤めていた。日清戦争が終わる直前から、彼は「時勢の激変について」、「強さの根源について」、「韓愈を駁す」、「救亡について」という四つの論文を天津の『直報』に発表して時勢を分析し、現体制と社会的病弊を批判し、「民智」を開き、「民徳」を新たにし、「民力」を奮い立たせるという改革思想を示した。これらの論文で、厳復は「自由」を根本的な問題として取り上げた。彼から見れば、西洋文明の「命脈」の精粋は「学術において偽を斥け真を崇び、刑政において私を屈して公を為す」ことにある。この二点は中国の理道とも共通するが、中国で生かされず退廃している。その原因は、「自由と非自由という相違にある」（『厳復集』①、二頁）という。この四つの論文は、梁啓超の提案によって『時務報』に転載された。

また同じ頃に、厳復は『天演論』（T・H・ハクスリー『進化と倫理』）を翻訳したが、進化論と天人関係の哲学を通じて改革を語るこの訳稿は、知己や友人の間で広く読まれた。彼は『天演論』訳稿を梁啓超に送る時、同封した書簡で、「今日の政治は、旧弊の除去において、民の智、徳、力を害するものを取り除くべきであり、新政の樹立において、民の智、徳、力に益するものを立てるべきである。これを経《たていと》とし、格致によって得られる実理と新知を緯《よこいと》としなければならない」という改革の核心思想を書いた（『厳復集』③、五一四頁）。その後、『天演論』に語られている思想概念や、民の智、徳、力の向上に関する言説は、梁啓超の論述にも頻繁に出るようになった。康有為も『天演論』訳稿を読んで高く評価し、進化論の思想要素を一八九六年完成の『孔子改制考』に導入した。

変法運動期に現れた様々なメディアの中で、上海の『時務報』が中国南方で最大の影響力を持ったのに対し、北方で最大の影響を持ったのは、一八九七年厳復が王修植、夏曾佑と共に天津で創刊した『国聞報』である。両者は当時の維新思想を代表する二つの星と見なされていた。厳復はかつて『時務報』創刊後の盛況を評価し、思想や世論の力を説き、『時務報』社へ寄付金百元小切手を送った（『厳復集』③、五〇五頁）。『国聞報』は『時務報』の刺激によって発刊された。『国聞報』創刊の主旨は「通を求める」ことにあり、一つは「上下の情を通じる」こと、もう一つは「中国と世界の事情を通じる」ことである（『厳復集』②、四五三頁）。その社説の大部分は厳復の手によって書かれたものである。厳復の改革思想と康有為・梁啓超のそれとは同じではなかったが、共通点を持ちながら互に影響を与えた。

変法維新という主題の下で、知識人はそれぞれの改革構想を持ちながら、一つの目標を共有した。それは「合群」（社会結合）を目指すことである。かつて早期維新派は西洋の議会制について、上下の情を通じ君民一心を保つという役割に注目したが、これは民心をまとめる必要性を感じたからである。その後の知識人はとくに日清戦争を経て、人心がばらばらで国が分裂瓦解するという危機をより痛切に認識した。康有為は長興学舎頃から「合群」を主旨として変法思想を講授した（『中国近代史資料叢刊・戊戌変法』④、一〇頁）。厳復は一八九五年に発表した「強さの根源について」という論文で、ダーウィンの進化論を紹介し、天地自然の利を共に享受する者の生存競争の有り様について、「その始めは種と種の競争であるが、群や国が形成されると、群と群、国と国との競争になる」という観点を説明し、「群」や「国」という団体を明確に提起した（『厳復集』①、五頁）。また、『天演論』で「合群」の哲学を説いた。

厳復の「合群」思想の特徴は、民と個体に立脚する点にある。その理論的な拠り所は、主にH・スペンサーの「群学」（社会学）である。彼はかねてからスペンサーの総合哲学体系を研究し、また『社会学研究』を翻訳し、一八九七年末から九八年初に二篇の訳文を『勧学篇』という題で『国聞彙編』に発表した。日清戦争直後発表の一連の論文では、すでにスペンサーの思想を紹介しており、『天演論』ではさらに多く引証している。「群学」は社会を有機体として捉えるが、スペンサーに基づく厳復の社会有機体説は、「群」という組織体の中枢である政府ではなく、「群」を為す個々の民に基点を置いている。個人と社会有機体について彼はこう述べた。「大抵万物は総と分がある。総は拓都《たくと》（Aggregate）と言い、全体と訳す。分は麼匿《まとく》（Unit）と言い、単位と訳す。筆は全体、毫は単位。飯は全体、粒は単位。国は全体、民は単位である。社会は極まりなく変化するが、すべて個々の民の素質品格に基づくのである」（『群学肄言』xi頁）。また、「天下の事物は単体の形法性質によって全体の形法性質を構成しないものはない。したがって、貧民に富国はなく、弱民に強国はなく、乱民に治国はない」と指摘した（『厳復集』①、一二五頁）。

厳復から見れば、中国旧来の政治と習俗は、民の自然の性を損なうことによって社会の弊害をもたらした。専制政治と綱常道徳によって民の天賦の活力と才知が萎縮し、卑屈盲従という気風の中で気力も良知も衰退してしまった。それゆえ、民の道徳能力と憂患意識を蘇えらせ、中国の社会結合力を回復し、貧と弱を脱却するためには、旧習から解放して「民の耳・目・心・思の能力」を生かさなければならない。この意味で彼は、「開明自営」を唱えた。「自営という語は、古今の人々が忌み憚るものである。…しかし今の人は社会学の理を語る時、自営を除けば生存もできないと言う。

民智が開いた後、公正の道に従わなければ功を為すことができず、公正でなければ利を図ることができないという道理が分かるようになる。…開明自営は道義に背かないことである」と説いた(『厳復集』⑤、一三五一頁、一三九五頁)。厳復が目指した「合群」のあり方は、個人の自律性が失われて単に権力に服従する人間集団ではなく、知性が向上し倫理性が回復した個々の民の集合体である。

梁啓超は厳復からの啓発も受けたが、主に康有為の変法思想を学んだ。「群を説く」という論文で、康の変法思想を「群を体とし、変を用とする」と解釈し、「群術」(凝集政策)を唱えた。梁によれば、「群術を以って群を治めれば群が成功し、独術(分散政策)を以って群を治めれば群が失敗する」。「独術とは、人々は己が有るのを知って天下が有るのを知らぬことである。君がその府を私にし、官がその爵を私にし、農がその田を私にし、工がその業を私にし、商がその価を私にし、身がその利を私にし、家がその肥を私にし、宗《そう》がその族を私にし、族がその姓を私にし、郷がその土を私にし、党がその里を私にし、師がその教を私にし、士がその学を私にし、故に四億の民で四億の国となる。これは国無きと謂う。…善く国を治める者は、君と民が同じ一群の中の一人であることを知り、因って一群の中の然る所以の理を知り、その常に行うことは、其の群が合して離れず集まって散らぬようにさせる。これが群術である」(『飲氷室文集』②、三～四頁)。

康有為と梁啓超の「群術」は、厳復の個体重視の「合群」思想とは主旨が違う。康有為と梁啓超は「独術」と「群術」を対置させ、「私」を中心とする習俗を変えて、中国を「一群」として固結させる重要性を強調する。農・工・商・身・家のような民間の私的分野についても、その自主自由が群の崩壊につながるとした。ただし、梁啓超は多様な思想を吸収しており、変法期もその後も、厳復寄りの観点を示した時がある。「中国の積弱は防弊に由ることを論ず」では、「自主の権とは何か。各々その為すべきことを尽くし、各々その有すべき利を得ること、これで公は最も大である」と説いた（『飲氷室文集』①、九九頁）。後にまた、「天下の道徳法律は己が自ら利することによって立てられないものはない」と言い、「人々が自らを強めて吾が権利を自ら守るのは、実は群を固め、群を善にする不二法門である」と述べた（『飲氷室文集』⑤、四八頁。『飲氷室専集』④、三二頁）。こうして一時、人民の私的な活動と公との補完関係を認め、個人の自主的権利を国家の統合・富強の基礎とした。

ナショナリズムの萌芽

「独術」と「群術」を対置させる場合も、個人の権利を「合群」の基礎とする場合も、変法運動初期において、「合群」思想は未だ近代国家を構想するに至らなかった。そして、対外問題の変化によって次第に「保国」風潮へと発展した。きっかけは一八九七年一一月のドイツによる膠州湾武力占領である。この事件は全国各地で怒りを引き起こした。同年一二月、康有為は第五回の上書を進呈し、ドイツの膠州占領を嚆矢として各国の新聞社で中国を瓜分する議論が沸き立ち、「瓜分豆割」の兆も現れているという深刻な事態を指摘して、国を守る対策は変法以外にないと進言した。変法策として第一に挙げたのは、ロシアと日本を見習い、「皇帝はロシアのピョートル大帝の心を心とし、日本明治維新の政治を政法とする」ということである。とくに日本は国情政俗が中国に近似し、維新によって大きな成果を得たため、その経験を採って中国の変法に用いるべきだと力説する（『中国近代史資料叢刊・戊戌変法』②、一八九、一九五頁）。康有為の第五回上書は皇帝に届かなかったが、各新聞に報道された。翌年一月、皇帝の指示によって、康は五大臣の諮問を受け、『日本変政考』、『ロシア大ピョートル変政考』も呈上した。同一月、康は引き続き第六回の上書を進呈し、「変ずれば保全できるが、変じなければ亡びる」と述べて変法を促し、明治維新を紹介して、日本に倣って全面的に維新を行うよう主張した（同上、一九七、一九九頁）。康有為において、皇帝のイニシアチブによる変法と立憲君主制の考え方が形成されたのである。

　しかし、清朝には旧来の夷狄懐柔策によって安寧を図る考え方があり、旅順・大連を租界地として求めるロシアの要求を受け入れようとした。これを阻止する民間の圧力を結集するために、康有為は北京にいる各地の知識人に同郷会の結成を呼びかけ、率先して粤《えつ》学会（広東）を組織した。そして閩《びん》学会（福建）、関学会（陝西、山西）、蜀学会（四川）および他の政治団体が相次いで組織され、各省の知識人が連合して上書した。しかし清朝は彼らの声を無視して、旅順・大連をロシアに租借することを決めた。この事態から、康有為ら知識人は、地方単位の分散した組織の無力さを痛感し、全国的団体を結成する必要を認識した。こうして、康有為と李盛鐸を発起人として、一八九八年四月に保国会が成立した。康は「保国会序」で、台湾割譲以後、朝廷官僚が一時の安寧に陶酔している間、膠州湾が割譲され、続いて旅順・大連も威海も広州湾も割譲されるという事態を指摘し、瓜分の危機を訴え、「私利を図る心を移して一大公を守り」、「家を守る心を移して一大国を守る」ように中国人の愛国精神を喚起した（『中国近代史資料叢刊・戊戌変法』④、三九七〜三九八頁）。『保国会章程』は、「国地が日に日に割譲され、国権が日に日に削られ、国民が日に日に苦しめられる」という危機から国を救うことを目的とし、「保国、保種、保教」、つまり国家の領土を保全し、種族の自立を保ち、聖人の教を保つことを主旨とする（同上、三九九頁）。梁啓超も保国会で康有為とともに講演活動を行った。

保国会は国家形成意識の道標である。その主旨は知識人の間で広く共鳴と支持を得たが、守旧派の反対を受けた。反対の主要な理由には「中国の四億人を保とうとしてわが大清国を度外視する」という内容がある（『中国近代史資料叢刊・戊戌変法』②、四八五頁）。守旧派は保国会の国家意識と清朝の現体制との食い違いを感じたのである。とはいえ、光緒帝は保国会の理解者であった。守旧勢力の恫喝によって保国会の活動が持続できなかったが、支配層にも社会にも大きな影響を与え、変法維新を促す重要な役割を果たした。

他方、守旧派との確執を通じて、康有為は日本の国情と異なる中国独自の問題にもっと留意した。中でも多様な宗教の存在と清朝の満漢区別を問題とした。一八九八年六月、康は前後して二つの上奏を呈した。まずは、孔子教を国教とし孔子紀年を採るという奏議であり、その後は、「君民合治満漢不分」という奏議である。

前者では、欧米国家の同一教主への信奉を取り上げ、中国の多神信仰を問題とした。そして、孔子教のみを国教として尊奉し、それ以外の民間宗教を淫祀として厳禁するよう主張した。また、欧米諸国はキリストの紀年を採り、日本は教主がないが天皇開国紀年を採って一つの系統になっているが、中国は王朝交代によって多くの紀年ができたという問題があるため、孔子紀年を採用して系統を一つにするよう主張した（同上、二三一〜二三五頁）。後者の「君民合治」では、東西各国が強い国になる最も重要な原因として、「国を挙げて君民が一体となって二心を持たない」点を説いた上、中国の問題として、民が政治と無関係であるため国を他人事と見なしているという実態を指摘し、立憲と君民共治を唱えた。また「中夏を覆ってモンゴル、回、チベットなどの藩部を兼ねた」清朝がなお満漢の区別にこだわっているという問題を指摘し、満漢の区別を無くすよう力説した。この視点から、四億の人心の合一と外国からの認知を考慮するという意味で、「中華」という国号の採用を主張した（同上、二三七〜二四〇頁）。康有為は国家形成について、宗教と国民の統合の必要性を認識したわけである。ここで「保国、保種、保教」の含意もより明確にされ、ナショナル・アイデンティティの定義も初歩的ながら見え始めた。康有為が光緒帝に希望を託したのは、満州人統治の大清国の皇帝としてではなく、満漢合一の中華国の皇帝としてイニシアチブを取ることであった。

光緒帝は康有為ら知識人の改革案を受け入れ、一八九八年六月一一日（戊戌四月二三日）に「国是を定める詔」を発布して変法を始め、九月までに多くの維新法令を布告した。これが戊戌変法《ぼじゅつへんぽう》である。これらの法令は、京師大学堂の創立をはじめとする学制改革、人材登用法の改革、産業振興、軍事改革、出版結社の許容などの政策にわたり、基本的に明治維新をモデルとしたものである。しかし九月二一日、西太后ら守旧勢力によって戊戌政変《ぼじゅつせいへん》が起こされたため、変法運動は僅か一〇三日（百日維新）で弾圧された。康有為はイギリス人の庇護で香港へ亡命し、梁啓超は日本人の助力で日本に亡命した。

三　辛亥革命とナショナリズム

「喪権辱国」の深刻化と変革思想の転換

日清戦争後の列強による中国瓜分《かぶん》が国家主権に対する中国人の意識を促し、「保国、保種、保教」の風潮をもたらしたとすれば、戊戌政変後の「喪権辱国」の深刻化は、中国人の「保国」思想をナショナリズムの形成へ後押ししたと言える。戊戌変法を弾圧した翌年、清朝はフランスの広州湾租借の要求を認めた。イタリアも浙江沿海の三門湾を租界地にしようとした。列強の中国分割争いに歯止めをかけたのは、アメリカの「門戸開放政策」であった。しかし、中国の主権喪失の事態はいっそう深刻化した。

列強の勢力範囲争奪という形の植民地化につれて、中国の内地に入ってきた外国の宣教師が、本国の中国利権獲得に助力する傾向も現れた。本国の強権を背景に威勢を張る外国の宣教師に対して、中国の民間秘密結社および地方郷紳は反感を持ち、反抗闘争や衝突事件が次々と発生した。それらの事件は領事裁判権によって処理されたばかりでなく、租界地では外国植民地当局による武力弾圧をも受けた。列強の勢力範囲拡大と略奪に苦しむ中国の民衆にあって、非理性的な排外主義が次第に高まった。民衆の最大規模の排外主義運動は義和団である。義和団は山東に起こり、民間秘密結社から発展して、一八九九年に義和団と改名し、「扶清滅洋」というスローガンの下で勢力が急速に拡大した。一九〇〇年春、その活動は華北、東北、内蒙古に広がり、北京、天津にも及んだ。

清朝支配層においても、民衆の排外主義を励ます傾向が現れ、また、西太后らは義和団を利用して、光緒帝支持の外国と対抗しようとした。

義和団は列強の侵略に反対する民衆の抵抗運動であったが、非理性的で破壊的な排外主義行動を取った。列強諸国は中国での権益を守るために、一九〇〇年五月、ロシア、イギリス、アメリカ、日本、ドイツ、フランス、イタリア、オーストリアの八カ国が連合軍を結成して鎮圧に出た。八カ国連合軍の近代的軍事力に圧倒されて、対外抗戦姿勢を取っていた西太后は、列強と共に義和団を鎮圧する方向に転じた。義和団の民衆は死にもの狂いの抵抗を行ったが、八カ国連合軍と清朝軍の共同弾圧によって壊滅した。

義和団事件は列強のより大きな侵略を招いた。八カ国連合軍が大沽から天津、北京へ進攻した時、焼き払いや殺掠を行い、五万住民の塘沽《タンクー》には「中国人の跡が無くなり」、北京に至る道中の家屋が「殆ど一面の瓦礫と化した」。連合軍は北京占領後、三日間の略奪を許可し、狂気じみた略奪を行った（『中国近代史資料叢刊・義和団』③、一八、二九、三一〜三二頁）。文化財については、「元朝、明朝以来の蓄積は、典章文物から国宝や世に珍しい宝物まで尽く奪われた」（『中国近代史資料叢刊・義和団』①、三一

ドイツのはがきに描かれた八カ国連合軍の義和団弾圧

列強諸国が清朝と辛丑条約を締結

六頁)。そして数カ国が北京を分割して占領する事態となった。また、ロシアは混乱に付込んで中国東北を占領した。講和談判には李鴻章が清朝を代表して出席したが、列強諸国が押し付けた要求を強行に飲まされる有り様であった。一九〇一年九月、清朝と列強諸国との間で辛丑条約《しんちゅうじょうやく》(北京議定書)が締結された。この条約によって、中国は銀四億五千万両の賠償金を支払うことになった。関税、塩税を担保とし、三十九年完済、年利四%で、合計九億八千二百万余となる。中国の財政が枯渇するまで略奪され、関税、塩税も制御された。また、列強諸国は北京使館区における駐兵権を得た。清朝は列強の権益擁護を存続の条件として押し付けられ、「洋人の朝廷」に変質した。こうして、中国は半植民地の境涯に転落したのである。

「喪権辱国」の深刻化につれ、改革派知識人の変革思想は主に次の二点で変化が起こった。一つは国家形成の必要性に対する認識である。現実において、清朝は諸外国の要求を満たす旧来の懐柔策によってつかの間の平安を取り戻そうとしたが、列強諸国は中国の領土と資源や鉱山、鉄道に対する限りない欲望と侵略の威勢を益々強めてきた。したがって人々は、国際社会において外国と対抗しうる近代国家を作らなければ、中国は主権をことごとく失い滅亡すると痛切に認識した。もう一つは、異民族政権としての清朝が専制と腐敗によって中国を滅亡に導くという認識である。実際、膠州湾租借以後も、清朝は次々と列強の植民地化要求に譲歩し、戊戌変法を弾圧し、義和団事件も列強の侵略するままに任せるという拙い対応であった。人々は、清朝が満州族の支配を維持するために中国の主権を次々と外国に譲ったと理解し、清朝を打倒しなければならないと痛感した。そして、異民族支配と専制の清朝打倒と、外国列強への抵抗という二つの課題が結び付き、民族と国家という概念の下でナショナリズム運動が展開した。この運動の主流を成したのは、民族主義と排満革命の旗印を掲げた革命派である。革命派には、孫文を代表とする三民主義のほかに、国粋主義と無政府主義の思潮があった。

排満革命と民族主義—三民主義の思潮

革命運動ではまず排満革命が唱えられ、その後に三民主義が打ち出された。革命派は基本的に民族を軸として国家の枠組みを捉えた。満州族と漢族との種族的差異を強調し、優秀人種だった漢族の衰微は満州族の支配によってもたらされたとして、清王朝打倒による民族の建国を唱えた。最も早くこの構図で中国の危機を捉えたのは、孫文である。

孫文は早年ホノルルで教育を受け、アメリカによる植民地化に悩むハワイの現状を実感し、自国の運命にも関心を寄せた。帰国後、香港で西洋的教育を受けた頃、中仏戦争での中国の失敗に刺激され、「清朝を転覆して民国を創建する志」が生まれた（『孫中山年譜長編』、四一頁）。むろん早期維新派の思想にも影響され、変法を目指す改良思想もあった。一八九四年日清戦争の頃、李鴻章に変法を進言して聞き入れられず、改良思想を断念した。同年秋、孫文はホノルルへ赴いて興中会を創った。「ホノルル興中会章程」で「堂々たる華夏は隣邦に軽蔑され、文物冠裳も異族に侮辱されている」と書き、また「ホノルル興中会盟書」で「韃虜《たつりょ》を駆除し、中華を恢復し、合衆政府を創立する」と宣言した（『孫中山文集』下、九二六、九二七頁）。「韃虜」は満州族を指し、「中華」は「華夏」とも言い、漢人に限るものである。彼は、満州族は中華以外の異族であり、中国人ではないと見なした。また、孫文は一八九五年一月、香港興中会を設けた後、同年一一月、日本に来て横浜興中会を設立した。横浜で『揚州十日記』という反清宣伝物を刊行し、清国の民の象徴とされる辮髪を切った。

一八九六年清朝の指名手配を受け、ロンドンの清朝公使館に拘束されたが、イギリスの世論の圧力によって釈放され、これを契機に、孫文は西欧で中国革命の宣伝活動を行った。一八九七年、彼は革新党を代表してイギリスに善意の中立を呼びかける論文で、「中国人と中国政府とは同義語ではないことを忘れないでほしい。帝位と清朝の一切の高級文官武官職位は皆外国人に占められている」と指摘し、現実の中国の腐敗を満州族王朝によるものとし、中国人の前途の希望とはっきり区別した。そして「今の極めて腐敗した統治を倒して才徳兼備の政府を建てなければ」、また「本物の中国人によって純潔な政治を樹立しなければ、如何なる改進を実施してもまったく不可能である」と主張し、満州族を「本物の中国人」と前途有望の「中華」から除外し、腐敗した清朝を倒す共和革命を説いたのである（『孫中山文集』上、四二四～四二五頁）。この頃、孫文は中国人のアイデンティティを漢人に据えたが、民族主義の概念を未だ使っておらず、明朝と清初の民族思想を排満の根拠に用いた。

排満革命に民族主義の理論的資源を与えたのは梁啓超である。日本亡命後の梁啓超は、一九〇一年『清議報』に「国家思想変遷異同論」を発表し、ブルンチュリの国家学を紹介しながら、民族を軸として国家を解釈した。梁によれば、欧米諸国において民族主義は一八世紀後半に芽生え、一九世紀に全盛を迎えたが、民族帝国主義は一九世紀後半に芽生え、二〇世紀に全盛を迎えた。当今の時代は民族主義と民族帝国主義の活劇場である。彼は「民族主義は世界で最も公明、正大、公平の主義であり、他民族による我が自由への侵害を許さず、また他民族の自由をも侵害しない」と主張し、民族帝国主義の強権による侵略に直面し、「速やかにわが国自身の民族主義を育成して之に抵抗するのは、今日わが国民の汲々として努めるべきことである」と説いた（『飲氷室文集』⑥、一八～二二頁）。

むろん、梁は排満論者ではない。一九〇三年『新民叢報』に載せた「政治学大家伯倫知理（ブルンチュリ）之学説」で、一つの有力民族を中心として諸民族を統御する多民族国家のあり方を紹介し、中国については一つの強力民族を中心とする民族建国を考える。中国域内の諸民族に対する漢族の「小民族主義」を唱え、同時に、諸民族を合わせた「大民族主義」を提起し、漢族が「大民族」の組織者になるという民族建国論を主張した（『飲氷室文集』⑬、七三～七六頁）。

とはいうものの、民族主義の理論は、排満革命に有力な理論的根拠として受け入れられた。日本伝来の民族主義は中国の文化的背景と時代文脈において独自の展開を見せた。革命派の人々は、民族主義を旗印として掲げ、排満革命を主張した。かつて戊戌変法の頃、康有為の「満漢不分」に賛同していた章炳麟は、義和団事件後、満漢一体の思想を誤りとし、満漢を区別して同じ種族の団結を進めるという主張に転じた。一九〇三年発表した「康有為の革命を論ずる書に反論」で、章は梁啓超の民族主義的言説を排満論に用いた。「今日は固より民族主義の時代である。満と漢を混淆して同じ器に燻ることができるのか」と康有為に問い、満州族による漢族抑圧を「種族」の仇として強調し、「漢族が満州を憎むのならば其（満州族）の全体を憎むべきである」とまで言った（『章太炎全集』④、一七五頁）。章炳麟の民族主義理論は、異族政権の排除と民族国家の独立に力点を置いたのである。

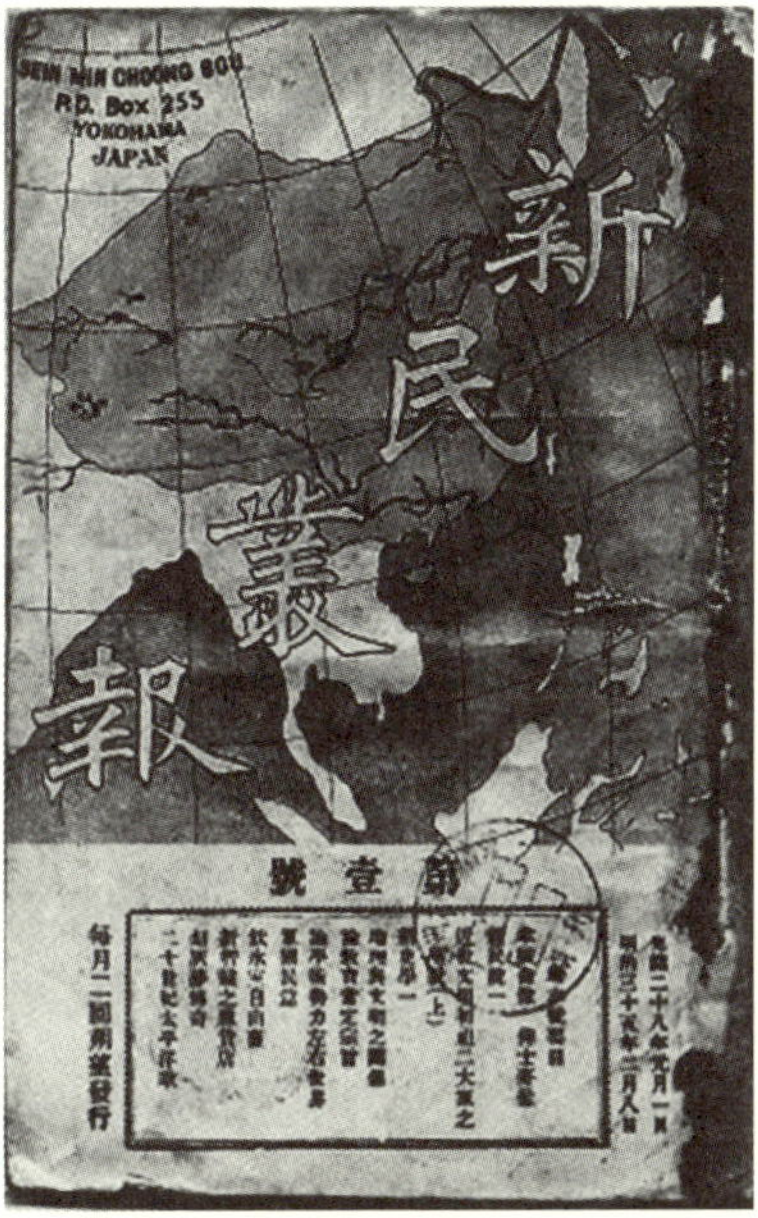

『新民叢報』第一号

孫文も同じ観点から民族主義を捉えた。一九〇三年ホノルルでの講演で、「非満州族の中国人において民族主義の精神を発揚しなければならない」と唱え、民族主義を旗印として排満革命を説いた（『孫中山文集』上、四六二頁）。一九〇四年、革命派と保皇派との論戦の最中、孫文は「駁『保皇報』書」を書き、「異種を保ち中華を奴隷にするのは、愛国ではなく害国である」と言って保皇論を批判した（同上、四六三頁）。また列強諸国に向けて、「支那問題の真解決」を発表し、「満州政府と支那政府とは区別すべきものである」と断じ、政治の腐敗暗愚そして義和団式の排外主義を皆満州政府の問題としてその罪を列挙し、支那人が必ず失った国を取り戻し、東アジアないし世界の平和を建設するために努めると訴えた（同上、四七〇〜四七三頁）。ここにおいても、満州と中華を区別し、中華を漢人に限定し、「腐敗暗愚」の満州と「文明平和」の中華とが対置する構図が示された。

民族主義は国家形成を考える革命派の重要な概念となったが、日本留学者の影響の下で種族を強調する傾向があった。その種族論は国粋派思潮と共通したものである。

一九〇二年日本に留学した鄒容は、『革命軍』（一九〇三年出版）を書いて排満革命の興隆に大きな影響を与えた。『革命軍』は天賦人権と革命の理念を掲げながら排満論を力強く唱え、冒頭では「専制政体」の掃除、「満州種」の討伐、「黄帝子孫」としての漢族の復興を呼びかける。「世界人種の公理」として「人が自らの種を愛し、必ず其の内で団結し、外には排斥すること」を説いた。排満と漢族政権樹立の理由としては、「世界では少数人が多数人に服従し、頑迷な人が聡明な人に服従する理しかない」こと、一国の政権は自民族が執るべきであって異族に執られてはならないことを挙げている。鄒容は満州族の専制と腐敗無能を批判すると同時に、漢族が国家観念も種族観念も自立観念も欠如し、容易に異民族の「順民」になることを嘆き、これを奴隷根性として退ける。したがって、「仇殺満人」だけでなく、「革命教育」として「剖清人種」、つまり種族観念による「漢種」意識の強化を力説する（『中国近代史資料叢刊・辛亥革命』①、三三三、三三六、三五二〜三六四頁）。章炳麟は鄒容の『革命軍』のために序を書いた。

章炳麟と鄒容に傾倒して劉師培も排満革命を決意した。劉は一九〇三年「黄帝紀年説」を書き、従来の君主紀年を否定すると同時に、礼教文化を軸とする康有為と梁啓超の孔子紀年に反対し、種族を軸として、漢族の始祖とされる黄帝の紀年を主張した（『劉師培辛亥前文選』三～七頁）。黄帝紀年はただちに排満革命論者に受け入れられ、黄帝は革命派から尊ばれることになった。

同年、日本留学中の陳天華は『警世鐘』と『猛回頭』を書いた。『警世鐘』は日清戦争以来の清朝の拙い対応を列挙し、亡国滅種の危機を警告し、排満民族主義を唱えた。そのなかで、中国人が種族の区別を知らず蒙古満州と西洋人の支配に従うあり方を深刻な問題として取り上げ、黄帝を始祖とする漢種のアイデンティティによる愛国団結を呼びかけた（『中国近代史資料叢刊・辛亥革命』②、一二九～一三一頁）。『猛回頭』は黄帝の肖像を仰いで始祖に泣き叫ぶ言葉から始め、異族の支配を甘受する中国人の奴隷根性を批判し、清朝治下の亡国滅種の危機に直面しても「わが同胞は昏迷して目覚めず、依然として世の太平を謳歌し、皆は私利私欲で全く団結力が無く、本当に火が眉まで焼かれても痛みを知らない」という実態を悲嘆し、同じ始祖である漢種の意識と愛国心に訴えた（同上、一四四～一四八、一五八～一七〇頁）。

革命派の民族主義には種族論が重要な位置を占め、異族と外国への排外的傾向がある。排外心を持たない中国人の伝統的思考様式がむしろ問題とされた。ただし義和団のような「野蛮の排外」と区別して「文明の排外」を主張し、異族と外国の侵略を許さないという意味の排外を説いた（同上、一三四頁）。国内の革命についても排満ばかりでなく、専制反対と民権樹立の観点から共和制の民

『民報』第一号

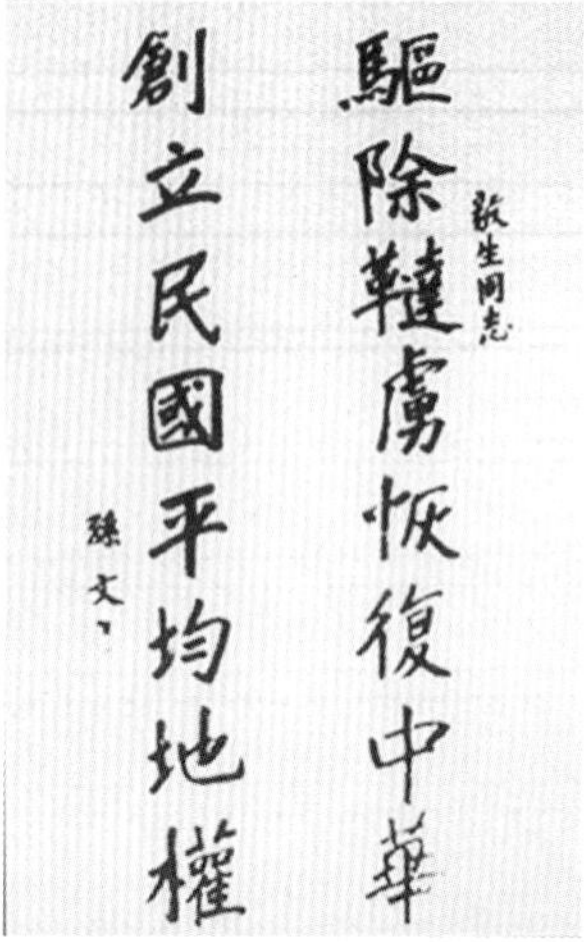

孫文の書いた同盟会綱領

『民報』創刊号の巻頭に
掲載された黄帝像

国建設を主張した。「野蛮の革命」を否定し「文明の革命」を主張するなかで、国民の「自由平等独立自主」が唱えられた（同上、三四九～三五二頁）。しかし、漢種を一つに団結して異族と外国の抑圧に抵抗するという観点から、むしろ個人の自由に反対した。陳天華は、「われわれは総体の自由を求めるのであって、個人の自由を求めるのではない。個人の自由をもって共和を理解するのは、毫釐《ごうり》の差で千里の謬《びゅう》になる。…ただ総体の自由を求めるのであって、個人に対する干渉がなくてはならない」と強調した（『中国近代啓蒙思潮』上、三九二頁）。

　こうした共通認識の下で、興中会、光復会、華興会などの革命団体は一九〇五年八月に東京で、中国同盟会という統一団体を結成した。同盟会の綱領として、孫文は「韃虜を駆除し、中華を恢復し、民国を創立し、地権を平均にする」を提案して受け入れられた。同年一一月に創刊された『民報』において、孫文は同盟会の綱領を、初めて民族・民権・民生という「三民主義」に概括した。『民報』創刊号の巻頭には、「中華民族開国の始祖」として黄帝の肖像が載せられた。中国同盟会は中華民国成立まで黄帝紀年を用いた。

排満革命と民族主義―国粋主義の思潮

民族主義を掲げた排満革命において、国粋主義も三民主義と並んで大きな影響力を持った。清末の国粋派は、一九〇五年成立の国学保存会と同年創刊の『国粋学報』を中心に国粋主義を主張した、革命派内部の思想集団を指す。黄節、鄧実、章炳麟、劉師培らはその代表的な人物である。二〇世紀初頭に高く叫ばれた「文明の排外」は、政治・軍事・経済における外国の侵略に抵抗するばかりでなく、文化においても外国への同化を警戒した。その背景として、一九世紀末以来の西洋文化受容には過激な欧化主義や「欧化心酔」の傾向があり、中国の伝統をことごとく否定するニヒリズムも現れた。中国文化の根底を抜きにした浅薄な模倣は、西洋文化受容の成果どころか、弊害をもたらした。

ただし、上述した現実の認識よりは、現実に関する危機の捉え方が国粋主義の発生原因であった。劉師培の説は国粋派の危機意識を典型的に表している。劉は周辺の民族と西欧列強の中国侵入を比較してこう述べた。「中国は蛮族に征服された時、夷族が劣り漢族が優れたため、国が亡びても種族は亡びなかった。西洋人が東漸して以来、亜洲種族が劣り欧州種族が優れているため、亡国より亡種を憂慮すべきである」(『中国民族誌』第八章)。種族の存亡は文化の優劣によって決められるとし、国粋保存の必要性を説いたわけである。この認識は日本の国粋主義者・長沢別天の考え方と一致している。長沢は、「国家と国家との競争や明にして顕なり。人種と人種との競争や冥にして遅なり。…其の大患深憂たる実に前者にあらずして後者に在り」と述べ(『亜細亜』①、三六号、一八九二年二月二八日)、種族の競争をより深刻な問題とし、種族の存亡を支える文化的視点から国粋を説いた。

そもそも国粋(Nationality)という概念は日本から輸入されたのであり、国粋の考え方も日本の国粋主義から影響を受けて形成されたのである。最初に国粋の言説を紹介したのは梁啓超である。一九〇一年、紀年採用について「民族は固より国粋の性質を守る」と述べた(『飲氷室文集』⑥、八頁)。一九〇二年には、「日本は明治初年に破壊的なことをしたが、近年に至って国粋保存の議論が起こった」と言い、また「国粋主義者は自国固有の精神を保存し、他国と同化しようとしない」と述べた(『梁啓超年譜長編』二七八頁。『訳書匯編』⑤)。一九〇三年ブルンチュリの国家学説を紹介する時も、民族の立国は「族粋《ぞくすい》の保存を第一義とすべきである」という観点を示した(『飲氷室文集』⑬、七二頁)。ちなみに「族粋」は「国粋」という言葉をまねて作り出された用語であり、民族の固有の精神や文化を指している。

最初に日本の国粋主義を取り入れたのは黄節である。黄節は一九〇〇年から〇一年にかけて日本を訪れ、国粋主義の考え方に接触した。一九〇二年末、『政芸通報』に「国粋保存主義」を発表してこう述べた。「国粋とは国家の特別な精神である。日本の明治維新で、欧化主義は滔々として盛んな状態であったが、その万流澎湃の中で、忽ち一大反動力が生まれた。則ち国粋主義である。……その説は、彼の長を取って我が短を補うべきであるとし、外国の文物に心酔してその短も取り、逆に我の長を捨てるべきではないとする」（『壬寅政芸叢書』⑤）。実際一九〇〇年代初め頃、日本の国粋主義にはすでに変化が起こっていたが、清末の国粋派が学んだのは主にその初期思想、つまり一八八八年政教社成立と『日本人』創刊当初の三宅雪嶺や志賀重昂らを中心とした国粋主義の思想であった。

国粋主義は進化論と種族競争の観点から国粋を強調する。志賀重昂は「生物民族は其の所在なる万般囲外物の境遇に適応して一種特殊なる発達を成すてふ是れ自然界の大法則なり。此の一種特殊なる発達に因りて他生物他民族に存在せざる一機軸を開発す。独立民族にありては之れを国粋と云ふ、即ち一国民固有通有の見識なり」。「自から独立特行して新機軸を出さずんばあるべからず。然らざれば則ち此民族は無形上先進民族の奴隷となり、到底優勝劣敗場中に闊歩横行する能はざるなり」と述べた（『少年園』①、八号、一八八九年）。種族の競争については、アーリア種族と蒙古人種の対抗図が描かれた。三宅はアーリア種族が世界の中心を占めていた現実に対し、蒙古人種（中国人、日本人、朝鮮人など）のかつて有した文明の歴史をもって抗した。彼は、蒙古人種の文明が再び世界史に記されると確信し、日本人を「蒙古種中の優等者」と位置付けた（『現代日本文学大系』②、二三七～二三八頁）。

これらの考え方はほとんど中国の国粋派に受け入れられ、類似した説は『政芸通報』、『国粋学報』や他の雑誌に多く現れている。ただし種族について、日本の国粋主義は東アジア人を包括的に

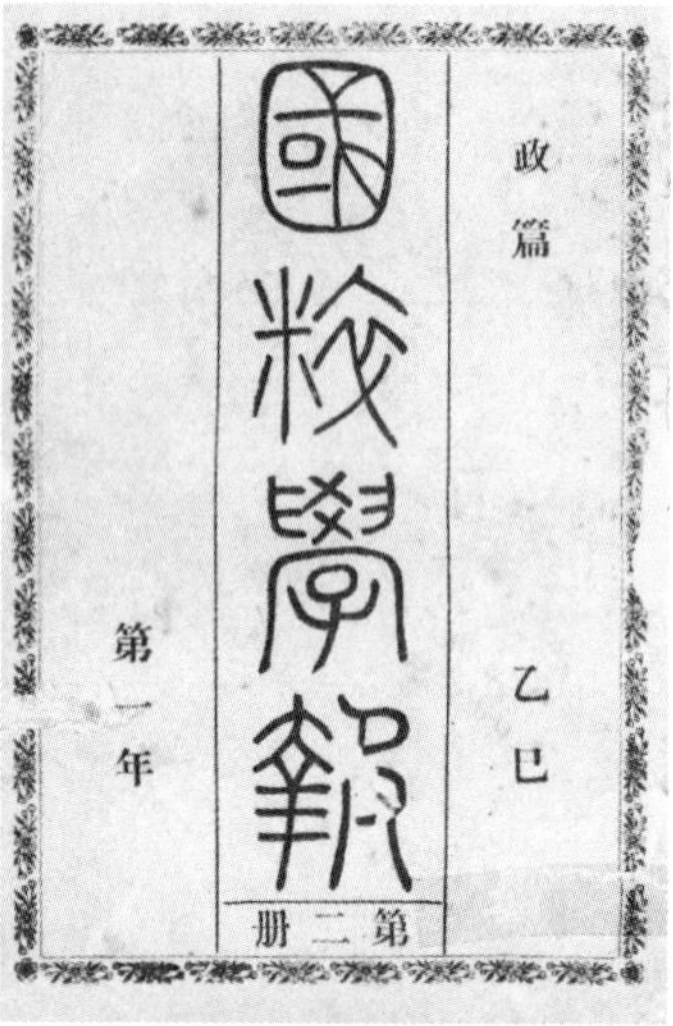

国粋学報

蒙古人種として捉えたが、中国人はこれを黄種と呼び、そして、中国人アイデンティティを漢族に求め、漢族を華夏文明の持ち主とした。排満革命において、満州人と区別した漢族アイデンティティの確立が必要とされ、漢族の源流探究が盛んに行われた。

その頃、中国人の起源について西方起源論があり、代表的な学説には、フランスの漢学者・ラコンペリ（Laconperie）のバビロン起源説と、日本の学者（有賀長雄ら）のパミール・崑崙山起源説があった。中国国粋派には両方の賛同者がいた。劉師培は、漢族は西土に起こり、高く聳え立つ崑崙はその発祥地であると述べた（『劉師培辛亥前文選』九〜一二頁）。章炳麟は、世界古代文明の発祥地と目されるバビロンを、華夏族（漢族）祖先・黄帝の起源地とし、黄帝が東へ進み、黎・苗など中国の未開な先住民を南方に駆逐し、自ら一民族を形成して輝かしい文化を作り、他の野蛮族と区別されるようになったと語った（『章太炎全集』③、一七〇頁）。

漢族源流の探究において、種族の弁別が目立った。その根拠と方法として、古文経学の「華夷の弁」も民族主義の理論もともに使われた。中国伝統の経学には二つの流れがあり、今文経学は礼教文化を軸として大一統を重視し、古文経学は種族を軸として「華夷の弁」を重視する。劉師培は古文経学の華夷内外の旨に基づいて、「内外を弁別し華戎を区別し、異種を必ず排除する意義を明らかにする」と唱えた（『国粋学報』、第一年第一一期）。黄節は「泰西の民族主義は凄まじい勢いで東侵してきた。愛国の士は種族の弁別を唱えて先ず域内に行う」と主張した（『国粋学報』第二年第八期）。章炳麟は民族融合の点にも注目した。歴史上の諸族の帰順や漢族への同化、漢族と北方諸民族との融合などを考察し、「異族を併せて包み、種姓を和合する」という歴史を語った。これによって漢族を諸族融合の「歴史民族」として説明しようとした（『章太炎全集』③、一七〇～一七二頁）。この点は旧来の「華夷の弁」とは違うが、満州人を異族として中国民族から除外するのが狙いであった。ただし、「歴史民族」を認める章炳麟は「文化の同一性は同一の血統から生まれる」とし、黄帝の種族があるから孔子の文化を生み出したと言い、特定の種族に固定された華夷優劣論をも主張した（『章太炎全集』④、二五三～二五五頁）。

また、中国の民族主義の源流も探られた。異族の侵略に屈伏しない気節については、宋朝と明朝の節義之士に求め、『国粋学報』にその事績を讃える内容が多かった。民族国家の思想については、とくに明朝へ遡って求めた。歴史上長い間、大一統の思想が強い影響力を持っていたが、元・清の異族征服王朝は漢人に対する不平等な支配を行ったため、古文経学の「華夷の弁」から一種の民族思想の要素が芽生えた。明朝開祖の朱元璋は「胡虜を駆逐して中華を回復する」を掲げて挙兵し、方孝孺は「正統論」によって華夷を弁じた。明末清初、満州人に征服される時に、華夷論が再び盛んになった。王船山の華夷論は、異族の政権に抵抗する思想を唱え、礼教文化を軸とする華夷観を捨てて種族の境を強調した。国粋派は、明末清初に芽生えた民族思想を開発して現実の民族建国の課題に用いた。章炳麟、劉師培ら国粋派の中心人物には、かつて満州人の征服による「揚州十日」などの惨烈な虐殺を受けた地域の出身者や、学術流派において反満思想を受け継いだ人々が多かった。彼らは古義の「華夷の弁」を近代の民族主義に読み換え、排満革命の理論を打ち出した。

種族競争における国粋保存の重要性については、日本の考え方をそのまま受容した。鄧実は「一国が立つには、必ず其の自立するための精神が一国の国粋を為す。精神が不滅であれば、国も亦不滅である」と述べ、一国の存立を支える根幹的なものとして捉えた（『政芸通報』一九〇三年、二四号）。しかし、政治性の強い日本の国粋主義と比べ、中国の国粋派は文化的関心が強かった。一九〇五年発刊の『国粋学報』の「叙」は、明治維新後の過激な欧化主義に抵抗し、国粋保存を唱えた三宅雪嶺、志賀重昂らを紹介しながら、「学界の国界に関わる重要さはこれほどである」と指摘し、「学が亡びれば国も亡び、国が亡びれば族も亡びる」という認識を示した（『国粋学報』第一年第一期）。国粋は「学」に集約されている。これは中国独自の歴史経験と関係がある。中国は歴史上、何度も周辺の異民族に征服されたが、中原の文化は消滅することなく、逆に征服者がそれに同化した。したがって、国粋派から見れば、固有文化の不滅によってこそ民族の活力が存続し、漢族の天下が復活できた。逆にもし中国の固有文化が消滅すれば、民族の活力も尽き、本当の「亡国滅種」になる。「国は学があれば、亡びても復興できる。国は学がなければ、一旦亡びれば永遠に亡びる」と許守微が述べたように（『国粋学報』第一年第七期）、文化は民族の生命そのものと見なされている。

国粋派は国粋、国学、国魂という三つの概念を共有しているが、国粋とは主に言語、習俗、歴史を含む文化を指し、とくに歴史を重視する。国粋の内容は、具体的に国学によって発掘・研究される。国魂は国学を拠り所とする。「国学は国魂の存在する所であり、国学を保存することは、誠に最重要なことである」と許之衡が言うように（『国粋学報』第一年第六期）、国学こそ国粋を担う根幹である。

国学の提唱は外来文化をことごとく排斥することではなく、民族の主体性を維持するためであった。国粋派にとって、欧化と国粋は共に進めるべき同時的課題であった。「国粋は、欧化の助力によって自らを新しくするべきであり、欧化に敵対して自らを防衛するべきではない」と許守微が指摘したように（『国粋学報』第一年第七期）、国粋を開放的で変化日新の生命体系とする考え方があった。黄節と鄧実は国学保存会設立と『国粋学報』発刊の前に、一九〇二年に西洋の政治と科学を紹介することを主旨として、『政芸通報』を創刊した。国粋に関する彼らの最初の代表的な説もほとんど『政芸通報』に発表された。一九〇五年『国粋学報』創刊後も、『政芸通報』は刊行し続け、西洋の政治科学の紹介という特色を変えなかった。

国学の内容は、民族と民主を核心として新しく構築したものである。古義において、「国学」は家塾に対して国運営の学校を指したが、国粋派はその「国」を漢族と民主の国に読み換えた。鄧実は先秦（秦朝統一前の時代）を、君主専制も異族統治も入らなかった時の「漢族の民主的国家」と想定し、先秦の学術を国学と定義した（『政芸通報』一九〇四年、三号）。黄節は専制と外族を軸として中国の危機を語り、「国はわが中国において、外族専制の国であってわが民族の国ではない。わが学はわが中国において、外族専制の学であってわが民族の学ではない。わが国、わが学は亡びて久しい」と指摘した（『国粋学報』第一年第一期）。また、国学と区別して「君学」という概念を発明した。異族と専制の「君学」を排除する意味で「古学復興」を打ち出した。儒学の代わりに先秦の諸子学を国学の中心に置き、専制反対の学として持ち上げ、西洋古典古代の民主思想と類比し、共和制を建てるために国粋的な根拠を提供しようとした。しかし、「ただ吾が黄帝堯舜禹湯文武周公孔子の学を学ぶのみであり、漢学も宋学もなく、東学も西学もない」と鄧実が言うように（『政芸通報』一九〇三年、二四号）、古学を中心とする国学は、民主も科学も含む自足した体系として過大に評価される傾向もあった。

国粋主義は三民主義と呼応し合って、排満革命の理論創出と中国の近代国家形成に重要な役割を果たした。「国粋をもって種性を奮い立たせ、愛国の情熱を増進させる」と章炳麟が唱えたように（『章太炎政論選集』上、二七二頁）、文化に重きを置いた国粋派の活動は、ナショナル・アイデンティティの形成と国民統合のあり方に大きな影響を与えた。

厳復の国民国家構想

中国において、ナショナリズムは主に民族主義の観点から捉えられ、排満革命を担った革命派は中国近代ナショナリズムの主流を成した。しかし、ナショナリズムは多義的であり、中国においても単一ではない。ここでは、ナショナリズムの主流にならなかった厳復の国民国家構想を明らかにする。早くも日清戦争直後、厳復は「群と群、国と国との競争になる」という現実認識を示したが、近代国家について政治学の角度から論じたのは一九〇〇年以後である。政治学の訳著は、一九〇四年頃出版の『社会通詮』（E・ジェンクス『政治通史』）と『孟徳斯鳩法意』（モンテスキュー『法の精神』）であり、彼が語った政治理論は、一九〇五年上海青年会で行った政治学講義である。講義の内容は翌年、単行本『政治講義』として出版された。これは、梁啓超の民族主義理論の影響と、革命派の排満革命という民族主義運動の展開に対応して、世に送った理論である。

厳復も中国人の国家意識が希薄であることを問題とし、その原因を「天下があって国家がない」という「大一統」の秩序環境に見出した。しかし、「大一統」の問題を指摘する意図は、種族の厳格な区分を主張するためではなく、種族とは異なる意味で国家を説明するためであった。「世界には同じ種族であるが国が異なる場合がある。…また、国は同じくするが種族が異なる場合もある」と述べ、英米における種族の多様性の事例を挙げ、種族の相違は必ずしも国家の区別ではないと指摘した。彼は近代国家の特徴を、社会形態変化の歴史的考察によって捉え、ジェンクスの政治史の枠組みを導入し、社会進化の道程として、「トーテム」という初期形態から「宗法社会」に入り、さらに「軍国社会」（近代国家）に進むという発展段階論を示した（『厳復集』⑤、一二四五〜一二四六頁）。

厳復が注目したのは社会結合のあり方である。彼は歴史の例証を列挙しながら、初期の社会の共通性として血縁共通の氏族で寄り合う天然性、団体の宗法《そうほう》性（宗族や種族を軸とするあり方）について語り、そして、社会の文明程度を宗法からの脱却の程度によって区別するという法則を提起した。つまり社会結合のあり方について、宗法社会は種族によって結合し、近代国家は同一の利益、同一の保護によって結合するというのである。むろん、ほとんどの近代国家は「宗法社会」から発展してきたという認識から、厳復は種族結合の歴史的連続性をも見逃さなかった。現実における進化段階の混合を認め、国家の凝集力としての宗法の有効性をも認め、近代国家が必ずしも宗法を完全に脱却したのではなく、脱却の度合いはそれぞれ違っているとした。しかし原理論では、文明が高ければ高いほど、宗法に頼る要素が少なくなり、法制による利益保護の社会になると説いている（同上、一二六一～一二六四頁）。この意味で、宗法性の脱却を中国の方向として指し示した。

厳復はまた、近代国家を「邦域国家」（領域国家）と呼んでいる。彼から見れば、一般的に近代国家は、敵国強隣による脅威を防ぐためにより大きな団体を結合する中で形成した領域国家であり、それゆえ、複数の種族や民族を合わせたより包容性のある社会である。この意味で、近代国家の方向は異族を排除するのではなく、種族の思想を脱していくのである。「兼容併包」（相違の者を広く包容すること）こそ、大国が大きい所以である。むろん彼は同時に、諸民族を包括した領域国家の国民統合の難しい側面をも見ている。しかし正にこの側面において、一般の領域国家よりも、中国の伝統が統合に有利であると見ている。「今の合衆の大勢とは何か。民族の寡少のゆえに、併合して自存に利することである。その合として、共和（連邦）の制度はなお堅実ではない。なぜなら、其の民は同じ一族ではなく、分立に慣れているからである。天下においてただ吾が黄種はその衆が自立に十分可能であると同時に、その風俗も地勢も合わせやすくて分離しにくい」と彼は述べた（『社会通詮』七〇頁、一五五頁）。中国の天下社会に諸民族が自立しながら隣り合って離れないというあり方を、厳復は近代国家の統合に生かせる要素として見出した。

したがって厳復は、種族の区分を強調する排満革命に賛成しない。『法の精神』の評語で彼は、不平等を国家の不穏の要因とし、満漢の不平等を取り上げて次のように述べた。「ヨーロッパとアジアの盛衰の異同（の原因）は、一つはその民が平等であり、もう一つはその民が不平等であるという点にある。インドにカーストがあり、高麗に三戸があり、中国に満と漢の差別がある。…分ければ不平になってしまい、力を合わせて協力し手と足が助け合うような情が見られないのである」（『孟徳斯鳩法意』上、一九五頁）。彼から見れば、排満革命によって満州人の漢人差別に抵抗するのは、満州支配者の差別政策の宗法性を踏襲しているのである。

排満革命の宗法性を批判する時、厳復は民族主義という用語を使った。「中国社会は宗法と軍国を兼ねている者であり、その法も国家より種族を中心として考える。満人が中国を支配してきた三百年を見ると、満漢の種界がなお歴然と存続している。…今日の党派を見れば、新旧の相違があるとはいえ、民族主義においては図らずして一致する。今日は社会の凝集を言い、明日は排外を言い、甚だしい場合は排満を言う。軍国の事を言って一人一人の自立を希求する人が殆んど無い」（『社会通詮』一一五頁）。彼が批判する民族主義は、近代的ナショナリズムと違い、中国の宗法を引きずってきた種族中心の旧習であり、近代革命に潜り込んだ宗法《そうほう》の変種である。彼が「一人一人の自立を希求する人が殆んど無い」と慨嘆するのは、当時の風潮において、個人の自立という意味のアイデンティティを自覚せず、所属の家、族、宗《そう》にもたれかかり、異種を排除する宗法的傾向が強かったからである。しかし厳復の民族主義批判は、章炳麟の『『社会通詮』検討」による激しい反論を招いた。民族主義が欠けていると見なされたため、厳復はナショナリズムの主流にとって、アウトサイドの存在であった。

国民統合について、厳復が真っ先に取り上げた問題は、中国人が「散砂」のようで愛国心という徳を欠いていることである。しかし、彼が求める社会結合の基軸は、種族と文化の同一性ではない。革命派を風靡した国粋論にも目を向けない。彼は清朝に批判を加えたが、異民族だからではなく、専制の悪い政治だからである。人民を「奴虜」(奴隷や捕虜)とする専制の旧弊によって人民の公共精神が失われてしまっているとして、「民はこの社会に生まれても愛すべき所を感じられず、兵士はこの軍に従っても誰のために戦うかを知らない」と指摘する(『厳復集』①、七四頁)。

厳復が社会学と政治学を通じて説いたのは、民の利益によって結ばれ、個々の国民の利益を目的とし、法によってそれを守る国家のあり方である。その中で生まれる人民の徳性である公共精神、あるいは愛国心は、個人の自由と権利と不可分の関係にある。権力への盲従でもなく、単純な故郷愛でもない。その人民は自分の国家に自分の愛せるものがあり、自分の運命と相関するものを感じ、しかも自分の運命を把握することもできる。その中で理性的な判断や自律的な公共精神が形成されるのである。国家という団体の固結《こけつ》にウェイトを置く当時の民族主義に対し、厳復は個体と自由にウェイトを置く国民形成、智、徳、力に象徴される、自由と理性を基礎とした国民形成を力説した。

革命運動は革命派の排満民族主義を主流とし、厳復および他の思想と交錯する中で進められ、一九一一(辛亥)年一〇月の武昌蜂起、各省の清朝離脱、革命軍の南京占領、そして一九一二年一月の中華民国臨時政府成立をもって幕を閉じた。これが辛亥革命である。清朝を倒したのは、革命派にとって漢族の光復である。孫文は同盟会の旗印・青天白日旗に赤地を加えたものを中華民国国旗とするよう主張した。しかし、各省代表会議は孫文の主張に賛成せず、漢、満、蒙、回、蔵の五族共和を象徴する五色旗を国旗とするよう決議し、臨時参議院は五色旗採用を決めた。したがって、袁世凱政権の下では五族共和の体制を採り、蒙、回、蔵諸民族に対して間接的統治に止まり、清朝時の藩部のような異民族の管轄自治権を温存した。こうして、中華民国は対外独立および国内の民主化と民族問題など多くの課題を抱えて出発したのである。

青天白日満地紅旗
（太陽が白、太陽の周りが青天、右下側は赤）

五色旗
（上から赤、黄、藍、白、黒）

第四章　「脱亜」から帝国主義へ——日本(2)

日清戦争に勝利した日本は、一八九五年四月に清国と下関条約を結び、朝鮮の独立を確認するとともに、遼東半島、台湾、澎湖列島を割譲させ、賠償金二億テール（約三億円）を獲得した。また新たな市港を開放するなどの要求を認めさせ、最恵国待遇の権利によって、列強と並んで中国市場への利権を獲得した。しかし遼東半島の日本領有が自らの極東進出の障害となると判断したロシアが、ドイツ・フランスを誘って講和条約に干渉したので、日本は遼東半島の還付を余儀なくされた。三国干渉は国民の間に深刻な挫折感を生み、政府は「臥薪嘗胆」のスローガンのもとに国民を動員して軍備拡張に邁進し、一〇年後にロシアと極東での雌雄を決する戦争をすることになった。そして結果的に、日清・日露のふたつの戦争をつうじて、国民の底辺まで「国体」にもとづくナショナリズムの意識が浸透した。また台湾の植民地支配は朝鮮支配の先鞭をつけ、帝国としての意識を国民のあいだに創出するとともに、日露戦争で多くの犠牲をはらった満蒙の地を支配下におくのは当然という世論が、その後の大陸政策に大きな影を落とした。

一　「世界の同情」を求めて

脱亜か興亜か

日本と清国が講和条約を調印したのは一八九五年四月一七日で、三国干渉の末に批准書が交換され、五月一〇日に樺山資紀海軍大将が台湾総督に任命された。日本軍の台湾進攻が始まったのはその後のことで、台湾では「台湾民主国独立宣言」が発せられ、日本軍とのあいだで一年ほど戦闘が継続した。その後も日本軍が軍事的に制圧したのは平地だけで、山岳地方の少数民族を中心とする反乱は続き、ほぼ平定したのは一九〇二年頃だった。敏腕を振るったのは、一八九八年に台湾総督に就任した陸軍中将・児玉源太郎と民政局長の後藤新平のコンビである。児玉が発した「匪徒刑罰令」は、「単に犯罪の結果を罰するに止まらず、未遂の場合に於て仍《なお》本刑を科する等峻厳なる条項を設け、遡って本令発布以前の犯罪にも適用処断する」ものだった（台湾総督府法務部編纂「台湾匪乱小史」『台湾』1、九頁）。しかしこのような力による支配にもかかわらず、一九一〇年代には辛亥革命の影響を受けて再び反乱が続き、一九三〇年には台中の山岳地帯で約一四〇名の日本人が殺害された大規模な反乱が起こった。霧社《むしゃ》事件と呼ばれる。

しかし台湾植民地化は、多くの日本知識人には蛮地の征服という程度にしか理解されていない。むしろかれらが敏感に反応したのは、日清戦争後の列強の動向だった。清国が敗北したことによって、中国本土の半植民地化は一気に進行した。一八九七年一一月、ドイツが自国の宣教師殺害を理由に膠州湾を占領したことがその口火となった。陸羯南《くがかつなん》の新聞『日本』はこの事態をうけて、アジアが列強の「競争場」になり始めたと警告している（「列国の対清挙動」、陸⑤、六四五頁）。この警告は杞憂ではなかった。翌年六月、ドイツが膠州湾を租借すると、すぐにロシアが旅順・大連を租借して南満州鉄道の敷設権を獲得し、英国が威海衛を租借した。遅れを取るまいとする米国はハワイを併合して、翌一八九九年に中国における門戸開放・機会均等を宣言し、フランスは広州湾を租借した。

日本軍台湾上陸地の碑

1895 年 5 月末、日本軍は台湾東北部の三貂郭の澳底湾に上陸した。写真のシルエットは、かつて日本が建てた記念碑をパネルで標したもので、同じ場所に現在は抗日記念碑が建てられている。なお上陸のときの指揮者だった北白川能久親王（近衛師団長）は、同年 10 月に台湾で病没した。1901 年に創建された台湾神社（台北）をはじめ、台湾に建てられた神社の多くは北白川能久を祭神としている。1923 年 4 月に当時皇太子だった昭和天皇が台湾を訪問したとき、北白川親王が死去した台南の「北白川殿下御遺跡所」を訪れている。

陸羯南の新聞『日本』はこうした事態を正確に予測しており、翌年二月以降、ドイツをはじめとする列強の態度を批判する論説をつぎつぎに掲載している。「獣力進歩の時代」（一八九八年二月五日）では、「獣力的侵略」は文明の退歩と論じ、「東洋の文明国」たる日本はこの獣力時代の到来を歓迎すべきではないと主張している。さらに「欧人東侵の新態」（二月六、七日）では、欧米のアジア侵略は「文明の恩恵」を口実にしてきたが、今はただちに暴力に訴える方法に変わったと指摘し、膠州湾占領が「欧人東侵の様式を一変したる最初の号令」であると危機感を募らせた（陸⑥、二二頁）。『日本』だけが突出していたわけではない。高山樗牛も「罪悪の一千八百九十八年」と題する小文で、帝国主義が「天下の大勢」を風靡していると指摘し、「人類歴史の最も惨憺たる齣場はまさにこれより開かれんとしつつあるなり」と書いている（高山④、五〇六頁）。一八九八年は、東アジアが一気に欧米帝国主義の露骨な侵略の矢面に立つ画期となったのである。

台湾総督府（台北）は総統府として使用されている

西欧列強の植民地主義への危機感は、脱亜論的な方向での国家形成を潔しとしない人々の意識を刺激した。「我国の自称文明家は、欧州列国を文明国としてこれを崇拝するの極、その野蛮的行動をも正当視」していると、『日本』は脱亜＝西欧化を礼賛する論者を激しく論難している（陸⑥、六二頁）。名門貴族で陸羯南ともつながりがあった近衛篤麿が、東亜同文会を結成したのも一八九八年一一月のことである。近衛はこの年の初めに、「日清同盟論」と評されて西欧各国でも話題になった論文「同人種同盟、附支那問題研究の必要」を発表していた（『太陽』一八九八年一月一日号、『近衛篤麿日記』別巻、所収）。ここで近衛は、「最後の運命は黄白両人種の競争」であり、アジアは「人種競争の舞台」となると断じた。状況を人種論の角度から理解すれば、西欧列強への加担が日本の自滅につながるという認識になるのは当然である。近衛は欧米人と同調して「支那亡国」に喝采する日本人を批判しているが、その際、「北京政府の興敗」と「支那人民の存亡」を注意深く区別している。北京政府の「頑冥不霊」は度し難いとしながら、洋務派などの改革に期待したのである。

近衛の小文は実際には「日清同盟」を直截に主張したものではないが、中国が自己改革によって列強に対抗する勢力になることが、日本の利益につながると説いたものである。近衛は以下のように書いている。「日本人は平生支那人を待つに友情を以てし、之れを誘掖し之れを誘導して其進歩を計り、其発達を促すを念となし（下略）」（『近衛篤麿日記』別巻、六二三頁）。中国との連携によって欧米帝国主義に対抗するというのが近衛の主張の骨子だが、ここに読みとれるアジアとの連帯とその裏に潜在する指導者意識は、その後のアジア主義に終始つきまとうことになる二面性である。

近衛篤麿が人種論から立論したのは、西欧で黄禍論が顕著になっていたからである。一八九六年五月から欧米を歴訪した徳富蘇峰は、帰国してまもない一八九七年九月に「黄的悪感」と題する文章を発表した。日本は清国・朝鮮・シャムなどの諸国を「誘掖開導」する義務があるが、かれらの力を当てにして白人と対抗しようとするのは「無謀」も甚だしいと、アジア主義を批判したものである。蘇峰は欧米歴訪によって黄禍論の雰囲気を肌で感じ取り、それに対抗する方法は欧米との協調しかないと思い定めたに違いない。その背景には、福澤諭吉に似た以下のような冷徹な判断があった。「人種異同の猜疑心は、世界の一動機たるに相違なし。然も此の動機は、我に取りて利多き乎、害多き乎。我は此の動機を挑発鼓舞するを以て、国家の利益と為す可き乎、否乎」（『国民之友』第三六一号）。「黄人種を率いて白人種に当る」のは「痛快」ではあるが、このような心情に流されたアジア主義は、結局、「世界を挙げて敵とする」ことになると、蘇峰は判断した。

この判断の根拠は明白である。日本を除くアジア諸国は、まだ欧米の近代国家に比肩するような国民国家としての体をなしていなかった。「国民の国家、国民の政府」（『国民之友』第三六二号）で蘇峰は、近代の国家はかつての「帝国」ではなく国民国家であると指摘し、地理・人種・政治が一致しなければ国民国家とはいえないと述べる。朝鮮・中国・インドなどはいずれもこの条件を満たしておらず、アジアでは「数千年来唯だ、帝国、若《も》くは属邦あるのみ」というのが、蘇峰の認識だった。このとき日本は、日清戦争の直前に調印された日英通商航海条約の実施を一八九九年に控えていた。この条約によって日本は、幕末に交わされた不平等条約のうち、領事裁判権を廃止し、税権の一部も回復することになった。最終的には一九一一年に実現することになる完全な平等条約への大きな一歩を踏み出したのである。「文明的国交の要件」（『国民之友』第三六六号）は、「欧羅巴人種以外、基督教国以外に於て、事実上完全なる国際法上の人格を取得するは、改訂条約実施後の我国を以て始まらんとす」と論じている。条約改正の大事業に目途がつき、人々は欧米から平等な認知を受けることができるという期待に胸を膨らませていた。

蘇峰の「黄的悪感」が掲載されたのと同じ号の『国民之友』に、山路愛山が「戦国策とマキャベリを読む」を発表している。両者はあきらかに呼応するもので、愛山は蘇峰の欧米見聞の直話を念頭にこの文章を書いたのであろう。蘇峰が「黄的悪感」で、「彼、人種の相違を以て来らば、我は人性の共通を以てす可し」と説いて、人種論的な問題設定を拒否しようとしたとき、愛山は「人間最後の問題は攻撃と防衛となり、膨脹と衰滅となり」と書いて「ヒウマニチイ」に訴えることを拒否した。政府は英国あるいはロシアとの同盟を模索しており、蘇峰も英国滞在中に日英同盟の可能性を打診していたが、愛山はロシアとの対立が必至であることを認めつつ、ロシアや英国との同盟路線を批判している。蘇峰が説いた「国家の孤立」「列国の同情」への配慮を、愛山は「娼婦的の外交術」ととらえ、「余は寧ろ日本国民の自ら自家の力を信ぜんことを希望す、自家の脚に因りて立ち自家の腕に因りて戦ふの決心を為すことを希望す」と主張したのである。

国際社会での弱肉強食をあえて強調し、国民的自尊心に訴えた愛山の心情を、おそらく蘇峰も共有していた。しかし日本が欧米と対等に伍していく資格をもつと考えられていなかった事実は否定できない。一九〇〇年に中国で義和団の乱が起こったとき、英仏独などの七カ国とともに、日本も共同出兵した。ロシア皇帝の提議によって、ドイツ元帥が連合軍の指揮をとることになったが、日本は相談の蚊帳の外に置かれ、結論だけが伝えられたらしい。山県首相や桂陸相がドイツからの連絡を鵜呑みにしたことを屈辱と感じて、伊藤博文は「終宵眠る能わず、髪冠を衝く思い有り」とその怒りを表現している（『明治の栄光』一四頁）。

　このエピソードからも推測できるように、義和団事件は日本にとって帝国主義国への仲間入りのイニシエーションの儀式になった。『二十世紀之怪物帝国主義』（一九〇一年）を書く直前までの幸徳秋水はごく普通の新聞記者で、列強に交じって日本が巧みに帝国主義的な利権を獲得するように説いていた。たとえば政府が軍の清国派遣を決定した翌日の論説「列国協同」では、「協同」の原則に縛られずに「機に臨み変に乗じて自家の利益と権勢を増進」せよと論じた（幸徳②、三五三頁）。また満州や朝鮮におけるロシアの行動にも神経を使い、列強との角逐のなかで自国の利益を確保するためには、「巧妙なる外交的準備」とともに「戦争破裂を賭するの決心」が必要だと警鐘を鳴らしている（「外交的準備」、幸徳②、三七三頁）。さらに「保全と分割」では、「同文の誼《よしみ》」や「唇歯輔車《しんしほしゃ》」を理由に「清国保全」を説くのはいいが、それは「一個の辞令」にすぎないとし、局面の変化によってはその方針を放棄して「分割に処するの準備」が必要だと述べている（幸徳②、四〇五頁）。秋水の論説は、欧米列強と何とか肩を並べて伍していこうとする日本の背伸びした姿を映し出している。

日露戦争

　義和団の乱に際して満州に出兵したロシア軍は満州占領を続けたので、一九〇二（明治三五）年一月、日本はロシアに対抗するために日英同盟を締結した。非同盟を国是とすると考えられていた英国が、極東の非キリスト教国と同盟関係を結んだことに、日本人は狂喜した。ドイツ人医師ベルツはその日記に「日本人は、新しい同盟がうれしくて夢中になっている」と記し、感激した慶應義塾の学生がたいまつ行列をして英国公使館前で「万歳」と叫んだことを記録している（『ベルツの日記』第一部下、五八頁）。

日露戦争において、政府当局者がもっとも腐心したのは西欧列強の支持を取りつけることだった。桂内閣の事実上のスポークスマンだった徳富蘇峰の『国民新聞』は、開戦間近の一月一一日の論説「義戦の説」でつぎのように述べている。「吾人が露国と相争うは私争にあらず、公闘なり。一国のために戦うにあらず、世界のために戦うなり。正義もし我に与《くみ》せずんば、我は断じて剣を抜かじ。文明もし我に随わずんば、我は決して砲門を開かじ」。戦争目的を「正義」や「文明」の名で正当化するのは、古今を問わない常套手段であろう。しかし蘇峰がここで言及した「正義」「文明」は、西欧そのものを指している。つまりこのとき日本が必要としていたのは西欧の「同情」であり、それが西欧に対するコンプレックスの陰画だったことは、以下の文章にあきらかである。「欧米の列国とは、人種において異なり、宗教において同じからず。日本が、文明国の仲間に繋がる所は、唯一の人道あるのみ」（「帝国の行動」、『国民新聞』一九〇四年二月二七日）。

「世界の好意」を得るために、蘇峰が示した健気な配慮には、日本帝国がおかれた国際的地位がみごとに表現されている。蘇峰は日本の戦争行為を一貫して西欧文明と結びつけようとした。しかし日清戦争とは異なり、日露戦争はアジア対ヨーロッパの戦いだから、いくら「文明的」であると自己主張しても、西欧の前ではロシアのほうが有利な立場にあることは否定できない。だから蘇峰は、以前にもまして日本が「アジア的」でないことを強調しなければならなかった。「わが国民の抱負」(同年四月一七日)は、それをつぎのように表現する。「およそ我が帝国および国民に対する一切の猜疑、一切の嫉妬、一切の恐怖、さらに切言すれば、一切の嫌悪、すべて亜細亜的の文字に概括せらる。これ豈《あ》に危険千万なる断定にあらずや」。

「アジア的」という「概括的文字」のなかに日本が包括されることとは、欧米から差別と偏見の目で直視されることを意味した。すでに福澤諭吉の「脱亜論」がそのような意図をこめて書かれたことは、前述したとおりである(第一章参照)。アジア諸国と同一視されるかぎり、日本は自己にふさわしい認知を得られない。これは当時の人々が等しく感じ取っていたことである。日清戦争の勝利は中国との差異を証明したが、日本はなお「アジア的」という欧米からの差別的まなざしを克服できなかった。蘇峰はあいかわらず以下のように述べねばならない。「かれらはインドを見、安南、シャムを見、支那を見たる眼孔をもって、我国を見つつあり。かれらは日本人をもって、他の東洋人と同一視せり」(「日本人知り難からず」、同年四月二四日)。かつて福澤諭吉が脱亜論に込めた憂慮は、二〇年経っても克服されていないと感じられていた。

蘇峰の『国民新聞』だけが特殊だったのではない。まだ東京帝大の学生だった吉野作造は、ロシアが満州を自己の勢力下に収めれば、つぎは朝鮮が支配下に置かれることは必至だと述べ、「朝鮮の独立」と「帝国の自存」のためにロシアを挫かねばならないと力説する。ロシアの満州支配は日本の商工業の存亡にかかわるので、その膨脹は「独り日本の危険とする所たるのみならず世界の平和的膨脹の敵也」(「征露の目的」、吉野⑤、八頁)という。同じ雑誌に掲載された別の小文「露国の敗北は世界平和の基也」では、ロシアは専制政治の象徴として「実に文明の敵なり」と断罪される。ロシアが勝てば圧政がひどくなるのに対して、日本が勝てば「自由民権論の勢力を増す」というのである（吉野⑤、九頁）。

一年あまり後、「血の日曜日」で呼ばれるロシアの革命の報を受けて、吉野は「露国に於ける主民的勢力の近状」を書く。ロシアにおける立憲制への移行を「東欧の天地に漸く文明の微光のひらめき初めた」として祝福したものだった（吉野⑤、一三頁）。ロシアと日本を比較して、日本が文明的であると自賛する社会の雰囲気に対しては、幾分、日本びいきの傾向があるトク・ベルツも、新聞報道の過熱ぶりに食傷し、「露国の蛮行」を罵るあまり「文明の一手引受人風を吹かしすぎ」だと苦言を呈した（『ベルツの日記』第二部上、六八頁）。立場のいかんにかかわらず、「文明的」であることに心を砕いていた様子が推測できるだろう。

ところで日露戦争中から一九一〇年の併合条約に至るまで、日本は五つの条約を締結して足早に韓国を植民地にした。まず戦争開始後すぐに交わされた日韓議定書で、韓国施政の改善や日本の軍事行動の自由を要求して認めさせた。そして半年後の一九〇四年八月から一九〇七年までの三次にわたる日韓協約では、まず財政・軍事顧問の採用を認めさせ（第一次協約）、戦勝後の第二次日韓協約（乙巳《いつみ》条約）では外交権の移譲によって日本の保護国とし、さらに一九〇七年の第三次協約（丁未《ていび》条約）で、高宗《コジョン》を退位させて、統監による行政・司法の統轄、日本人官僚の採用、韓国軍隊の解散を決めた。併合条約を含む五つの条約は、いずれも日本軍の武力を背景にして締結を迫ったもので、現在もその有効性について激しい議論の対立がある。

一般的に認められている解釈によれば、当時の国際法は国家自身に対する強制と、国家の代表者に対する強制を区別し、国家代表者に対する強制によって締結された条約のみを無効としていた。したがって論点は、これらの条約（特に第二次日韓協約）の締結において国家代表者への強制があったか否かの解釈にある。これは単純な事実確認の問題のようにみえるが、解釈は真二つに割れている。高宗が反対だったことは、条約の不当性を訴える手紙を出したり、ハーグ万国平和会議に訴えたりした事実があるので疑問の余地がない。しかし他方で、高宗が文案修正などに言及した事実もあり、軍隊を配置し、脅迫的な言辞を吐いた伊藤博文などの条約当事者の態度が、国家に対する強制なのか、国家代表者に対する強制なのかは明らかではないとする見解もある。

したがって論者たちの主張を大別すれば、以下の三つの立場がある。まず第一は、問題の条約は国家代表者に対する強制によって成立したので無効とし、日本の植民地支配は強制的占領（強占）だったとする立場である（韓国政府および多くの韓国の研究者はこの立場に立つ）。第二は、これらの条約は合法的に成立し有効だが、植民地支配は道義的に許されないものだったとするものである（日本の研究者の多数説）。第三は、これらの条約は文明国の非文明国に対する国際法の適用として異常なものではなく、植民地支配も当時の国際関係のなかではやむを得ないものだったとする立場である。一九六五年に締結された日韓基本条約で、日本政府は第三の立場に立ち、韓国政府は第一の立場に立っていた。妥協を成立させるため、基本条約第二条で「一九一〇年八月二二日以前に大韓帝国と大日本帝国との間で締結された全ての条約および協定は既に無効であることが確認された」と規定した。「既に」の文言でいずれにも解釈できるように配慮して、戦後の日韓関係が始まったのである。

日韓協約や併合条約の法的な有効性は、ここでは問わない。注目すべきは、日本政府当局者が条約締結にあたり、周到に西欧の国際法に依拠しようとしていたことである。研究者はそれを「日本の国際法実践は欧米に対してはある程度規範主義的であったが、アジアに対しては便宜主義的であった」と評している（荒井信一「日本の対韓外交と国際法実践」、笹川紀勝・李泰鎮編著『国際共同研究—韓国併合と現代』二六〇頁）。日本の統治エリートはまことに手際よく「文明の作法」を身につけ、中国や韓国（そしてロシア）に対して「文明」の代弁者としてふるまうことによって、自己の優位と正当性を印象づけようとした。そのとき意識されていたのは、観客席にいた西欧列強である。

後にイエール大学教授になったことで知られる朝河貫一（一八七三〜一九四八）は、日露戦争時に四百ページ近い英文の著書『日露紛争—その原因と論点』（The Russo-Japanese Conflict:Its causes and Issues, Irish University Press, 1904）を刊行した（矢吹晋『ポーツマスから消された男—朝河貫一の日露戦争論』を参照）。日清戦後からの東アジアの外交史を丹念に叙述したものだが、その長い序文の末尾で、朝河はロシアを「旧文明」、日本を「新文明」の代表とし、この戦争を「新旧ふたつの文明の激烈な闘争」と主張している（五三頁）。もしロシアが勝てば、韓国・満州・モンゴルがロシアの支配下に入ってしまうのに対して、日本が勝てば「中国・韓国の両帝国が独立を維持できるだけでなく、新文明の影響のもとに両国の巨大な資源が開発され、その国家制度も改革されるだろう」と述べる（六〇頁）。この書が日本の戦争の正当化のために書かれたことは明らかだが、朝河は日本の勝利が「東洋の永続的平和」をもたらすと信じていたのだろう。

しかし西欧の「文明」に虚偽があることは認識されていなかったわけではない。「日露戦争の副産物」(『国民新聞』一九〇四年五月一日)で徳富蘇峰は、以下のように述べている。四海同胞主義はキリスト教の信条だが、それは白人にしか適用されていない。白人は異教徒や異人種を四海同胞主義の適用外だと考えている。従来、日本は「黒人の上、支那人の下」と考えられてきたが、日清戦争の勝利で「支那人の上」にランクされるようになった。しかし日本人は白人と同等に遇されていないし、四海同胞主義の適用対象とも考えられていない。日露の戦争は、日本人が欧米人と同等の実力を有することを実証する絶好の機会である。日本の勝利は、国際社会における日本の位置を一ランク上げるにすぎないが、日本の地位の上昇は、欧米人が固守する人種的・宗教的偏見を打破することを意味する。つまりかれらの閉鎖性を打破して、四海同胞主義の適用範囲を広げることで、人道の進化に寄与するのである。日露戦争の勝利によって、日本は「世界列強の間に無理押しに押し入り」、その結果、「白皙人種以外の人種は劣等動物たりとの迷信」を打破することができる。これが世界における日本の歴史的使命だというのである。

戦勝によって、蘇峰が意図したことは実現しただろうか。否である。米大統領の講和勧告をロシアが受諾した直後に、蘇峰は「世界の同情」(『国民新聞』一九〇五年六月一八日)と題する文章を発表した。「日本は欧米列強に伍するを得たるも、なおこれ旅鳥にすぎず。誰しも日本を無視せざれども、さりとて真心より日本を愛する者とては、ほとんど一人もこれあらず。(中略)日本は広き世界にありて、一個の異客たり」。「アジア的」であることを拒否して欧米と同調しながら、他方で欧米からは自己にふさわしい認知を得ることができなかったとき、「旅烏」の孤立感は必然だった。

他方、朝河は前述の著書で、韓国が自立できないとしても日本の韓国領有には反対し、資源の開発や国家制度の再組織で独立できるようにすべきだと説いていた（五三頁）。また三国干渉の叙述では、「人類の発展というもっとも公正で非の打ち所のない原理」にもとづいた行動によって、世界における自己の位置を強めようと努力するにいたったと述べている（八一頁）。朝河の期待や構想は無残に裏切られた。それをどの程度反省していたかわからないが、後に朝河は『日本の禍機』と題する日本語の本を出版して、悲痛な警告を発することになる（後述）。

ところで日露戦争は日清戦争とは比較にならないほど規模が大きかった。当然ながら、人的・財政的・イデオロギー的な国民動員も総力戦の色彩を帯びてきて、様々な政治神話が創られる契機となった。旅順港閉鎖で戦死した広瀬武夫少佐（死後に中佐）、息子二人が戦死した第三軍司令官・乃木希典、日本海海戦に勝利した連合艦隊司令長官・東郷平八郎などはその典型で、その後、国民的物語の主人公として語り継がれることになる。かれらを主人公とした軍歌「広瀬中佐」「水師営の会見」「日本海海戦」などは、一九一〇年代以後、尋常小学唱歌として広く歌われた。また一九一〇年に改訂された国定教科書では「忠君愛国」が強調され、国家意識が社会の底辺まで浸透していった。

日露戦後に唱歌や国定教科書をつうじて創りあげられた政治神話は、公的には天皇に収斂する表現形態をとる。たとえば一九〇五（明治三八）年六月一五日の『東京朝日新聞』に掲載された日本海海戦についての「司令長官報告」は、勝利を「天佑と神助」によると述べ、末尾を以下のようにまとめている（この文章は秋山真之中佐が書いたとされる）。「我が連合艦隊がよく勝を制して前記のごとき奇蹟を収め得たるものは、一に天皇陛下の御稜威《みいつ》の致す所にして、もとより人為のよくすべきにあらず。殊に我が軍の損失、死傷の僅少なりしは、歴代神霊の加護によるものと信仰するの外なく（下略）」。これはこの時期に明確な形で出現した国体ナショナリズムの姿を明示したものである。社会的底辺での国家意識の浸透は、公的には天皇の「御稜威」と結びつけられ、上位者にたいする忠誠心として理念化し、「忠君愛国」がもっとも基本的な臣民道徳として教え込まれていった。

帝国日本

日露戦争の勝利は明治維新以後の国家目標の達成を意味した。日本は独立を達成しただけでなく、脅威だったロシアを退けて帝国主義国として自立し、韓国を植民地化した。しかし国家目標の達成は国民精神の弛緩をもたらした。すでに日露戦争中に徳富蘇峰は「青年の風気」を書いて、「個人的自覚」に覚醒した青年層のなかに、一方では「拝金宗者」や「成功熱中者」がはびこり、他方では「失望、苦悶、落胆、厭世の徒」が生まれていると指摘していた（「青年の風気」、『蘇峰文選』七八五頁以下）。資本主義の発展によって、国家と社会のあいだに裂け目が生じ、国家意識によっては包摂しきれない人々が大量に出現し始めたのである。こうした事態に危機感をもった桂内閣は、一九〇八年に戊申詔書《ぼしんしょうしょ》を発した。上下が心を一にして「勤倹」の精神で職務に励むことを論したものである。この勅語発布の前日、桂内閣と密接な関係にあった蘇峰は、改訂版『吉田松陰』（初版は一八九三年）を出して「皇室中心主義」を唱え始めている。

同じ年、後のマルクス主義者河上肇が「国情一変せん乎」を発表した。農業人口の減少は、国民の服従心や忍耐心を喪失させ、愛国心を減退させて、社会主義や無政府主義を激成する。商工業の発展は日本の国情を一変することになるだろうと、河上は警鐘を鳴らす。「わが国の歴史において最も異彩を放ちし武士道と国家主義と家族主義とは、今や経済事情の変遷これが原因となりて、まさに激変を蒙りつつあり」（河上④、三三二頁）。この時期の河上は、万世一系の天皇による国体に何の疑問ももたない熱烈なナショナリストだった。しかし河上には、日本が「進め、進むな」というダブルバインドの状態におかれているという深刻な認識があった。つまり商業や交通の発達によって「古来の感情信仰」が崩壊するのは不可避であり、もしそれを阻止しようとすれば、産業化に立ち遅れて帝国主義国の餌食になるしかないというディレンマである。

河上の苦悩は、当時の日本が直面した危機の様相をみごとに表現している。産業化によって共同体が解体しはじめ、旧来の秩序意識は機能不全の状態になっていた。しかし戊申詔書に象徴されるように、統治エリートの側には、新しい秩序意識を創りだす余裕はない。日露戦争勃発の前年に、第一高等学校の生徒・藤村操が華厳の滝から投身自殺して、「煩悶」の語を流行させた。開戦の過程では、下からの反露熱が大きな役割を果たしたが、それはもはや旧来の秩序のなかに押しとどめておくのが困難な大衆の力の存在を暗示していた。現に戦後の日比谷焼打ち事件によって、それは暴発することになる。社会主義者の非戦論も、これまでにない新たな現象だった。それは社会的に大きな広がりをもったとはいえないが、もはや個人の生の目的が国家目標によって包摂しきれない事態が進行していることを示した。

蘇峰が青年層における「冷国家」の風潮を嘆いたのに応えて、木下尚江は「愛国心欠乏の原因」と題する文章を書いた。木下によれば、青年が「愛国の熱情」に乏しいのは、「国家」を「鵜呑みにする」ことを命じて「咀嚼する」ことを教育しなかった政府の教育方針の結果だという。鉱毒地の見学は禁止され、人生に煩悶するものは無気力と罵倒される。国家の目的は論じられず、「神道的感情」に抵触すれば国体を毀損するものとして国賊視されて、青年はただ「懐疑の霧中」に迷っていると、木下は論難する（木下④、三四九頁）。学者たちは「教訓」するだけで説明せず、質問されると「革命の挑戦」と受けとって「戦慄」しているというのである。少し後になるが、蘇峰はあたかも木下の批判を裏書するかのように、「吾人が祖先は、国体論について、未だ何故との疑問を発したるものなかりき。今日の青年においては、殆んどその疑問を発せざるものなきなり」と書いた（『時務一家言』、『徳富蘇峰集』34、一八五頁）。

蘇峰はすでに日露戦争直後に「追遠論」（一九〇五年一〇月二三日）を書いて、日本の宗教は「祖先教」だと述べ、大和民族の主家かつ宗家は皇室で、皇室は「民族の根幹」だと主張していた。日本は皇室を宗家とする一大血族国家だという家族国家論を展開したものである。韓国を併合して異民族支配が本格化しようとしていたので、「大和民族」独自のアイデンティティを確認する必要があったのだろうが、家族国家論が異民族を同化するイデオロギーとして機能しえないことは明白である。「それは今までの大八州《おおやしま》だけを統一守護するには恰当《こうとう》の権威であったろうが、民族信仰の違

かつての朝鮮総督府の尖塔部分

朝鮮総督府はソウルの慶福宮の正面に建てられていたが、1995年に取り壊され、現在、尖塔部分が天安にある独立記念館に遺跡のような形で陳列されている。

う朝鮮満州を包括するには、何分にも風呂敷が小さい」（木下⑦、二七三頁）と、木下尚江が家族国家論を批判したのは急所をついたものだった。

韓国併合が決定したとき、蘇峰は「朝鮮人一千万を、我に全く同化せしめ、彼等をして、日本人たるを誇りとし、日本人たることを楽しましむる」責任があると論じた（「責任」一九一〇年九月四日）。しかしまさに本格的な植民地帝国になろうとしたとき、家族国家論という卑小なイデオロギーしか持たなかったことが、日本の植民地支配の性格を決定づけたのではないだろうか。「（二〇世紀の）あらゆる植民地システムの中で、日本ほどその抑圧的性格に対して悪評を被っているものはなかろう」と評されるほど、それは苛烈なものだった（マーク・ピーティー『植民地―帝国五〇年の興亡』二頁）。蘇峰は初代朝鮮総督の寺内正毅から新聞対策を依頼されて、日本語紙『京城日報』に社長と主筆を送り込み、みずからそれを監督した。併合まもない時期の『京城日報』に蘇峰が連載した「朝鮮統治の要義」によると、統治の基本方針は朝鮮人に日本の統治を宿命と感じさせ、日本国民として同化するしかないと考えさせることで、その要は「力あるのみ」だという。「日本の朝鮮統治は、水も漏れず、爪も立たず、未来永劫、これに奨順するのほか、何らの方便なきを観念せしむる暁においては、朝鮮人たるもの、何を苦しんで日本統治に反抗することをなさんや」。結局、日本の支配に服従するしかないという無力感に陥れるのが先決だという。しかしこれは、はたして「同化」と呼ぶに値するだろうか。「同化」が他の価値観やイデオロギーに信服し同調することだとすれば、力づくの支配はむしろ同化の失敗を意味している。日本の朝鮮統治は、イデオロギーの面からみれば、最初から失敗していたといっても過言ではないだろう。

日露戦後、南満州鉄道の利権などによって、日本は満蒙地域に圧倒的な影響をもつにいたった。それは、遅れた帝国主義国として、中国への触手を伸ばし始めた米国との対立を顕在化させることになる。一八九八年に英独露仏などの租借によって中国の半植民地化が始まったとき、米国はハワイを併合しフィリピンを領有して、中国に関する「門戸開放・機会均等」の宣言を発表した（一八九九年）。そして日露戦争が始まったとき、ロシアの進出を恐れて日本に同情的だった米国は、戦勝によって逆に日本を仮想敵とするようになった。日露戦争直後から、米国では日本の脅威が過剰に宣伝され、イエロージャーナリズムを中心に（時には政府当局を巻き込んで）「ウォー・スケア」と呼ばれる危機が何度か叫ばれた（秦郁彦『太平洋国際関係史』、麻田貞雄『両大戦間の日米関係』など参照）。その最初は一九〇六〜八年で、カリフォルニアにおける日本人移民に対する排斥運動が契機だったが、その後、米国艦隊が世界周航の軍事的デモンストレーション（一九〇七〜〇九年）

を展開するにいたった。タフト大統領(在位一九〇九～一三)の「ドル外交」も、満州に権益をもつ日本（およびロシア）には脅威となり、アジアにおける日英⇔ロシアの対立関係は、日露⇔英米の対立関係に取って代わっていく。一九一一年に改定された日英同盟が米国を対象外とするように変更されたのは、こうした国際環境を反映したものだった。調印の直前の論説「醒覚乎惰眠乎」で、蘇峰が「要するに日本は、同盟を有し協約を有する一箇の孤立国のみ」（『蘇峰文選』一一四一頁）と書いたのは独特の過剰な反応だったとしても、理由のないことではなかった。しかしこの孤独感は、勢いの赴くところ、以下のような抜きがたい孤立感として潜在していくことになる。「大和民族は、世界に於ける民族中、殆んど孤立孤行の民族なり。親類もなければ、縁者もなし、いわば天地の一閑客のみ」（「孤憤」、『国民新聞』一九一二年二月四日）。

ところで、この時期の日米関係の様相をみごとに指摘した著作として、前述の朝河貫一『日本の禍機』（一九〇九年）が興味深い。朝河は、米国の対日世論が日露戦争後急速に悪化したと指摘し、その原因は、満州での日本の権益獲得が米国の主張する二大原理（門戸開放・機会均等）に反する面があるからだという。朝河は、もう一つの対立点として移民問題をあげ、そこに「一種の黄禍論」の意識があると指摘しているが、かれが重視するのは、「世界の潮流」に反して獲得した日本の満州権益である。その結果、米国人の憎悪はロシアから日本に向かい、逆に同情は日本から清韓に転換された。そして日本人の一般的な通念とは異なって、米国には日本人とは異質の強い愛国心があり、しかも対外的な自信と自由進歩を願う者への同情心が豊富だから、その矛先が日本に向けられる可能性があると警鐘を鳴らす。つまり「米人の反省力あり余裕あり自信ある強大な愛国心」と中国に対する同情が、「正義の観念」と結合すれば、日本は窮地に陥るというのである（一七二頁）。米国の対日政策やルーズベルト大統領の言動に偏見や政治的打算があることは、朝河も理解していた。それを承知したうえで、アジアでは中国の独立保全・機会均等の原則がワールド・パワーとしての米国の主張と密接不可分に結合しているので、日本がこの原則に反すれば米国と衝突することになると、かれは指摘する。「日本の識者の最も意を潜むべきは、万一不幸にも日米が東洋において衝突することあらば、裏面の真実の事情はいかにもあれ、また争乱の曲直はいずれにもせよ、表面の大義名分の必ず我にあらずして、彼にあるべきことこれなり」（二一三～四頁）。朝河は日米対立の根源が日本の満蒙権益にあると考え、その点で米国の主張する原則と背反すれば、草の根の排日意識と結合して、日米戦争が不可避になると指摘した。そしていかなる理由があるにせよ、戦争になれば日本が道義的に不利な立場に置かれると警告を発したのである。

二　中国の胎動と日本

アヘン戦争に始まる中国の半植民地化は、一八九八年にドイツが膠州湾、ロシアが旅順・大連、英国が九龍半島と威海衛を租借したことによって、さらに深刻なものとなった。変法自強と呼ばれた内部からの改革運動は、西大后に代表される保守派によって弾圧されて挫折した。一九一一年に起こった辛亥革命は体制内改革が行きづまった末のことだった。しかしそれによって革命派が権力を握ったわけではなく、結局、清朝の実力者・袁世凱が大統領になり、その死後は軍閥割拠の状態になった。歴史的にみれば、革命派を代表する国民党が広大な領土を統一するまでに長い年月を要したことによって、中国に対する日本の政策や言論も複雑に錯綜した。

中国の混乱状態が続き列強の蚕食の対象になれば、日本もその分け前に与ろうとする動きが出てくるのは当然である。しかし他方、人種論的な観点から、西欧に対する警戒心や敵意はつねに潜在していたので、日中提携という志向も存在した。この場合、侵略と提携は、必ずしも立場が一八〇度違っていたわけではない。提携が侵略のための単なる口実にすぎない欺瞞的な場合もあるが、状況によっては、日本の主導による提携という志向が意図からずれて侵略として実現することもある。政治にはつねに取引としての側面があるので、権力エリートは自他の力を考量して、ベストではなくてもベターな結果を得ようとする。提携と侵略は相反しながら、背中合わせで結びついていたので、さまざまな政治的営みは必ずしも一刀両断で判断できないことが多い。

辛亥革命

夏目漱石は一九一一年の日記で、新聞をつうじて知った辛亥革命の動向にたびたび言及している。その最初は一一月一一日で以下のようなものである。「近頃の新聞は革命の二字で持ち切っている。革命といふやうな不祥な言葉で全紙埋まっているのみならず日本人は皆革命党に同情している」(『漱石全集』第二六巻、六八頁)。この記述にあるように、武昌の蜂起が起こった二日後には日本の新聞はその事実を報道し始めている。それとともに、日本国内のいわゆる「支那浪人」と通称される人々も胎動を始めた。『東京朝日新聞』(一九一一年一〇月一九日)が伝えるところによれば、武昌蜂起の一週間後には、東京で頭山満ら「浪人会」が集会を開いて「隣邦支那の擾乱は亜州全面の安危に関し、ようやく中原に及ばんとするものあり(下略)」という声明を発した。その後、頭山や犬養毅など中国に関心が深い政客は陸続として中国に渡航する。そのなかには、日本に亡命した中国人革命家と交際があった北一輝も含まれていた。北は辛亥革命への参加をつうじてアジア主義的志向を強めていった。その思考の根底には独特の社会進化論があり、国内では社会主義、国際的には帝国主義国家間の闘争をつうじて世界平和にいたると、かれは信じていた。したがって北は、帝国主義と社会主義が「世界現下の二大潮流」と考え、自己保存のために「或る民族が商工的に戦う如く戦争的能力に訴え」るのは当然だと主張した(「日本国の将来と日露開戦」、北③、七四頁)。このような思考がアジア主義的な心情と結びついたとき、日本と中国の同盟によって、英露を中心とする帝国主義勢力をアジアから放逐するという構想がでてきても不思議はない。しかも北にはパラノイア的な論理癖があったので、現実主義的な政治的妥協を拒否して、一方では列強を真似た日本政府の外交政策を、他方では「支那浪人」におけるアジア主義と利権追求の癒着を激しく批判することになった。

北一輝『支那革命外史』は、前半は一九一五年、後半は一九一六年に執筆されて朝野の政治家に配布され、その後一九二一年にワシントン会議に対する危機感を込めて公刊された。日本の対中政策の転換を期したもので、政府が交渉相手とした袁世凱を「亡国階級」と捉え、将来の中国の担い手は革命派だと説いた。そして日本政府が列強の不在を巧みについて利権獲得をめざした二十一カ条要求を非難し、革命党の多くが日本留学生だったことを根拠に、この革命が親日的であると捉えた「支那通」の浮薄さが批判された。北はこの革命が下からのナショナリズムの発露であることを見通していた。華僑や米国の援助に期待した孫文や、革命派から支持されていない人物を擁立して妥協を策した頭山や犬養らを、革命の本質を理解していないと、北が批判したのは当然だった。

北の中国革命論の骨格は「東洋的共和政」と表現されているが、それはかれが批判した袁世凱と孫文をいわば否定的に媒介したものといえる。それは袁世凱を批判した点では共和政だが、大総統は「白人の如き選挙運動や議会の投票」ではなく「天命と民意」に依拠して、内では「武断政策」、外には「軍国主義」を実施する。こうして中国は強力な陸軍国家になり、日中は同盟条約を締結して、中国はロシアと、日本は英国と戦って両国をアジアから追放する。これが北のいう亜細亜モンロー主義である。

北はこの「東洋的共和政」の象徴する大総統を「窩闊台汗《おごたいかん》」と呼んでいる。そこには明らかに、アジアからヨーロッパまでの大帝国を築いた元《げん》の国家イメージが連想されていただろう。現にこの本の末尾で、北は日中提携によるアジア支配の誇大な構想を披瀝している。まず日本はドイツと提携して英国を打倒し、ドイツは英仏のアフリカ植民地を手に入れ、日本は仏領インドシナ、豪州、英領諸島などを獲得する。第一次大戦中の今こそドイツと提携して英国を打倒しておかないと、英独が妥協して中国分割に向う恐れがあるというのだ。他方、米国は中国に対して投資以上の意欲がないと想定されており、日米が経済同盟を締結して、中国の軍備や鉄道建設を推進する。もし米国が英国と同様な野心をもつ場合は、日中の兵力を背景に資産を没収するという。こうしてインドは独立し、米国はカナダを領有、中国は蒙古を獲得する。いかにもムシがいいのは、日露戦争の獲得物として、日本が南北満州を領有するとされていることである。

『支那革命外史』の附録として収録された「ヴェルサイユ会議に対する最高判決」でも、北は日本が不併合・非賠償を支持して英仏伊などの列強を孤立させるべきだったと述べ、山東省の権益に固執した政府の態度を批判している。北の構想の特徴は、中国の強大化を期待し、日中同盟によって英独仏露の帝国主義列強をアジアから放逐して、アジアに新しい秩序を形成しようとしたことである。後の「大東亜共栄圏」は、期せずして北の構想を具体化したものともいえる。

二十一カ条要求と吉野作造の中国論

第一次世界大戦が勃発すると、日本は日英同盟を口実にドイツに宣戦布告し、青島《チンタオ》を陥落させた。そして袁世凱大総統に対して、山東半島のドイツ権益を日本が継承すること（第一号）、旅順・大連の租借期限の延長（第二号）のほか、中国政府が日本人顧問を採用すること（第五号）など、五号二十一カ条にわたる要求をつきつけた。袁世凱は日本が秘密にするように要求した第五号を漏洩して列強の干渉を誘って抵抗し、中国各地で日貨排斥運動が起こったが、最後は日本の要求に屈した。二十一カ条要求は、戦争のために列強のアジアへの関心が薄れた隙をねらって、懸案だった旅順・大連の租借期限延長のほか、山東省や中国内地の利権を獲得したものである。フランスの代表的新聞『ル・タン』（一九一五年五月一三日）が「日本は難しい交渉を巧みに切り抜けた。（中略）日出ずる国の進歩は予定通りの上り坂をたどっている」と評したように、従来の帝国主義的外交の観点からみれば、それはみごとな勝利といえなくはない。しかしこれによって日本は中国ナショナリズムの主要な標的になり、その後の日中対立を方向づけてしまった。

吉野作造は二十一カ条要求の妥結直後に、その交渉過程を『日支交渉論』として刊行した。それは同時代の外交交渉の分析として実にみごとなものであるが、吉野はここで、交渉過程で日本が撤回した第五号も含めて、二十一カ条すべてが「大体に於て我国の最小限度の要求」だと述べた（吉野⑧、一五二頁）。帝国主義的な利権要求に全面的に賛同したもので、民本主義者として知られることになる吉野の別な側面を示している。しかしこの結論の背景に、屈折した政治的思考が存在したことを看過してはならない。吉野は日中関係の理想を以下のように捉えている。「日本の対支政策の根本的理想は、支那を援け、支那と提携し、支那も日本も共に東洋の強い国として、有らゆる方面に勢力を張り、以て世界の文明的進歩に貢献するに在り」（吉野⑧、一三五〜六頁）。残念ながら、現状はこの理想をそのまま追求できる状況にはない。中国が列強の争奪の対象となっている以上、日本だけが「独り指を咬《くわ》えて傍観」するわけにはいかないからである（吉野⑧、一五〇頁）。また欧米列強が中国の利権をもっている現状では、一部の論者が主張する東洋モンロー主義も「名は誠に美しい」が実行不可能だという。

こうして吉野が提唱する対中国政策は、結論の明快さとは逆に、きわめて屈折したものになる。理想的な対中国政策は「支那の完全な且つ健全な進歩を図る」ことであり、そのために中国を援助することである（吉野⑧、一五五頁）。しかし現在の帝国主義的状況では、二十一カ条要求によって中国の反感を買うのは「已むを得ざる」ものである。したがってこれが「日本の本意」ではないことを各人が脳裏にきざみ、将来は中国に対して「大に同情と尊敬とを以て」接することが大切だという(吉野⑧、一五五頁)。このように述べたとき吉野は、将来の中国がいずれ革命派の青年たちの手に帰すと見通していた。そしてかれらが利権回収の動きに転ずることも視野に入れ、その鉾先が日本にのみ向けられるなら「用捨はせぬ」が、そうでなければ、「支那の強大を祈望する一人」として利権回収を歓迎すると述べている(吉野⑧、一六三〜四頁)。

一九一六年に発表した「対支根本策の決定に関する日本政客の昏迷」(後に『第三革命後の支那』に収録)で吉野は、最終的には「青年支那党」が勝利を占めることを見通したうえで、「事実上の実権」を握っている袁世凱を無視すべきではないと主張する。袁世凱を無視すると、袁と結んだ列強に先を越される恐れがあると考えたのである。こうして「右においては青年党と何らかの交渉を保ちつつ、左においては袁世凱と事を共にするという巧妙なる措置」をとるべきだというのが、吉野の提言だった(吉野⑦、一七〇頁)。日中提携という基本姿勢に立ちながら、状況によって対応を変化させる巧妙さと柔軟さをもとめたものである。

日本人移民問題と亜細亜モンロー主義

日露戦争後、帝国日本に重くのしかかったのは「アメリカの影」だった。日米対立の根源は中国での利権をめぐるものだったが、日本人移民問題も両者の感情的疎隔の火種となった。カリフォルニアの日本人移民に対する排斥運動は、一九〇六年の「学童隔離事件」で明確に浮上した。日本人学童の公立学校への通学を禁止したもので、このときは連邦政府が介入して州の決定を差し止め、日本側でも移民の自主規制をすることにした。しかし写真での見合い結婚による妻の呼び寄せ(「写真花嫁」と呼ばれた）もあって移民は増加し続けたので、米国での排日運動も沈静化しなかった。そして一九一三年に日本人移民の土地所有を制限する排日土地法が、二〇年には借地を禁止する法が制定され、遂に二四年に日本人移民を全面禁止する新移民法が制定された。

　国家的な利害の観点からみれば、移民問題は小事にすぎないが、国際社会における差別は国家の体面と国民の自尊心にかかわるので、心理的な影響は軽視できない。敗戦直後に、自らの戦争責任に対する弁明として書かれた『昭和天皇独白録』が、「大東亜戦争の遠因」のひとつとして日本人移民問題を挙げているのは、そうした事情を示唆している。たとえば徳富蘇峰の『国民新聞』も、当初、排日は米国内の一部の動きにすぎないと述べて、努めて冷静な報道姿勢をとっていたが、一九一三年の排日土地法の制定でそれまでの抑制された論調を一変させた。その基調は「一等国の面目」がつぶされたという憤慨であり、英国人やドイツ人と同じ「世間並みの待遇を与えよ」という要求である（「東京だより」一九一三年四月二三日）。

　ここで留意すべきは、西洋列強と異なる待遇とは、他のアジア諸国と同じ待遇を意味することである。たとえば学童隔離事件では、インド人・中国人・蒙古人が通学する東洋人学校に日本人子弟が転学しなければならないことが屈辱だった。日本が「アジア的」と評されることは、あくまでマイナスと感じられたのである。そしてこのような屈折した感情は内向せざるをえない。つまり憤りは米国自体よりも、むしろ政府と国民世論に向けられる。「米国に対しては、其面に唾せられても、決して恥辱にあらず。支那に対しては、其踵を踏まれて尚ほ恥辱とす。天下豈《あ》に此の如き道理あらん哉」（『時務一家言』、『徳富蘇峰集』二五七頁）。ナショナリズムに関わる言説が概ねそうであるように、蘇峰の言説も国内消費用だった。一九二四年の排日移民法が成立したことをうけて、蘇峰は「吾人は恥を知ると同時に、恥を忍ばねばならぬ。恥を忍ぶと同時に、如何にして恥を雪《そそ》ぐかを、熱図せねばならぬ」と書いた（『大和民族の醒覚』二二一〜四頁）。ここに示された「雪辱」の感覚が、後の対米英戦争にどの程度影響したかは実証できない。しかしペリー来航以後の「恥」と「雪辱」の感覚が、日本ナショナリズムのマグマとなったことは否定できない。

排日土地法の制定によって国民的自尊心が傷つけられたとき、徳富蘇峰は「白閥打破」を主張し始めた（『時務一家言』）。この語は民党勢力の「藩閥打破」をもじったもので、国内対立を外に向けようとする意図があった。だから言葉の勇ましさとは裏腹に、蘇峰の説明は余りにおとなしい。「吾人が所謂《いわゆ》る白閥打破は、白人に向て挑戦するにあらずして、先づ自から国民としての人格を、彼等に識認せらる可き地歩を占むるにあり。誤解する勿《なか》れ、吾人は他の有色人種を統率して、白人種と争ふにあらず。（中略）吾人は口惜しながら、亜細亜の代表者となりて、白皙人種と抗衡するの野心なし」（『近代日本思想大系』8、三三三頁）。ここでも蘇峰はあくまで「脱亜」＝欧米協調的である。辛亥革命以後の中国革命の進行はまったく評価していなかったし、中国に自己保全の能力がない以上、早晩、「列強の争地」となるしかないと、かれは見通していた。したがってインド、シベリアと北満、インドシナ、フィリピンにおける「英、露、仏、米諸国の勢力」を認めて、これらの勢力と協力して「支那を誘掖《ゆうえき》し、相與《とも》に東洋の平和を支持する」以外にないというのが、この当時の蘇峰の展望である。つまり「白閥打破」という勇ましい表現にもかかわらず、それはこの時点では、アジアにおける列強の現状を認めながら、日本が西欧から「識認」されるように国際的地位の上昇をはかるという以上のものではなかったのである。

しかし第一次世界大戦によって、東アジアでのヨーロッパ諸国のプレゼンスが後退するとともに、戦争の帰趨がどうなろうと米国が台頭すると予測された。ワールド・パワーとして君臨することになる米国は、もはやモンロー主義に自足せず、極東においてさらに積極的な姿勢に転ずるだろう。こうした状況の変化に対応して打ちだされたのが「亜細亜モンロー主義」である。むろんこの語に込められた意味は、論者によってニュアンスが異なる。徳富蘇峰の場合は、列強の勢力を「現状に止め、今後の事に於いては、亜細亜の事は、亜細亜人をして之に当らしめん」というのが当初の意図だった（『大正政局史論』四〇二頁）。しかし蘇峰には、日本がアジアにおいてモンロー主義を実行できなければ、必然的に「二等国」に転落し、他の盟主の前に叩頭することになるとの危機感があった。「モンロー主義」という語を使った以上、その語がさらに積極的な意味をもつのは論理の導くところであろう。

『大正の青年と帝国の前途』（一九一六年）では、アジアのことはアジア人が処理するといっても、この任務に耐えるのは日本人だけだから、結局、これは「日本人によりて、亜細亜を処理するの主義」と説明される（『近代日本思想大系』8、一三〇頁）。それは日本が「東洋人種の総代」として「白閥の跋扈を蕩掃」し、「従来行使す可かりし権利」を「恢復」するという日本盟主論である。当然ながら、仮想敵国と想定されているのは米国であり、この「世界最大強国」と「抗衡」するに足るだけの軍事力を持たねばならないことになる。「第一等の成金国」と匹敵する海軍力を備えることは、米国にとっては「何らの痛痒なし」だが、日本にとっては「頗る迷惑の至り」である。しかし日本が後退するごとに米国が前進するから、「武装の均衡」以外に日本の取るべき道はない。ただしここでも、蘇峰は慎重さを失っているわけではない。「東洋自治論」の理念は「白人に向て、東洋を理解せしめ、真成なる四海兄弟の実」を挙げることであるという(同上二五二頁)。つまりそれは無謀な「白人排斥論」ではない。その趣旨を誤解して、白人排斥論から「世界征服論」となり、「我が限りある力を以て、他の限りなき力と戦ひ、看すく〳〵破滅に陥るの愚」は、蘇峰が強く戒めたことだった(同上二三三頁)。

徳富蘇峰が亜細亜モンロー主義を唱えたのは、「民本主義」が喧伝され始めた一九一六年だった。その前年、吉野作造は「戦後欧州の趨勢と日本の態度」という小文を発表している。大戦後の世界の大勢を「四海同胞主義」と予想し、日本がこの趨勢に乗りおくれないよう提言したものである。ここで吉野は、人種・宗教などを異にしている日本は、国際的に「欧州諸国の同情」を失わない行動をすることが大事だと述べる。かれが念頭においているのは、ヨーロッパ列強の存在感が薄れたアジアで軍事的に「覇者の地位」にあり、「最強の発言力」を持つにいたった日本が、精神的にも「東洋民族の指導者」となることだった。軍事力を突出させて列強の疑惑を招くことがないように腐心している点で、蘇峰とは議論の方向が逆向きだが、亜細亜モンロー主義という主張が出現する素地は、吉野のなかにもあることがわかる。

翌一九一六年七月、第四回日露協約が成立したとき、吉野は「新日露協約の真価」を発表した。日露協約は最初一九〇七年に締結されたもので、北東アジアでの日露の特殊権益を相互承認したものである。この年に成立した新協約は、両国関係をさらに緊密にしたもので、公表された部分だけでも軍事同盟の性格を匂わせていた（同盟には秘密部分があったが、むろん吉野はそのことを知らない）。吉野の論文は新協定を高く評価して、日露両国が極東問題の「主人公たるの地位」を確保し、両国の「特殊地位」を承認させるとともに、「第三者」の干渉には「厳然たる態度」を取ることを意味すると解説した。「第三者」とは英米だから、日露は東アジアにおいて英米より優越した地位に立つということになる。だから英米が日露と同等な「特殊の地位」を主張するなら、それは「妄謬」である。日本が「極東に於ける特殊地位」を主張するのは、「英が印度洋に於て、米が中南米大陸に於て特殊地位を主張すると同じ意味」で正当だと、吉野は主張する（吉野⑤、一六〇頁）。

蘇峰ほど攻撃的ではないが、吉野の認識が亜細亜モンロー主義と近接しているのがわかるだろう。別の論文で吉野は、米国のアジア進出を「必然の勢」と受けとめ、中国に特殊権益をもつ諸国との「一種の衝突」は避けがたいので、日本もそれを「覚悟」しなければならないと説いている（「米国の対東洋政策」）。しかし吉野の考察は、衝突がいかなる形で起こり、日本はそれにいかに対処すべきかという具体的な点には及んでいない。いずれにせよ、吉野が蘇峰の説いたようなナショナリズムにもっとも接近したのは、日露協約を論じた前述の論文のときであろう。その後の吉野は、日本の満蒙権益の主張には抑制的になり、国際政治観も理想主義の色彩を強めていった。

三　日中戦争と総力戦

ワシントン体制から満州事変へ

第一次世界大戦の終結は米国の存在感をこれまでになく強大にした。一九二一年七月に米国が軍備制限・太平洋極東問題の討議のためにワシントン会議を呼びかけたとき、日本では「国難至る」の危機感すら生じた。このときまで日本の外交政策の基本をなしてきた日英同盟は改定の時期をむかえ、存続が疑問視されていた。前述の日露協約はロシア革命で解消しており、米国の反対を押しきってパリ講和会議で承認された山東権益は、中国が調印を拒否して未解決だった。米国との間では日本の特殊権益を認める趣旨の石井・ランシング協定（一九一七年）が交わされていたが、最初から同床異夢で実質を伴うものではなかった。いくらか誇張していえば、徳富蘇峰が早くから警告していた孤立無援の悪い予感が、現実のものになったと感じられる状態だったのである。

逆説的ながら、この時期の危機感をもっとも単刀直入に表現した人物が、帝国主義に仮借ない批判を展開した自由主義者・石橋湛山（一八八四～一九七三）だった。有名な「一切を棄つるの覚悟」は、ワシントン会議の呼びかけを受けて発表されたもので、動揺する世論を尻目に、帝国主義的権益をすべて放棄する覚悟で会議に臨めと論じたものである。植民地の韓国・台湾や満州・山東の権益を放棄する覚悟で会議に臨めば、英米よりも道徳的な優位に立つことができ、会議の主導権を握れるというのである。湛山の最初の意図は植民地や権益の即時放棄を説いたものではなかっただろうが、いわば議論の勢いで、かれの主張は急進化した。「一切を棄つるの覚悟」に続いて「大日本主義の幻想」を書いて、湛山は植民地支配の不可能性を説いた。植民地や特殊権益を放棄して弱小国の道徳的支持を得るほうが、かえって国益につながるという主張である。「其時に於て尚お、米国が横暴であり、或は英国が驕慢であって、東洋の諸民族乃至は世界の弱小国民を虐ぐるが如きことあらば、我国は宜しく其虐げらるる者の盟主となって、英米を膺懲《ようちょう》すべし」（石橋④、一一四頁）。

この議論をまじめに受けとれば世界革命の主張で、ほとんど現実性がない。しかしこのような主張の背景には、帝国主義的な権益への固執が米国との戦争につながるのではないかという深刻な危機感があった。湛山は前年一月に「日米衝突の危険」という社説を書いていた。湛山が描いた日米衝突のシナリオは、中国ナショナリズムが日本に向けられ、これに米国が中国統一を支持する形で介入して、日中戦争から日米戦争に発展するというものだった。「若し一朝、日支の間に愈《いよい》よ火蓋が切られる時に、米国は日本を第二の独逸《ドイツ》となし、人類の平和を撹乱する極東の軍国主義を打倒せねばならぬと、公然宣言して、日本討伐軍を起し来りはせぬか」（石橋③、一一一頁）。

「大日本主義の幻想」と同時に発表された「支那と提携して太平洋会議に臨むべし」では、そのシナリオは少し違ったニュアンスになっている。もし特殊権益を放棄して中国と提携しなければ、英米は中国を支持して日本の頭を抑えつけ、「日支両国とも有色人種として永く白人から虐げられるのが落ちである」（石橋④、三四頁）。リベラルな主張を貫いた湛山の議論の根底にも、日本ナショナリズムに一貫して流れていた欧米―アジア、白人―黄人という図式を読み取ることができよう。

ワシントン会議によって、日本は対米六割の軍縮条件を受け入れ、日英同盟を解消し、石井・ランシング協定は廃棄、パリ講和会議で獲得した山東利権も放棄した。満蒙を除き、大戦中に獲得したものはほぼ吐き出したが、太平洋・極東地域で米国を中心とした多国間関係のなかに安定した地位を確保したともいえる。当然、評価はわかれる。徳富蘇峰は一九二〇年代を「霜枯れの時代」と呼んだ（『昭和国民読本』）。否定的評価の代表といえよう。こうした立場からみれば、満州事変は事態を打開する起死回生の事件だった。蘇峰はそれを「日本はいつまでも、欧米の据え膳を喰うものではない」と表現している（『増補国民小訓』）。幣原外交に代表される対米協調路線に対する不満が、軍部だけでなく国民のあいだでも鬱積していた。満州国建国、国際連盟脱退、ワシントン条約廃棄と続く一連の過程は国際的孤立の道だったが、草の根ナショナリズムのレヴェルでは、排日移民法以来の溜飲を下げるという一面があった。

満蒙権益は日本が血であがなって獲得したとの意識が、政府や国民のあいだに根強く存在した。一貫して日中提携を説いた北一輝も、この点では同じ考えをもっていたことは前述した。ワシントン体制は、日本の対米協調を基調にした日英米中の妥協の産物といえるが、ソ連の影響力と中国ナショナリズムの強大化によって均衡が崩れた。満蒙権益に固執する陸軍が満州事変によって突出したとき、中国ナショナリズムの隆盛に危機感を募らせていた政府と国民は、有効な抵抗力をもっていなかったのである。むろんこうした事態の進展が最終的に日米戦争に行きつくという予測は、知識人の間では支配的ではなかった。巷間では「日米もし戦わば」の類の戦記物が話題となっていたが、徳富蘇峰も「日米戦争」の音楽に自ら踊りだす愚を犯してはならないと戒めている。対米戦争

柳条湖の満鉄爆破地点に日本が建てた記念碑。1938 年

柳条湖の記念碑
上の記念碑は現在、“九・一八”歴史記念館広場に、横倒しにされて陳列されている。

が困難であることは、誰もよく知っていた。

満州事変の翌年、日本でウォー・スケアが起こり、前述の仮想日米戦争論が多数出された。その一例として清澤洌《きよし》（一八九〇～一九四五）の『アメリカは日本と戦はず』（千倉書房、一九三二年）

を一覧してみよう。この表題は出版社から清澤に提示されたものだという。健常者を寝かせて「病気だ病気だ」と言い聞かせると本当に病気になってしまうと、清澤はいう。「太平洋の波が、かりにどんなに静かであらうとも、かう繰り返し暗示をかけられれば、そのためだけからでも、大事に至らないと誰が保証し得ようぞ」（一頁）。ここに見てとれるように、清澤の本はウォー・スケアを冷却させ、戦争の可能性が低いことを説得する意図で書かれている。しかし歴史を知っている現代の読者には、皮肉なことに、まるで清澤が戦争の可能性が十分高いことを論証しているように読めるのである。

清澤は日米戦争の原因となる要素として、①中国市場をめぐる経済競争、②「日本虐《いじ》め」とも評すべき米国の対日政策、③海軍力の競争などを挙げている。また相互不信による安全保障感覚の不在や人種問題も無視できないとし、戦争は歴史的確執が積み重なって起こるので、移民問題は戦争の直接原因にはならないが、「確執と敵愾心」を育て、「内に浸潤して…戦争の苗間を造る役を務めるに違いない」（一八頁）と指摘する。これに対して、清澤は以下のような戦争を阻止する要因を挙げている。①日米の「中正なる輿論」が開戦論を抑える。②米国では宣戦布告の権利が議会にあるので、議論なしに開戦ということはない。③米国では婦人や平和団体の影響力が強い。④米国では報道規制が少ないので盲進を牽制する。

以上のように、清澤が列挙した両方の要因を比べてみると、戦争の可能性はひどく現実的なのに、それを抑制する要因には大した期待をかけられないと感じるだろう。清澤の説明によれば、日米対立の根本は、現状維持に抑え込もうとする米国と、「必要の前に多少約定を歪めても、生きようとする日本」との関係だという（一一二頁）。両国は移民問題・人種問題・山東問題などの「前哨的衝突」を経て、満州事変・上海事変によって、感情・政策・立場の対立から遂に「本格的日米衝突の舞台」に登ってきた（一四三頁）。これが一九三二年時点での清澤洌の情勢判断だった。

この本の結論「日米戦争なし」で、清澤は再びその判断の根拠を列挙しているが、興味深いのは、かれが日米関係をどうすればよいかを論じた部分である。まず清澤は戦争は運命ではないので、賢明なリーダーが政策を変更しなければならないと述べる。そして米国は「無用に日本の神経を刺激」したり、「面目と感情を蹂躙」した過去の対日姿勢を改めるべきだという。さらに清澤はわれわれには非現実的にしか聞こえない提案をする。「もし米国が真に世界の平和を想ひ、支那の安寧を念じ、これがために日本の進出を押へんとするならば、米国は聊《いさ》さか自からを犠牲にすることによって世界の平和を持ち来たすことが出来るのである。それは自国の領土アラスカを日本に与ふることである」（三六五頁）。他方、日本が取るべき政策として、清澤は満州事変は fait accompli だと主張する。つまり「生るべき充分な理由があって生れた」から、既成事実であり、過去に遡る必要はないというのだ（三六七頁）。したがって問題は、今後中国や列国と協調し、できるだけ寛容な姿勢で臨み、日米間の常設機関を設置すべきだと結論している。

確かに人口問題・食糧問題は、当時の日本人の強迫観念ともいうべき切実な問題だった。満蒙権益は手放し難いという通念もそこから生じた。しかし米国通の自由主義者として著名だった清澤洌ですら、米国に対してこれほど反発し、自国がひき起こした満州事変については、これほど甘い判断だったのかとの感慨をもたずにいられない内容ではないだろうか。

「東亜協同体」論

関東軍の陰謀による柳条湖事件を契機に、日本は満州全土を占領して一九三二年に満州国を建国した。満州事変と満州国建国は、日中のナショナリズムの対立が和解困難な段階に達したことを意味する。日本の側には、満州の利権は日露戦争の血の犠牲によって獲得したという根強い意識があり、それは中国の利権回収のナショナリズムと正面衝突した。しかし一九三三年五月に、日中は塘《タン》沽《クー》停戦協定を締結し、満州国の中国本土からの分離を中国政府が事実上黙認する形になった。この一応の小康状態が長続きしたとは思えないが、日本の対中国政策がここで踏みとどまり、協調的な外交が軍部の動きを抑制することができていたら、日中関係は最悪の事態にならずにすんだだろう。むろんその場合でも、満州国が永続することはありえず、最終的には中国の下からのナショナリズムの圧力で、日本が漸次的に満州を放棄する以外に道は残されていなかったと想像される。

しかし歴史はもちろんこの可能性とは逆を歩んだ。一九三七年七月の盧溝橋事件を契機に日中は全面戦争状態に入り、日本軍は一二月には首都南京を占領したが、このとき多数の中国人を無差別に虐殺する事件を起こした。多くの人が首都占領によって戦争を終結できると楽観していたが、蔣介石は徹底抗戦の決意を固めており、戦争は泥沼化した。中国の状況は複雑で、国民党と共産党は内戦状態にあったが、事態を決定したのは底辺から盛りあがっていたナショナリズムの動向だった。日本のジャーナリズムにはこうした認識が欠けていて、好戦的な記事が目立った。

第一次近衛内閣（一九三七年六月～三九年一月）のブレーン・トラストとして有名な昭和研究会は、蠟山政道・三木清・尾崎秀実《ほつみ》などが会員として活動し、日中戦争打開のために「東亜協同体」

論を提起したことで知られる。かれらが論じた「東亜協同体」の内容は均一ではないが、背景に日中のナショナリズムをいかに和解させるかという問題意識があった点では共通している。蠟山政道は盧溝橋事件の翌月に「支那事変の背景と東亜政局の安定点」（『世界の変局と日本の世界政策』所収）という論文を発表し、東アジアの状況を以下のように説明している。後発資本主義国としての日本は、欧米の帝国主義とは異なり、国家的発展のためにつねに「自衛的—攻撃的」という両面の性格を持たざるをえなかった。日本はワシントン体制下で欧米協調を維持してきたが、中国とソ連が東アジアで現状変革の動きを起こしたので、もはや欧米主導の国際体制下に安住しえない。東アジアの不安定は、日本・中国・ソ連の三国間に自律的な関係が構築されていず、欧米的国際関係にもとづく第三国が介入することによって生じている。だからこの状態は、東アジアに安定した枢軸が形成されるまで続くだろう。

一九三八年初頭に出された「国民政府を対手とせず」の声明（第一次近衛声明）は昭和研究会にとっても予想外のことだったらしい。蠟山はこの声明を受けて「長期戦と日本の世界政策」を書き、「持つ国」と「持たざる国」という分極化と世界秩序の再編成、東アジアにおける地域共同体の形成という課題を指摘した。そして東亜新秩序建設を明らかにした第二次近衛声明（同年一一月）に先だって、「東亜協同体の理論」（一九三八年九月）を発表し、東亜協同体を「地域的運命協同体」と説明している。蠟山によれば、それは西欧中心の世界秩序に対して「東洋が東洋として覚醒」し、「世界史的使命を自覚」することから生じるという。蠟山はこの協同体の特質を、民族の共存協力による連合体制・各民族文化の異質性の尊重・新たな地域的文化統合体の建設・帝国主義経済ではなく共同経済、などにまとめている。しかしこうした理論構成の目的は、日本の大陸発展が帝国主義ではなく「防衛または開発のための地域主義」であり、国防地域の建設によって「その地域に居住する住民の生活向上をなし得る基礎条件を設定」することができると論じることにあった。結局、それは「抗日」という形で現れた中国の「誤れる」ナショナリズムを制御するという意図にもとづいており、経済開発が東アジアの発展につながるという理由で、満蒙地域への日本の軍事的侵略を正当化するものだった。

同じく昭和研究会に与しながら、蠟山とはかなり異なった意図を込めて「東亜協同体」論に言及したのが尾崎秀実である。朝日新聞記者だった尾崎は一九二八年に上海支局に派遣され、そこでソ連の赤軍第四部に所属するスパイのリヒャルト・ゾルゲの情報収集に協力するようになった。帰国した尾崎は、日本に派遣されたゾルゲと一九三四年に再会し、再度スパイ活動に協力した。昭和研究会メンバーで近衛内閣嘱託になっていた尾崎からは、第一級の機密情報がゾルゲに伝えられた。かれらの活動は対米英戦争勃発直前の一九四一年一〇月に発覚し、ゾルゲと尾崎は治安維持法・国防保安法などの違反の罪に問われて、一九四四年一一月七日、ロシア革命の記念日を期して死刑に処された。

尾崎が一躍脚光を浴びることになったきっかけは、一九三六年に起こった西安事件にかんする論説だった。満州の軍閥だった張学良が西安で蔣介石を監禁し、国民党の方針を共産党との内戦から抗日に転換するよう要求した。尾崎は事件が伝えられた日に執筆した「張学良クーデターの意義」で、南京の国民党政権の危機はけっして日本に有利な状況が生じたことを意味せず、むしろ軍閥の張学良をこのような行動に走らせた中国民衆の抗日意識の高揚を、深刻に受け取るべきだと論じた。この議論の背景には、前年（一九三五年）に広田弘毅外相が発表した日中提携三原則（排日停止・満州国黙認・赤化防止）の「防共」の意図が、国際的な反ソ共同戦線であることに着目し、中国が反共になるか容共になるかは、日ソ両国にとって重大な意味をもつという認識があった（「防共問題の多面性」、尾崎①、八四頁～）。つまり西安事件は、ナショナリズムの高揚によって、国民党が容共に傾斜することを意味するという洞察を暗に披瀝したものだった。尾崎の中国論が傑出していたのは、中国政治の動向を根本的に規定しているのは民衆の下からのナショナリズムであると認識していたからだった。国民党政府はそれをリードしたり、コントロールする能力をもっていず、「一歩誤ればその波頭から叩き落とされる」状態にあると、尾崎は指摘した（「支那とソ連邦」、尾崎①、四七頁）。

一九三七年七月に盧溝橋事件が起こったとき、尾崎は「とうとう来るべきところへ来てしまった」と感じた（『国際関係から見た支那』、尾崎①、一八四頁）。そして事件直後の論文で、それがいずれ「世界史的意義をもつ事件」として展開することになるとくり返している（「北支問題の重大化」、「北支問題の新段階」など）。逮捕された後の尋問調書によると、尾崎はこのとき第二次世界戦争の勃発を予期したという。戦争の進行とともに、中国のナショナリズムはますます左翼化し、国家統一への趨勢は「非資本主義的な発展の方向」をとるだろうと、尾崎は予測した（「敗北支那の進路」、尾崎②、八七頁）。中国の社会主義化を見通した尾崎は、泥沼に足を突っ込んだ日本もまた、体制転換が不可避だろうと感じていた。武漢占領を間近にひかえた一九三八年九月、尾崎は「漢口戦後に来るもの」を書き、その末尾で「日本国民、日本社会は底深いところから深く動かされつつある」と記した（尾崎②、一二八頁）。おそらく日本も社会主義革命への道を歩んでいることを示唆したものだっただろう。

近衛首相が「東亜新秩序建設」を内容とする「第二次近衛声明」を発表したのを受けて、尾崎は翌一九三九年一月に「「東亜協同体」の理念とその成立の客観的基礎」を発表した。尾崎によれば、東亜協同体論は日満支ブロック論が中国の「国運を賭しての民族戦」と衝突し、もはや中国民衆の積極的協力なしには大陸経営が成立しない状況から出てきた。当然ながら、それは理念としては「大理想」だが、実態は「惨めにも小さい」（尾崎②、三一四頁）。東亜協同体が真に実質をともなったものになるには、日本自らを「再編成する必要」があると、尾崎は説いている（尾崎②、三一八頁）。

ここに言及された国内体制「再編成」の意図は、公然と表現できる性質のものではなかった。しかし一九四〇年代に入って英米との対立が顕著になり、第二次近衛内閣が「大東亜新秩序」を口にするようになると、尾崎は東亜諸民族の「自己解放運動」を踏み込んだ形で唱えるようになる。「東亜共栄圏の基底に横たわる重要問題」（一九四一年二月）で尾崎は、抗日のために英米への依存を深める国民党政権の動向を危惧して、中国社会の「半封建性」が中国の植民地性を強化するとし、農業革命の必要性を説いた。そして類似した農業生産に依拠する日本も同じ課題を抱えていると示唆し、「半封建的農業社会の解体による農民の解放」が東亜新秩序建設の前提であると説く（尾崎③、二一一頁）。農業革命の実行による日中両国の結合は、当然、中国を半植民地化している英米資本主義と衝突する。インド、ビルマ、仏領・蘭領の両インドシナなどの南方諸国でも、世界の帝国主義的秩序を打破しようとする民族主義的な独立運動が発生する。このように植民地化されたアジア諸地域から帝国主義列強を放逐し、これらの国々が自立することが東亜新秩序の建設である。「東亜共栄圏」の建設とは、このような目的のために日中両民族が解放と自立を通じて協同することだと、尾崎は説く。これは反帝国主義の世界革命の構想といってよいだろう。

総力戦と知識人

日本ナショナリズムの地金は、国学や水戸学の尊王論（忠誠心）・西欧列強に対する雪辱を込めた対抗心・皇統神話による独自性と優越心などが結合したもので、帝国憲法と教育勅語によって形を整え、日清・日露のふたつの戦争によって社会の底辺に浸透した。しかし日露戦後の日本社会では、国家意識によっては包摂しきれない人々が大量に出現し、それはやがて大正デモクラシーの運動につながった。こうして国家と社会の裂け目が顕著になり、もはや国家目標の連呼だけでは国民を動員できなくなったとき、日本は国際的孤立という新たな国家的危機に直面した。大陸の利権にこだわる日本が、利権回収を目標にますます高揚する中国のナショナリズムに追いつめられて、満州事変を起こしたことがきっかけだった。

満州事変を契機に軍部が外交の主導権を握っただけでなく、国内の政治秩序も戦時体制に転換していき、国体ナショナリズムが社会の表面に露出してくることになった。久野収は国体論を「思想」というより「制度」だと指摘したが、確かに国体論の内容は勅語奉読や御真影への敬礼など、儀式化・形式化したものとして表現された（『現代日本の思想』一二六頁）。形式である以上、平時には内容が強く意識されることはない。それはルーティンな行事として、人々の意識の表層を通り過ぎていくだけだった。しかし危機意識が亢進したとき、「制度」としての国体論が社会の前面に躍りでてきて、これまで意識されることのなかった思想的な根拠が問い直されることになった。一九三〇年代の日本で、国体論にかんする膨大な著作が出されたのはこうした事情による。

こうして国家的な危機状況のなかで、国体論は理論的な再構築を迫られた。しかしそれは壮大な徒労に終わったようにみえる。国体論は天皇への忠誠心を基礎に、万世一系という単純な「事実」（？）と家族国家という実証に堪えない幼稚な仮構を骨格にして成立したものである。理論的に精緻化しようとすれば、それは内実の伴わない空虚な言葉の羅列になるか、決まり文句（cliché）の繰り返しになるしかない。思想としての国体論は、危機の時代にその思想的空虚さを露呈した。しかし天皇への忠誠心は危機の時代にむしろ高揚したので、思想的には不毛でも、政治運動としてはファナティックに展開される地盤があった。それはあたかも、外的な衝撃によって硬直した身体が不随意運動を起こしたようなものである。国体明徴や原理日本社の運動はその例で、硬直した「制度」が社会的不満をエネルギーにして、「制度」に内面を拘束されていない個人を攻撃した。久野収はこれを「顕教による密教征伐」という卓抜な比喩で表現している。それは幕末明治期に形成された国体論が、「帝国」日本の発展に沿うようには自己を練成できなかった事実を示すものだった。

総力戦の時代の日本ナショナリズムは、思想的な営みとしては、国体論とは一応別の次元に展開された。日中戦争以後の総力戦は、なによりその戦争を意義づける作業を知識人に課した。かれらは西欧列強の帝国主義を「近代」の遺産と捉え、日本がそれを克服する使命をもつという形で問題を提起した。日本は西欧近代を後追いしてきたから、それは西欧の模倣を自己否定し、原日本に回帰するという方向をとる。その具体例が日本浪漫派と京都学派である。

例えば室伏高信は、夥《おびただ》しい著書のひとつ『日本論』（一九二五年）で、西欧化＝資本主義化による日本の「進歩」は、結局「野獣的近代化」であり、それによって出現した「新日本」はたんなる「舶来品」で「故郷」喪失だと嘆いた。また映画とラジオによって象徴される米国の最新文化は「霊魂喪失」であり、「不安と不満足」の近代文明の時代は終わりつつあるとして、室伏は「アジアの再評価」を訴えた。さらに十数年後、室伏は日中戦争を念頭において、西洋文明輸入の時代は終わり、「ヨオロッパが教える時ではなくして、日本が、東方が教える時が来た」と論じている（『革新論』、二五三頁）。

室伏は多くの知識人の危機意識を通俗的に表現したものである。三木清は、「二十世紀の思想」（一九三八年七月）と題する短い文章でマックス・シェーラーに言及しつつ、来るべき時代を「融合の時代」と特色づけた。世界大戦による「ヨーロッパ主義の没落」は、世界史の理念を放棄した歴史的相対主義と、他方での「東洋主義」の謳歌を生んだが、三木はこの両者に反対して、世界史の統一的理念を再興しなければならないと主張する。三木は蠟山政道や尾崎秀実などとともに昭和研究会の有力メンバーだったので、その思索は東亜協同体論に向けられていた。ここにいう世界史の理念も、「東洋の統一」を日本の世界史的使命ととらえたものである。「東亜思想の根拠」（一九三八年一二月）では、東亜協同体の建設が東洋の統一と資本主義の克服を目標としていると位置づけた。東洋の統一とは、西欧中心の世界史を打破して真の世界史を構想することである。西欧の「近代」は民族と国民を単位としたが、東亜協同体によって示される世界秩序は、民族主義を克服した新しい世界主義でなければならないとされる。

個々の民族と国家が「個性、独立性、自立性」（三木⑮、三一〇頁）を確保した協同体を形成するという三木の理念の背景に、西欧中心主義に対する批判と、西欧近代の産物である帝国主義の克服という思想課題がふまえられていた。この課題意識は、日米戦争という崖縁に立たされた状況でさらに先鋭化した。対米英戦争を契機として、一九四一年から翌年にかけて行われたふたつの座談会は、その表現である。ひとつは、いわゆる京都学派の高坂正顕・西谷啓治・高山岩男・鈴木成高の四人による「世界史的立場と日本」で、真珠湾攻撃直前の座談会記録は、翌年一月の『中央公論』に掲載された。もうひとつは一九四二年七月に開催されたシンポジウム「近代の超克」で、『文学界』同人の呼びかけで文学者・哲学者・歴史学者・芸術家など一三名が参加した。参加者たちの議論は明確な像を結んでいるとはいいがたいが、かれらを一様に捉えていたのは、ヨーロッパ中心の近代世界像が崩壊期に入ったこと、それをモデルにした日本近代は「喜劇」にすぎないこと、日本人の自己回復の必要性などの想念だった。

当時の知識人が戦争をどのように意味づけようとしたかを示して興味深いのは、高山岩男『世界史の哲学』（一九四二年）である。高山によれば、第一次世界大戦後の世界史は、欧米中心の世界秩序の代表者だった米英が、それへの対抗勢力だった日本を「防圧」しようとした歴史だった。満州事変は、日露戦争による日本の権益を中国が蹂躙したために発生した「日支間の些細な紛争」にすぎなかったが、米英は国際連盟を率いて日本を圧迫するにいたった。したがって国際連盟からの脱退という日本の行為は、欧米中心の旧世界秩序を否認し、「近代世界史の趨勢」に弔鐘を打つ意味をもったという。

では日中戦争はどう諒解されたのだろう。高山によれば、欧米の東亜支配を阻止するのが日本の使命である。そのために本来は日中提携が必要だった。しかしその後進性ゆえに、日本は欧米と同様に中国に対する特殊権益を求めざるをえなかった。つまり日本は「世界史的使命の実現のために却って欧米とある程度の妥協を必要とせざるを得ず、日支の親密な提携を必要としながら、それが実現し得なかったところに、日本のディレンマと苦衷とがあり、またひいて東亜の悲しき運命が存した」(『世界史の哲学』四四二頁)。しかしヨーロッパにおける独伊の台頭によって日独伊三国同盟が締結され、日中戦争は「大東亜戦争」へと拡大して、戦争の性格は単純化され、「現代世界史の趨勢」がそのまま反映するにいたったという。つまり第二次世界大戦は、帝国主義的な旧世界秩序を打倒して、新たな道義にもとづく新世界秩序を構築する戦いだというのである。

もちろん総力戦下の知的営みをすべて戦争行為の正当化としてのみ捉えることはできない。大河内一男の生産力理論や大塚久雄のエートス論は、総力戦下での精神主義の跋扈を批判し、合理的な社会や生産のあり方を説いた。それはあきらかに戦争協力の一面を持っていたが、他方で合理主義的な人間のあり方を説くことによって、「近代化」をめぐる戦後の議論につながった。また京都学派の影響下にあった中国文学者の竹内好は、戦後、「大東亜戦争」の大義を信じた自己の立場から再出発し、日本の戦争行為にはアジア諸国への侵略と帝国主義からの解放という二面があったと主張し、「近代の超克」論はこの二面を思想的に弁別できなかったと批判した。さらに丸山眞男は、戦争中に荻生徂徠を中心に日本儒学の朱子学批判について考察し、そこに「近代性の泉源」を読み取ろうとしたが、それは戦後の「近代」をめぐる議論に圧倒的な影響を与えることになった。

「国体護持」と戦後ナショナリズム

戦争終結をめぐる政治過程を支配したのは「国体護持」への執着だった。七月二六日に発表されたポツダム宣言について、政府は八月一〇日に「天皇ノ国家統治ノ大権ヲ変更スルノ要求ヲ包含」しないとの条件で受諾すると回答した（『資料戦後二十年史』第一巻）。これに対して米国政府は、日本の政治形態は「日本国国民ノ自由ニ表明スル意思」によって決定されると返答した。昭和天皇はこの返答によって「国体護持」に自信を持ったのだろうか。八月一四日の「終戦ノ詔書」には「朕ハ茲《ここ》ニ国体ヲ護持シ得テ」と書かれている。八月一七日に、組閣された東久邇内閣も「国体護持」を最大の任務と意識し、施政方針演説で「天皇の国家統治の大権」を変更しないとの諒解でポツダム宣言を受諾したと述べた。事実、幣原内閣の憲法問題調査委員会（松本丞治委員長）が、翌年、作成した「憲法改正要綱」では、第三条の「天皇ハ神聖ニシテ犯スヘカラス」の「神聖」を「至尊」と変更すると記されたのみだった（『資料戦後二十年史』第三巻）。

松本案が総司令部（ＧＨＱ）に拒否され、民政局の草案にもとづく日本政府案が最後の帝国議会で憲法改正の審議にかけられたとき、最大の争点は「統治権の総攬者」としての天皇の地位の変更だった。象徴天皇制への転換によって、天皇が形式的な権限しかもたない存在となることを、衆議院の北浦圭太郎は、花は咲くが実は実らない山吹の木に譬え、「山吹憲法」と悲憤慷慨した。しかし金森徳次郎国務相や芦田均（衆議院憲法改正特別委員会委員長）は、天皇を「憧れの中心」とするのが日本の国体だと主張し、国体は不変だと強弁した。

国体変更をめぐる論戦は議会外でも交わされた。佐々木惣一「国体は変更する」（『世界文化』一九四六年一一月号）に対して、和辻哲郎が国体不変の観点から批判して論争になったのである。和辻の論点は、統治権総攬者としての天皇は明治憲法以後のことで、天皇の本質は「日本国民の全体性を対象的に示す」ことにあるとし、象徴天皇こそ天皇制の本来のあり方だと述べたものである（和辻⑭、三六四頁）。象徴天皇の出現によって、本来の国体が「護持」されたと論じ、新憲法と伝統との連続性を論証しようとしたものだった。

他方、佐々木惣一は、前年、近衛文麿を中心にした内大臣府の憲法改正作業に従事し、天皇大権を制限するとともに軍の統帥権を政府の監督下に置くなどの改正を答申していた。つまり佐々木は統治権の総攬者としての天皇をアマテラス以来の皇祖皇宗のなかに位置づけ、旧憲法の骨格を維持することをねらっていたのである。だから象徴天皇制に憤慨して、貴族院での質疑でも新憲法案に反対の意思を明示した。佐々木の論文「国体は変更する」は、貴族院でのかれの主張を公にしたものだった。

帝国議会での質疑や佐々木・和辻論争は、明治憲法下でリベラルな立場をとった知的・政治的エリートたちの立場を示すもので、変更の有無にかかわらず、「国体」はそれなりに「護持」できたと安堵したものだと評してよい。東大総長だった南原繁は、周囲の躊躇をものともせずに一九四六年の天長節の儀式を率先して実施し、以下のように演説した。「日本国民統合の象徴としての天皇制」は、「わが国の永い歴史において民族の結合を根源において支え来ったもの」であり、「君民一体の日本民族共同体そのものの不変の本質」である、と（南原⑦、五八頁）。かつて福澤諭吉は『文明論之概略』で、国体は血統の連続性とは関係がないと論じながら、その後、万世一系の天皇を国民の歴史的記憶の中枢に置いた（第一章を参照）。福澤の国体論はその後、大正デモクラシー期まで引き継がれた。南原は一九三〇年代のファッショ的国体論を排し、福澤から大正デモクラシーまでの国体論の流れに立ち戻ったのである。

昭和天皇のマッカーサー訪問を報道した新聞
（1945 年 9 月 20 日付『朝日新聞』）

　新憲法には、戦後の日本を長く規定することになるもう一つの条文が挿入されていた。いうまでもなく、戦争放棄を規定した第九条である。第九条は五五年体制のもとで最大の争点になっていくが、憲法改正の議会で戦争放棄を正面から問題にしたのは、日本共産党の野坂参三と貴族院の南原繁だけだったといってよい。吉田茂首相は、自衛の戦争は「正しい戦争」だと主張した野坂参三の議論を一蹴し、「正当防衛権」の容認は戦争の口実になるとして、自衛権を明確に否定した。後に江藤淳は第九条を「主権制限条項」と非難したが、この当時の政治エリートたちは、第九条が「国体護持」とセットであることをはっきり意識していただろう。かれらは「国体護持」のためなら、どんな代価でも払うつもりだった。当然ながら、昨日まで敵国だった米国と協調することは、ナショナリズムの主導権を失うことを意味する。その結果、一九六〇年代初めまで、米軍基地や安保条約をめぐる運動で、「革新」の側がナショナリズムを政治的動員の資源にすることになるのである。

この時期のナショナリズムの変容を表現したものとして、徳富蘇峰の日録を覗いてみよう。退位もせず、「召喚」のような形でマッカーサーを訪問し、例の屈従的な写真を公表した昭和天皇に対して、当初、蘇峰は激怒していた。しかしまもなくかれの姿勢は鋭角的に変化する。「癪に触るのは、日本米化の一点」と何度も書いて嫌米を自認していた蘇峰が親米の姿勢を取るようになるのである。原因は冷戦である。蘇峰が冷戦をはっきり意識したのは一九四六年五月だった。「要するに今日の日本は、既に事実に於ては、米ソ二大勢力の争地となっている。米国は日本を米化せんと欲し、ソ連は日本をソ化せんと欲している」（五月二〇日の記述、『終戦後日記』Ⅱ、二九七頁）。事情がこのように認識された以上、「やむを得ざれば、ソ連よりも米国と共にせよ」という結論になるのは同然だろう。米国のほうが理想的だからではなく、ソ連に比べればまだしも「辛抱」できるからである。

その四カ月後の一九四六年九月一〇日、蘇峰は「日米同盟」という言葉を使って、親米ナショナリズムの立場を鮮明にする。「ソ連に与するか、米英に与するか、二者その一を択ばねばならぬ。

有体にいえば、何れも好ましき縁組ではない。唯だ何れが比較的辛抱できるかという問題である。予は一も二もなく、今日の場合は、ソ連と手を取って、日本を共産国になすに比ぶれば、アングロ・サクソンと提携して、所謂議院政治国となすの外あるまいと思う」(『終戦後日記』Ⅲ、二九九頁)。

あえて誇張すれば、このとき八三歳だった老練なジャーナリストは戦後の日本外交の基本線を読み切っていた。サンフランシスコ講和条約とともに締結された日米安保条約、講和条約発効の日に締結された日華平和条約、日韓基本条約（一九六五年）はいずれも米国の強いイニシアティブによるものであり、日中共同声明（一九七二年）も米国の対中国政策の転換を受けて、バスに乗り遅れまいとして締結されたものだった。米国の庇護の下に置かれた日本外交の裁量の幅はきわめて小さかった。それが「国体護持」の代償だったことを、吉田以後の保守政治家やナショナリストはどれだけ自覚していただろうか。

第五章　抵抗と妥協──朝鮮(2)

保護国期を経て「韓国併合」に至る間、朝鮮ナショナリズムは日本帝国主義（日帝と略）への抵抗すなわち抗日に収斂する。それは大別すると、妥協的抗日と非妥協的抗日の二類型に分かれる。まず、妥協的抗日ナショナリズムは、妥協と抵抗の間で揺れ動きながら、「韓国併合」後も国内で存続し多様な形で表出する。その妥協は弾圧をかわし、民族権益を保つための戦略ないし苦肉の策という意味で、一定程度、抵抗を孕んでいた。だが同時に、包摂の対象となり、ときに日帝（の同化政策）と協調した。それゆえ親日との烙印を押されて批判・非難の的となり、抗日に圧倒されるか、ときに抗日へ転回する場合もあった。

次に、非妥協的抗日ナショナリズムは文字通り妥協せずに抵抗する。その意味で、抗日ナショナリズムの典型である。それは国内と国外に分かれる。国内の抗日ナショナリズムは、弾圧を受けながらも日帝に抵抗し、しばしば全国各地で噴出した。三・一独立運動（以下、三・一運動）はその典型である。また、弾圧を避けて地下にもぐり、多様な秘密結社を通して抵抗し続けた。その一部は国外へ亡命した。さらにその一部は、弾圧と懐柔に屈して、非妥協から妥協へと転向した。一方、国外の抗日ナショナリズムは、亡命先の各地で多様な結社・団体や軍隊を組織して独立運動を展開しつつ抵抗し続け、あるいは、亡命者の個人や集団の思想・実践を通して表出した。

一　ナショナリズムの離散と噴出―武断統治期

国内の抗日運動

日帝は一九一〇年八月二九日（「韓国併合」当日）、大韓帝国を朝鮮に改称し、韓国統監府の代わりに朝鮮総督府（以下、総督府）の設置を決めた。その最高責任者である朝鮮総督は、委任範囲内で陸・海軍を統率し、立法・司法・行政三権の政務を統括するとされた（朝鮮総督府編　一九一七、三六七頁）。その一カ月後、勅令第三五四号により「朝鮮総督府官制」が公布されて、一〇月一日から施行された（『朝鮮総督府官報』一九一〇年九月三〇日、「勅令」）。そして一九一〇年五月三〇日から第三代韓国統監であった寺内正毅が初代朝鮮総督となった。

寺内総督は国内の抗日ナショナリズムを弾圧するため、治安維持という名の下で「武断統治」体制を樹立していく。その一政策として実施されたのが憲兵警察制度である。この憲兵警察制度の起源は、日露戦争の勃発後の一九〇四年三月一〇日に編成された韓国駐劄《ちゅうさつ》軍であった（金正明編　一九六七、二五頁）。韓国駐劄軍は、統監府が設置された後、一九〇六年八月の勅令第二〇五号「韓国駐劄軍司令部条例」により京郷各地に常駐した。この駐劄軍は治安警察任務に関与し、義兵闘争の鎮圧も担当した。この憲兵警察制度を担う憲兵の職務を具体的に定めたのが、一九一〇年九月一〇日に公布された勅令第三四三号「朝鮮駐劄憲兵条例」である(『朝鮮総督府官報』一九一〇年九月一六日、「勅令」)。

保護国期とくに一九〇七年七月の「第三次日韓協約」を機に、衛正斥邪派を中心に儒学者と民衆が連携した義兵闘争が全国的に展開される。この義兵闘争にはまた、愛国啓蒙運動系列の非妥協的知識人と民衆や、(「第三次日韓協約」の秘密覚書によって解散させられた)韓国軍隊の一部も加担した。その後、全国の義兵は「十三道倡義軍」(総大将は衛正斥邪派の李麟栄)を構成し、一九〇八年一月には漢城侵攻作戦を敢行するが、失敗する。こうして義兵闘争は満州や沿海州に移動し、武装独立運動を展開するようになる。

総督府は、一九一〇年八月二五日「集会取締令」を発布し、政治的集会と民衆の集合を禁じた。もっとも集会・結社については、すでに一九〇七年七月の「保安法」があって、集会の禁止と結社の解散が可能であった。また刊行物については「新聞紙法」(〇七・七)、「新聞紙規則」(〇八・四)、「出版法」(〇九・二)、「出版規則」(一〇・五)などがあった。その結果、愛国啓蒙運動とその結社は禁止・解散し、様々な雑誌(学会誌)と新聞紙は廃刊させられた。親日団体の一進会さえも解散に追い込まれた。

保護国期から「韓国併合」に至るまで、国内の抗日運動は地下に潜り、秘密結社を組織する形で展開される。その保護国期における代表的な秘密結社が安昌浩《アンチャンホ》(一八七八~一九三八)を中心に組

織された「新民会」である。安昌浩は、かつて独立協会運動に参加した後、一九〇二年に渡米、在米朝鮮人の独立運動を指導して、一九〇五年四月に共立協会（The Korean Assistance Association）を結成した。共立協会は本部をサンフランシスコに置き、機関紙『共立新報』を発行した。そして一九〇九年二月、ホノルルの合成協会（The Korean Consolidated Association、一九〇七年八月結成）と統合し、大韓人国民会（The Korean National Association）を結成した。この会は、地域本部をサンフランシスコ、ハワイ、シベリア、満州など四カ所に置き、機関紙『新韓民報』を発行していた（나가타 아키후미　二〇〇八、四五―四六頁）。

このように安昌浩は、国内と国外の抗日運動を結節させる役割を果たしていた独立運動家であった。彼は一九〇七年に帰国、新民会を組織するとともに、大成学校を創立するなど愛国啓蒙運動に携わった。そして安重根の伊藤博文暗殺に関わったと疑われて逮捕されたが、釈放されて、一九一〇年四月に中国へ亡命、一九一一年には再び渡米した。ここで、その後の彼の独立運動と抗日路線に触れておこう。

安昌浩は、一九一二年にサンフランシスコで興士団を結成し、また大韓人国民会の中央総会長に就任した。興士団は「務実・力行・忠義・正義」というスローガンを唱え、徳・体・知の三育を高めて健全な人格完成を目標とする一種の教育機関の性格をもっていた。一九一九年三月に三・一運動勃発後、安は上海に渡り、大韓民国臨時政府に参画して内務総長、労動局総弁を歴任した。安が上海にいた三二年四月、上海虹口《ホンコウ》公園で日本の天長節祝賀会が開催されたとき、尹奉吉《ユンボンギル》（一九〇九～三二）が日本の要人に爆弾を投げて多数を殺害する事件を起こし、上海で逮捕されて本国に送還された。三五年に仮釈放されたが、三七年の「同友会事件」で再逮捕され病死した。安昌浩の抗日路線は民族近代化の必要性を訴え、「信用・知識・金銭」の資本蓄積による実力養成を唱えるものであった(朱耀翰編 一九六三を参照)。

一九一〇年四月、安昌浩の中国亡命後、新民会会長となったのは尹致昊《ユンチホ》(一八六五〜一九四五)である。尹は一八九五年に米国留学から帰国して外部協弁、学部協弁を歴任、九八年に徐載弼の後を継いで独立協会会長となった。同会解散後、一九〇四年に外部協弁となったが、〇五年「第二次日韓協約」締結後は退官し、大韓自強会(合法結社)と新民会の会長になった(柳永烈 一九八五を参照)。ここでは尹致昊の『日記』(一八八三〜一九〇六)を通して、一九〇〇年代から一〇年代に至るまで、国内におけるナショナリズムの変容の様相をうかがおう。

尹致昊は一九〇二年五月七日付の『日記』(英文)のなかで「日本人と韓国人の間には人種、宗教、文字の同一性に基づく感情と利害の共通性がある。日清韓三国は、極東(Far East)を黄色人種の永遠なる巣として守り、その巣を自然の意に沿って美しい、幸福な場にするために共通の目標と政策と理念をもたねばならない」と述べている。これは、一種の東アジア共同体論ともいうべき、「共通の目標と政策と理念」との地域主義感覚に基づく連帯論である。こうした連帯論はとうぜん、日帝に対する批判・抵抗言説を孕む。その意味で当時の、彼の抗日ナショナリズムの表現であったといえよう。

しかし一九〇五年の日露戦争後、尹致昊は連帯論と決別する。そして「第二次日韓協約」が締結された〇五年一一月一七日、彼は「誰でも条約に署名する者は、日本側の無用な約束に国を売ることになる」(同日付『日記』)という。そこには、自己朝鮮と他者日本の両側に対する〈発憤〉が表出されている。つまり、同協約に署名した自国の学部大臣・李完用《イワンヨン》(一八五八〜一九二六)をはじめ五人の大臣(乙巳五賊)を糾弾し、日帝の「無用な約束」に対する憤りを表したのである。こうした〈発憤〉はもちろん、当時の朝鮮人一般の感情にほかならない。

尹致昊の発憤の矛先はまた、キリスト信者として神にも向かう。翌一八日付の『日記』には、「第二次日韓協約」について、「去る数年の間に起きた一連の事件からなる当然の結果であった。私は、韓国にすべての苦難を与えた神様(the Author and Finisher)を恨むほかはない」とある。保護国に転落した朝鮮の現実を諦念し追認しつつも、その苦難を与えた神を恨んだのである。おそらく彼は、〈どうして神は苦難を、悪しき日本ではなく、韓国に与えておられるのですか〉という懐疑の念を抱くとともに、〈いつになれば、日本に天罰を下す予定ですか〉と訴えたかったのであろう。

尹致昊は、同協約が締結された当日、外部協弁を辞職した。これもまた、当時の彼の抗日ナショナリズムを表現している。そして「内閣ではなく、個人の資格で祖国を助ける」(〇五年一二月一二日付『日記』)ことを選び、愛国啓蒙運動に参加した。彼は、抗日路線として、愛国啓蒙運動以外の抗日(例えば協約反対の上疏、憂国志士たちの自決)を選ばなかった。また国権回復をめざす外交運動も、義兵運動も選ばなかった。その代わり、彼は安昌浩の後を継いで新民会会長となり、国権回復のための実力養成路線を選んだのである。

ところで「韓国併合」後の一九一一年、総督府は新民会を武装暗殺団体とみなして摘発し、いわゆる「一〇五人事件」を起こした(윤경로　一九九〇を参照)。実際、新民会は寺内総督の暗殺を図っ

たが、実行できずにいた。同年九月、日本官憲は暗殺の企図に関連したと考えられる新民会会員、そしてキリスト信者を一斉検挙した。関連者は約一四万六〇〇〇名、尹致昊をはじめ約七〇〇名が逮捕された。そのなかの一二二名が翌一二年三月に起訴されたが、一七名は無罪放免、一〇五人は有罪判決が言い渡された。尹は六年の刑期で投獄されたが、その後、大正天皇の即位式が予定されていた一九一五年、恩赦で釈放された。

釈放後の尹致昊は、一九一五年三月一四日付の『毎日申報』（朝鮮総督府の機関紙）のなかで、「これからは日本人の多くの有志紳士と交際しつつ…日鮮両民族の同化に関する計画にはあくまで参与し、力が及ぶ限り、身を惜しまず、尽力するつもりだ」と述べている。つまり、総督府の懐柔に屈し、その同化政策に協力すると約束したのである。それ以降、彼は同化主義を前提とする立場で、実力養成論を展開する。その同化主義はさておき、実力養成論は愛国啓蒙運動期の論理を継承するものであった。一九一〇年代の武断統治期以後も、多様な実力養成論が出現し続けたのである（朴賛勝 一九九二、第二章など参照）。それは、妥協と非妥協の間で生まれた論理であったが、主として妥協的抗日ナショナリズムの範疇に入る。

新民会の関連者の多くは妥協せず、釈放後も国内の抗日運動に加担し、または国外へ亡命し抗日運動を展開した。例えばその一人李昇薫《イスンフン》（一八六四～一九三〇）は四年間の服役後、キリスト教に入信し、教育と信仰による救国運動をめざした。そして三・一運動ではキリスト教指導者として、三三人の民族代表の一人となった。李昇薫は、非妥協的抗日ナショナリズムを固守したのである。また新民会の崩壊後も、国内では、国外と連携して独立闘争をめざす秘密結社が連綿と続いた。例えば、大韓光復会は一九一五年、地方の光復団（一九一三）と朝鮮国権恢復団（一九一五）を統合して組織された秘密結社である。この会の目的は、国内に活動拠点を確保し、独立運動資金を集めて武器を秘蓄する一方で、国外で独立軍を養成して武力闘争することであった（趙東杰 一九八九を参照）。こうした国内の独立闘争と連動して、抗日ナショナリズムは国外へ移動し、様々な抗日路線の抗日闘争へとつながる。

国外の抗日運動

前述したが、衛正斥邪派を中心とする義兵は、満州や沿海州に移動し、武力闘争を展開した。また愛国啓蒙運動系列の非妥協的知識人は、中国、米国、ロシアなどの各地でそれぞれの抗日路線に沿って多様な抗日闘争を展開した。例えば申采浩は、『大韓毎日申報』の主筆（一九〇五～一〇）として、論説を通して愛国啓蒙運動に携わり、また新民会にも加入した。そして「韓国併合」後の一九一〇年、ウラジオストックを経て中国に亡命し、上海、北京などで独立運動を展開する一方、満州に残る朝鮮史跡を調査しながら朝鮮古代史を研究した。その後、一九一九年四月一〇日に樹立した上海の大韓民国臨時政府に加わったが、その抗日路線に不満を抱いて脱退し、武力闘争路線の抗日運動に従事した。

朴殷植は一九一一年四月に中国に亡命し、五年後の一六年、『韓国痛史』（以下『痛史』）を出版した。その「緒言」には、「国滅ぶも、史滅びずという。国は形、史は神である。今の韓の形は毀れた。だが、その神は独存できるだろう。だから、痛史を作るのだ。神存して滅びなければ、形の復活する時がくる」とある。また同著第六一章の「結論」には「歴史が存するところに国魂は存する。…国教・国史が亡びなければ、その国も亡びない」とある。

朴殷植はまた、歴史上の英雄を発見し礼讃する。『痛史』を見ればわかるが、朴にとっての英雄は歴史上の偉人に限らない。独立運動に参加した韓国民衆や他国の被圧迫民族も無名の英雄である。朴の英雄発見・礼讃は亡命以前から始まった。例えば、学会誌『西友』の「人物考」欄を通じて、「金庾信《キムユシン》伝」（第四～八号、一九〇七年三～七月）をはじめ多数の英雄の伝記を連載している。また「高句麗永楽大王墓碑謄本を読む」（『西北学会月報』第一巻第九号、一九〇九年二月）のなかでも、歴史尊重と英雄崇拝と愛国思想を唱える。朴殷植は一九一一年、『夢拝金太祖』など一連の英雄伝記を出版している（金鳳珍 二〇〇六年五月を参照）。その後、臨時政府に加わり、機関紙『独立新聞』の社長、第二代大統領を歴任した。

李承晩《イスンマン》（一八七五～一九六五）は、青年期に独立協会の運動に参加し、一八九八年投獄された。一九〇四年出獄後、同年一二月に渡米、ジョージ・ワシントン大学に入学した。一九〇五年八月、ポーツマス日露講和会議を機に、ルーズベルト大統領と会見して独立請願書を提出した。その後、ハーバード大学に学び、一九一〇年にプリンストン大学で博士号を取得した。彼の抗日路線は、国際世論とアメリカ政府の支援を求めるという外交運動であった。一九一九年、大韓民国臨時政府の初代大統領に推戴されたが、上海滞在は短期間（二〇年一二月～二一年五月）で終わった。以後ほとんどアメリカですごし、その路線と独善的な性格が嫌われて二五年に弾劾免職された（柳永益 二〇〇〇、고정휴 二〇〇四を参照）。

呂運亨（一八八六～一九四七）は培材学堂など新式学校に学び、キリスト教に入信して教育事業を行った。一九一一年、平壌の長老教神学校に通ったが、一〇五人事件を機にやめて、一四年に中国へ亡命した。南京の金陵大学英文科に学び、一八年上海で新韓青年党を組織した。三・一運動に際して一九年四月、臨時政府樹立に参加した。同年末日本に渡り、陸軍大臣田中義一らに会い、記者会見でも韓国独立を主張して日本政界に物議をかもした。上海にもどり、大韓民国居留民団長を務める一方、二二年には高麗共産党に加わり、モスクワでの極東民族大会に出席するなど、社会主義に傾倒したこともあった（呂運弘 一九六七を参照）。

金奎植《キムキュシック》（一八八一～一九五〇）はキリスト系の新式教育を受けて一八九七年渡米、ローノーク大学英文科を卒業した。一九〇四年帰国、ＹＭＣＡ幹事を務めたが、一〇五人事件の弾圧を逃れて一三年一一月に中国へ亡命した。一九年には大韓民国臨時政府に加わり、その代表としてパリ講和会議に赴いたが参席を拒否された。二二年、呂運亨とともにモスクワでの極東民族大会に出席した。その後、朝鮮民族革命党の主席、臨時政府の副主席に就任して武力闘争に努めた（尤史研究会編 二〇〇〇を参照）。

金《キム》九《グ》（一八七六～一九四九）は、一八歳で甲午農民戦争に参加したことがある。一八九六年、閔妃殺害事件を憤り、日本人陸軍中尉を斬殺して投獄されたが、九八年に出獄した。一九〇五年の「第二次日韓協約」締結後、故郷の黄海道安岳《アンアク》で教師となり、また新民会運動にも参加した。一九一一年、黄海道一帯の抗日人士に対する弾圧事件（安岳事件）で逮捕され、三年余り入獄した。三・一運動の勃発後、上海に渡って臨時政府に参加し、警務局長・内務総長・国務領を歴任しながら、武力闘争に努めた（金九『白凡逸志』参照）。

三・一独立運動

第一次世界大戦中の一九一七年三月、ロシアでは、三月革命によりソビエト政府が成立した。そして同年の十一月革命で政権を掌握したボルシェビキ政権は「平和に関する布告」を発した。「布告」は、地域の区別なく植民地を含めた「民族自決」の全面的承認の規定になっている。一方、ウィルソン米大統領は一八年一月、連邦議会での演説で「十四カ条の平和原則」を提唱した。「十四カ条」は、「布告」に対抗して出された色合いが強いが、それは第五条の「すべての植民地の要求を自由かつ公正に調整する」という「民族自決」（の一部承認）に関する規定にも現れている。「十四カ条」と「布告」は、朝鮮人にとっては、米ソ二大勢力による反植民地主義の出現と受け止められた。これより、国内外の抗日ナショナリズムは「用米」（＝自由主義・右派）と「用ソ」（＝社会主義・左派）との二系列に分かれていく。

一九一七年三月のロシア革命後、沿海州韓人社会の抗日勢力は、全露韓族会議を結成し、六月二日に第一回総会を開いた。十一月革命の翌一八年六月、全露韓族会議は第二次総会を開催、帰化者と非帰化者の統合を試みて、帰化者代表の崔在亨《チェジェヒョン》（一八六七年頃沿海州に移住した韓人社会の長老。また臨時政府組織にも参加）と非帰化者代表の李東輝《イドンフィ》（一八七三〜一九二八）の二人を名誉会長として選出した。そしてロシア領の韓人社会の民族統一戦線を形成したが、採択された決議には、ロシア革命と社会主義の影響が色濃く投影されていた。その主導者は李東輝であった。

李東輝は、旧韓国陸軍武官学校を卒業し、一九〇七年七月の韓国軍解散の前まで、陸軍参領として江華島鎮衛隊で勤務した。安昌浩の抗日路線に共鳴し、新民会の創建委員となった。一〇五人事件が起きたとき、満州の間島へ亡命した。一二年に間島国民会を結成し、一四年には羅子溝武官学校を創設した。一九一五年、ウラジオストクに移動したが、日本政府の要請を受けた帝政ロシアに拘束・投獄された。ロシア革命で自由の身となり、革命が掲げる「民族自決」政策を擁護し、共産主義・社会主義に共鳴した。そして全露韓族大会の第二次総会が終わった直後の一八年六月二六日、ハバロフスクで韓人社会党を組織した（のち上海に移り、一九二一年に高麗共産党となる）。また臨時政府にも参加し、初代の軍務総長、第二代の国務総理を歴任する（반병률 一九九八）。

さて、一九一八年一一月一一日、第一次世界大戦の休戦が成立したとき、連合国は「十四カ条」をドイツなど同盟国との講和の基礎条件として受け入れた。翌一九年一月一八日から六月二八日まで開かれたパリ講和会議では、ベルサイユ条約をはじめとする一連の講和条約とともに国際連盟規約が調印された。その間、朝鮮人の国外（アメリカと上海）の抗日勢力は「民族自決」＝朝鮮独立の請願を試みた。例えば、臨時政府代表として金奎植がパリ講和会議に派遣されたのは前述した通りである。またサンフランシスコの大韓人国民会の中央本部長・安昌浩は、一八年一一月二五日、パリ講和会議とニューヨーク弱小属国同盟会議へ朝鮮代表を派遣することを決めた。そこで選任された朝鮮代表の李承晩らは、同年一二月二二日、ウィルソン大統領に請願書を送った（パリ講和会議への出席は実現しなかった）。

こうした国外ナショナリズムの独立請願運動は、在日朝鮮人や朝鮮国内にも反響を呼んだ。まず、在日朝鮮人学生団体・学友会（一九一二年一〇月結成）の動きをみよう。一七年から一八年まで世界情勢が大きく変動するなか、学友会はしきりに集会を開いた。とうぜん「十四カ条」の解釈をめぐる議論も行われた。そして学生の間では期待と懐疑の意見対立が生じ、多くは「民族自決」の規定が朝鮮にまで適用される可能性は希薄だと判断していた。だが、今こそ独立を勝ち取るべく、そのための具体的な運動をしようと合意した。

一九一九年一月六日、学友会は実行委員一〇名を選出、独立宣言書を作成して日本政府と各国大使・公使および貴族院・衆議院に送ることを決定した。翌七日の会合で同意を得たが、当日、日本警察は実行委員と学生指導者を召喚し、学友会の集会を解散させた。この頃、早稲田大学生として上海の新韓青年党員であった李光洙《イクァンス》（一八九二～一九五〇）が上海から朝鮮を経て東京に滞留していた。李は、実行委員の一人に加わり、秘密裏に朝鮮青年独立団を結成して独立宣言書を起草した。朝鮮青年独立団は、東京での独立宣言計画を伝えるべく、李光洙を上海へ、宋継白《ソンギェベク》（早稲田大学）と崔謹愚《チェグンウ》（東京高等師範学校）を京城《ソウル》へ派遣した。

独立宣言書を隠して帰国した宋継白は、母校・中央学校の教師玄相允《ヒョンサンユン》を通して校長宋鎮禹《ソンジンウ》（一八九〇～一九四五）と協議し賛同を得た。三人は相談の結果、同志を集めることで意見が一致し、玄相允は恩師として普成高等普通学校の校長、天道教幹部であった崔麟《チェリン》（一八七八～一九五〇）に伝えた。崔麟はまた、天道教教主の孫秉煕《ソンビョンヒ》に伝えた。この計画に賛同した孫秉煕は、すでに計画中であった国内独立運動の推進に拍車をかけたのである。一方、東京の朝鮮青年独立団は独立宣言書と決議文を作成・印刷した。そして一九一九年二月八日、日本議会と各国大使館、内外の各新聞社へ送るとともに学友会の集会を開き、独立宣言書を朗読して独立万歳を斉唱した。

この二・八独立宣言に呼応する形で、国内で全国的に行われた独立万歳運動が「三・一独立運動」である。前述のように、孫秉煕ら天道教指導者はすでに一八年一一月から独立運動を行おうと計画していた。同じ頃、李昇薫らキリスト教指導者も同じく、独立運動を計画していた。相互協議の末、一九年二月二四日には天道教とキリスト教の連合が成立した。また仏教指導者の韓龍雲《ハンヨンウン》（一八七九～一九四四）に呼びかけ、仏教との連合も成立した。韓龍雲は、仏教の改革を力説した『仏教維新論』（一九一三）を著し、また人類普遍の自由・平等を論じて独立思想を述べた「朝鮮独立に対する感想の概要」を書いた人物である（三・一運動の裁判予審に備えて書いたという）。

こうした動きとは別途に、学生団も独立運動を計画していた。こうして宗教系と学生団の統一が実現され、三月一日に独立運動を行うことが決まった。残された問題は三月一日に朗読する独立宣言書の作成と署名、印刷であった。

まず、その作成については二月中旬頃、崔麟が玄相允らと運動計画を協議したとき、崔南善《チェナムソン》（一八九〇～一九五七）が自らその起草を申し出た。次に、宗教系が独立宣言書に署名すべき民族代表の選出に着手し、その結果、孫秉煕を筆頭とする三三人が選出された。最後に、印刷（二万一千部）を担当したのは天道教の呉世昌であった。こうして三月一日、三三人の民族代表は飲食店・泰和館に集まり、独立宣言書を朗読した後、「朝鮮独立万歳」を三唱して祝杯を挙げた。その告発を受けた日本警察は彼らを逮捕した。一方、パゴダ公園に集まった学生・民衆は独立宣言書を朗読、「朝鮮独立万歳」を叫びながら、非暴力の示威運動に突入した。この示威運動の波はその後、数カ月間、

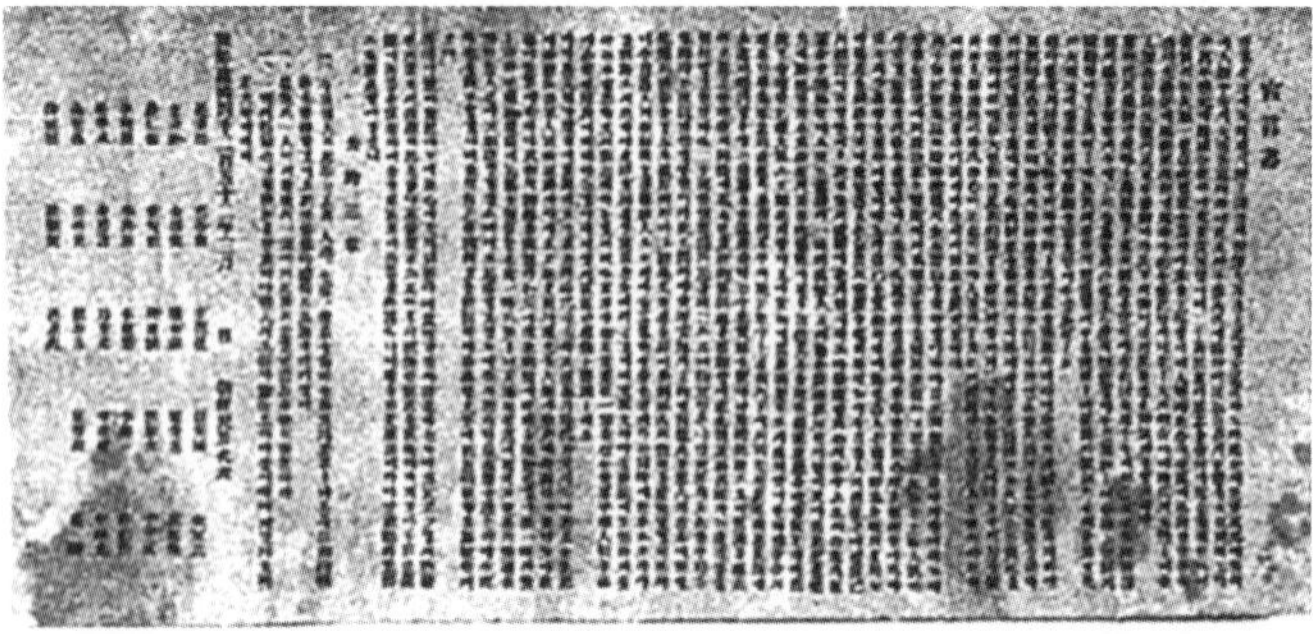

三・一独立運動の諸側面

上：三・一独立宣言書、下：ソウルの徳寿宮前で示威する群衆

全国的に広がった。

三・一運動が展開されるなか、国内外では、朝鮮民族を代表する政府を設立しようという機運が高まった。国内では、各宗教の指導者の間で、三月中旬から国民大会の組織と臨時政府の樹立のための協議が続き、国民大会十三道の代表者となった二四人は、四月二三日、漢城政府の樹立を宣布した（執政官総裁・李承晩、国務総理・李東

三・一独立運動の諸側面
上：三・一独立運動を報道する海外の新聞、下：ソウルの鐘路をデモする女学生

輝)。一方、国外でも政府樹立の動きが起きた。例えば、全露韓族会議は一九年二月二五日に大韓国民議会と改称したが、大韓国民議会は三月一七日に朝鮮独立宣言書を発表し、四日後の二一日には独自の政府(露領政府)を構成した(大統領・孫秉熙、副統領・朴泳孝)。

上海でも政府樹立の動きが起きた。そのため、二・八独立宣言書を起草した李光洙、満州と沿海州の韓人社会と接触してきた呂運亨、三・一運動・民族代表と関係をもつ独立運動家など国内外の抗日勢力が上海に集結し、独立臨時事務所をフランス租界内に設置した。また、沿海州の李東輝らも三月下旬頃に上海に到着した。独立臨時事務所は四月八日に臨時官制を宣布し、四月一〇日には臨時議政院の第一回会議を開催した。そして政府樹立と国号を決議して閣僚を選出し、臨時憲章を議定して民主共和制の大韓民国臨時政府を樹立した(金喜坤 二〇〇四)。

臨時政府の閣僚は臨時議政院議長・李東寧《イトンニョン》、国務総理・李承晩(一九年九月、組織改編によって初代大統領となる)、内務総長・安昌浩、外務総長・金奎植、財務総長・崔在亨、軍務総長・李東輝、法務総長・李始栄《イシヨン》、国務院秘書長・趙素昻《チョソアン》(一八八七〜一九五八)などであった。李承晩の不在中(米国滞在)、国務総理代理を兼務していた安昌浩は臨時政府の体制整備と、その民族代表政府としての正統性の確保に尽力した。例えば、六月に史料調査編纂部を設立し、李光洙らを委員に任命して、朝鮮歴史、日韓関係史を編纂させた。また機関紙『独立』(初代社長は李光洙、のち『独立新聞』と改称)を八月に創刊し、宣伝活動を広げた。

二　ナショナリズムの分極化—文化政治期

三・一運動の衝撃は大きく、朝鮮内外から世界中に反響があった。日本政府もまた、その衝撃を受け止めて総督府官制を改定し、統治方式を改革せざるを得なかった。そこで考案されたのが「文化政治」であった。文化政治の目的は、「韓国併合」以来の朝鮮統治の基本方針だった同化主義を継承し、また「内地延長主義」を施行することによって朝鮮人を懐柔し、日本帝国臣民を養成することにあった。新任の総督・斎藤実と政務総監・水野錬太郎が任命されたが、赴任当日の九月二日、斎藤総督を待っていたのは、ウラジオストク老人団の独立闘士・姜宇奎《カンウギュ》（一八五五～一九二〇）による爆弾の洗礼であった。危機一髪で命を拾った斎藤総督は、統治改革の意志を表明し、文化政治を実施していった。

斉藤総督は任期中、例えば中枢院（一九一〇年九月三〇日の勅令第三五五号「朝鮮総督府中枢院官制」に基づく諮問機関）の活性化、教育改革、言論・集会・出版の自由、会社令（一九一〇年一二月公布）の撤廃を実施し、朝鮮人の任用上の差別廃止、民意受容、朝鮮伝統の尊重、地方自治制度などのヴィジョンを提示した（姜東鎮　一九七九）。こうした施策の文化政治は朝鮮人の間を引き裂く分割統治、いわば民族分裂政策として機能した。それは朝鮮内部に、多様な協調勢力を復活・再生して相互競争を引き起こす一方、他方では、抵抗勢力の間の分裂を促したのである（金東明　二〇〇六）。こうして国内ナショナリズムは、抵抗と協調の間で揺れ動きながら、抗日路線をめぐって「右派」「左派」などに分極化し、離合集散するようになる。

　ここで断わっておくべきは、右派・左派という区分はあくまで理念型であって便宜的なものであり、単純化の誤謬を孕んでいるということである。両派とくに左派の実態・実像は捉えきれないほど複雑である。まず、国内のナショナリズムにおいて、右派とは「妥協的抗日」を志向する派と理解できる。それは、植民地統治下での実力養成をめざした分、日帝との妥協ないし協力の傾向ももつ。一方、左派は「非妥協的抗日」を志向する人々だが、共産主義との関係で、二派に分かれる。一つは、共産主義との関係がないか、希薄な人々で、実力養成をめざした面では右派と相通じる。それゆえ「中道」派ともいえる。もう一つは、共産主義との関係が強いか、または共産系の人々である。もっとも、これらの派は複雑に絡んでおり、相克・相生の関係を結びながら離合集散した。

　次に、国外のナショナリズムにおいては、右派・左派の区分はもっと複雑である。この両派は当然、日帝との妥協とは無縁であり、非妥協的抵抗を志向する面では一致する。したがって最も重要な基準は、共産主義との関係の有無であるが、関係の密度によって、左右を区分し難い「灰色地帯」も存在する。右派のなかにも、左派に同調的なこともあれば、その逆もある。そこで、左右分裂しつつも左右合作が繰り返し試みられ、各々の内部でも、抵抗の路線や方法をめぐる複雑な対立・分裂が繰り広げられた。また、時代の状況や変化を考慮する必要もある。状況如何によっては右派が左派へ、左派が右派へと転化・転向することもありえたし、事実あったのである。

国外のナショナリズム

国外のナショナリズムもまた、分極化し離合集散していった。前述したが、国外の抗日各勢力の間では、すでに外交運動や武力闘争の路線をめぐる分裂と、「用米＝右派」「用ソ＝左派」の左右対立が生じていた。後には中国での国民党と共産党の分立・角逐の影響を受けて、新たな左右対立も生じる。分裂・対立は必然的に、臨時政府内部にも影響を与えた。

臨時政府の初組閣のとき、臨時議政院委員・申采浩は、早くも李承晩の外交運動を批判して、その国務総理選出に反対した。やがて第六回臨時議政院会議（一九一九年八月一八日〜九月一七日）で大統領制の臨時憲法が採択され、安昌浩の推戴によって李承晩が初代大統領に選出されるや、申采浩は臨時政府を脱退した。そして『新大韓』（週刊新聞）の主筆となり、臨時政府の抗日路線に対抗して武力闘争を唱えた。その後、北京に行った申は、武力闘争団体の各勢力と連携して軍事統一促成会を発足させた（二〇年九月）。

もっとも、第六回臨時議政院会議は、漢城政府と露領政府の二政府を臨時政府に統合するという成果をあげた。臨時政府は大韓帝国政府の正統性を継承することになったのである。しかしこの統合政府の第二代内閣も初めから分裂・対立の要素を孕んでいた。何より同内閣の国務総理・李東輝は韓人社会党党首として左派を代表しており、右派の李承晩大統領を排斥しようとしたのである。こうして臨時政府内部の左右対立が表面化した。これを収拾すべく、李大統領は一九二〇年一二月に上海に到着、翌年一月から一連の国務会議を開いた。だがその成果もなく、李東輝をはじめ労働局総弁・安昌浩、学務総長・金奎植らは臨時政府を去り、その後、臨時政府の活動は内務総長・李東寧、軍務総長・盧伯麟《ノペックリン》（一九一九年末に上海で設立された陸軍武官学校校長）らの国務委員にゆだねられた。

こうして臨時政府内部の不和が続くなか、朴殷植ら要員はその調和・統一を試みた。朴殷植は一九一九年八月、臨時政府の史料調査編纂部に加わり、また同年一一月には李光洙の後任として『独立新聞』の社長兼主筆に就任して、多数の論説を通して民族と抗日勢力の大同団結を訴え続けた。また二〇年には『韓国独立運動之血史』上下二編を出版し、不滅の国魂、忠国愛族の英雄・英雄史観を打ち立てるとともに、朝鮮人民の同盟・団結を呼びかけていた。

朴殷植は二一年二月から国民代表会議の招集を提起した。この提起に、申采浩らが二一年四月に北京で開催した軍事統一会議、および満州・沿海州の抗日勢力が呼応し、その結果、二二年五月、国民代表準備会が成立した。この動きを臨時政府も無視できず、同年六月一七日、臨時議政院は李承晩に対する不信任案を可決した。これに勢いづいた国民代表準備会は、一一月に予備会議を開催し、翌二三年一月には国民代表会議を招集した。しかし、臨時政府側はこれを不法集会と規定し、その一方では自ら改造に取り組み、李大統領を留任させたものの、武力闘争路線の盧伯麟を国務総理、金九を内務総長に選出した。それ以降、国民代表会議は（新政府樹立の）創造派と改造派との間の対立を経て、同年五月解散した。

同二三年、申采浩は義烈団の依頼で「朝鮮革命宣言」を執筆し、民衆による反植民地主義の暴力革命を主張するようになり、やがてアナーキズムへと転回して、二八年には中国人・台湾人とともに無政府主義東方連盟の運動に参加した（同年、台湾で日本警察に逮捕されて懲役十年の判決を受け、三六年に旅順刑務所で獄死する）。そこで申は、植民地主義的な進歩の観念（＝進化論）を否定し、またナショナリズムと植民地主義との連環を断ち切るべく、ナショナリズムに回収されないアナーキズムを選んだのである。彼の脱ナショナリズムは、日帝の暴力的な支配に対する根底的な批判論として反暴力の暴力肯定論と結びついたのである。彼は「暴力の〈滅罪的〉力」（趙寛子 二〇〇七、五五頁）を求めたともいえよう。

例えば、申采浩は一九二五年ごろに、「哀れむべき人道主義」を書いて以下のように述べている（『丹斎申采浩全集』下）。「世界大戦が終わると、人道主義が大光明を放出した。しかし実際を調査すれば、人道主義だの、社会主義だの、民主主義だの、その他何だのという声は、必ず大砲の音と一緒に響く声であってこそ成功した。あるいはたとえ成功しなくても、一部の拍掌［賛成する反応］の音が高かった」。このとき、彼の脳裏には、「兎が虎を捉え、鴬が蛇を食い、鷲・鷹がひな鳥に蹴られるような、一般動物界の現象の大変動」という幻想が生まれていた。この大変動とは、弱者の抵抗によって強者の偽善的な現存の秩序が破壊されるということを意味するのだろう。申にとっては、たんに植民地主義の暴力だけが問題ではない。弱肉強食の生存競争の世界そのものが暴力を再生産しているという現実があり、その秩序を破壊しない限り、あらゆる主義主張は暴力に付きまとわれるだけなのである。

義烈団は一九年一一月、金元鳳《キムウォンボン》（一八九八～没年不明）らによって結成された団体として、「日帝の心臓に弾丸を打ちこむ必殺主義」を唱え、総督府幹部、日本軍首脳、親日派を暗殺の対象にし、関連機関の破壊を試みた。二〇年九月の釜山警察署、同年一一月の密陽警察署、二一年九月の総督府爆破事件、二二年三月上海での田中義一大将狙撃事件、二四年一月東京での二重橋爆破事件などである。団長・金元鳳は、申采浩の思想的影響を受けた人物で、のちに金奎植と共に朝鮮民族革命党を組織し（三五年）、日中戦争以後は朝鮮義勇隊を率いて抗日戦争に参加し、四三年には臨時政府（重慶政府）の軍務局長となった。

一九二五年三月、臨時政府は再び改造された。第十三回臨時議政院会議は李承晩大統領の弾劾案を可決し、朴殷植を大統領、盧伯麟を国務総理に選出したのである。だが、高齢で病気中の朴殷植は大統領職を遂行することができなかった（同年一一月死去）。そこで臨時議政院は三月三〇日に国務領（任期三年）制の憲法改正案を可決し、四月七日に公布した（第二次改憲）。そして七月七日、初代の国務領として李相龍《イサンリョン》（満州の武力闘争団体、正義府の督弁）を選任し、さらに梁起鐸、安昌浩らを国務領に選任したが、いずれも辞任するか、短期で終わった。

一九二六年一二月、臨時議政院議長・李東寧は、金九に国務領就任と内閣組織を託した。これを引き受けた金九は二七年三月、臨時政府の改造に取り組み、国務委員制を設けた（第三次改憲）。それは不安定な国務領職を廃止し、代わりに国務委員が輪番で主席となるということだった。こうして李東寧が主席となり、金九は内務長に就任した。臨時政府はまた、二七年二月に国内で結成された新幹会による民族協同戦線運動（単一党運動、左右合作運動）に呼応し、単一党運動を展開した（金喜坤ほか 一九九五）。その結果、二七年四月に上海で、左右合作の韓国唯一独立党促成会（以下、促成会）が成立した。こうして臨時政府は、国内外各地で成立していた促成会を連合させたのである。

しかし、臨時政府の単一党運動は、一九二七年一一月の促成会連合会の構成を頂点として、次第に足踏み状態に陥った。同年七月、中国の第一次国共合作が崩壊し、朝鮮の左派勢力に影響を及ぼしたからである。とくにコミンテルン第六回大会（モスクワ、二八年七月～九月）の結果、二八年一二月に作成された「十二月テーゼ」は、単一党運動を中断させる決定的な契機となった。「十二月テーゼ」は国内外の左派勢力に、朝鮮共産党の再建・統合とともに民族ブルジョア勢力との決別を指令したのである。その後、二九年一〇月には促成会の解体を宣言する会議が催されて、それを主導した左派勢力は韓国独立運動者同盟を結成した。これに対抗する形で、三〇年一月、右派勢力は臨時政府を中心に韓国独立党（略称、韓独党）を結成した。韓独党は紆余曲折を経て存続し、解放後の政局にも相当な影響力を行使することになる。

このように左右対立の分裂状況が続くなかで、臨時政府は苦境に陥り、存続のための財政確保が

上：李奉昌　　下：尹奉吉

最優先課題になるほどであった。これを克服するために、（国務委員の任期が満了した）一九三〇年一一月に新内閣が成立したとき、金九は財務長に任じられた（李東寧は主席兼法務長、また議政院議長）。翌三一年九月に満州事変が勃発し、満州国が成立すると、金九は臨時政府の存在理由を示すために、韓人愛国団を結成して抗日テロリズムの義烈闘争を展開していく。例えば、三二年一月に東京の桜田門外を通行する天皇の馬車に李奉昌《イボンチャン》（一九〇〇～三二）が手榴弾を投げた桜田門事件、同年四月に上海虹口公園で日本の天長節祝賀会が開催されたとき、尹奉吉《ユンボンギル》（一九〇九～三二）が爆弾を投げて多数の日本人を殺害した事件などは、韓人愛国団によるものであった。

国内のナショナリズム

文化政治は前述のように、分割統治ないし民族分裂政策として機能した。とくに日帝が用いた方式は、地主や資本家の上層部を懐柔・包摂して下層部の民衆を支配・抑圧するという、階級分断政策であった。日帝はすでに土地調査事業（一九一〇～一八）を通して植民地地主制を確立していた。また二〇年四月に会社令を撤廃し、地主の会社設立を許可した。同時に、斉藤実総督は「朝鮮民族運動に対する施策」を掲げたが、これは上層部の懐柔・包摂政策であった。さらに、地方官制を改革して道評議会、府協議会、面協議会に上層部を包摂し、「親日」人士を中枢院参議に任命した。

新聞発行の許可も文化政治の一環であった。それによって一九二〇年三月に『朝鮮日報』（発起人は芮宗錫、初代社長は趙鎮泰）、四月には『東亜日報』（発起人は金性洙、初代社長は朴泳孝）が創刊された。『東亜日報』は、民族資本家・金性洙《キムソンス》（一八九一～一九五五）、宋鎮禹《ソウジンウ》（二一年から第二代社長）ら右派ナショナリズムを代弁するようになる。一方、『朝鮮日報』は当初資本家階級を代弁していたが、二四年、社長李商在《イサンジェ》（一八五〇～一九二七）と主筆安在鴻《アンジェホン》（一八九一～一九六五）が就任して以来、左派ナショナリズムを代弁するようになり、新幹会（一九二七～三一）の機関紙的役割を果たした。

総督府はまた、有力な知識人を懐柔・包摂していった。例えば二一年五月、臨時政府の機関紙『独立新聞』の社長だった李光洙を帰国させ、六月には、崔麟と崔南善を仮出獄させた。崔麟は仮出獄後、天道教新派（＝協調派）を結成し、旧派の孫秉煕と別れた。そして右派ナショナリズム・グループの重鎮であった宋鎮禹らとともに自治運動の中心人物となった。その後、三〇年代には総督府中枢院参議、『毎日申報』社長、朝鮮臨戦報国団団長を歴任するなど、親日活動を行うようになった。

三・一運動後の朝鮮では、社会主義とその政治運動が出現する一方、近代文明の実力を養成しようとする「文化運動」がつづく。その文化運動は、右派ナショナリズムを代弁する崔南善・李光洙らによる「朝鮮学」「朝鮮文学」「朝鮮史学」の定立・養成から始まった。この文化ナショナリズムの発揚は、二〇年代における総督府や日本人の朝鮮研究だけでなく、階級意識の発現にも触発されたものであった。すなわち、日帝の文化政治とともに国内の階級闘争に対抗する形で、朝鮮「国民」の一体性を立ち上げようとしたのである。

そのため、崔南善は二二年、総督府の援助の下で月刊雑誌『東明』を発刊した。そこで彼は、「自己を護持する精神、自己を発揮する思想、自己を究明する学術」として「朝鮮学」の樹立を提唱し

（「朝鮮歴史通俗講話解題」『東明』六号、一九二二年一〇月）、二四年からは、『時代日報』を引き受けて、右派ナショナリズムの立場で言論活動を行った。さらに二六年には「朝鮮国民文学としての時調」（『朝鮮文壇』一九二六年五月号）を著し、「朝鮮唯一の文学的金字塔」である時調（一四世紀末から発達した短歌）を「朝鮮国土・朝鮮人・朝鮮心・朝鮮音律を通じて表現した必然的一様式」「世界のあらゆる系統・潮流の文化・芸術が流れてきて朝鮮という体に入り生み出された一精液」とし、その復興運動を展開した。

李光洙は帰国後の二一年五月、天道教新派系の雑誌『開闢』に「民族改造論」を掲載した。その論文は、次のような四つの内容で構成される。まずは独立不能論。これは三・一運動以降、総督府によって宣伝されたものでもあるが、その根拠として民族性の欠陥、人種的な劣悪などを取り上げている。朝鮮民族が被植民者となり、また貧しくなったのはすべて自らの過ちだということである。次に、民族解放闘争の否定で、闘争の無為（無益）を強調してその放棄を説得する。第三に、非政治的活動と文化運動を勧める。最後に、民族性を改造するために修養同盟会を結成して、その中枢階級（ブルジョアジー）のヘゲモニーを確立する必要があるという内容である。

実際、李光洙は翌二二年二月、総督府の認可を得て興士団（一九一三年、安昌浩が米国で結成した人格修養団体）の姉妹団体として修養同盟会を発足させた。それによって朝鮮の「実力養成運動＝文化運動」を引き起こそうとしたのである。彼の「文化」は、高尚な学問・道徳ではなく、むしろ「国民国家の実力」であった。李は日本留学中（一九一五〜一九）、留学生の雑誌『学之光』（一九一七年六月号）に、「先に獣になり、後に人になれ」という文章を書いたことがある。そのなかで彼は、「民族が道徳、礼儀ばかり崇尚するようになると、彼はもう劣敗と滅亡の方向に向いている。…活青年は進攻的、積極的、専制的、権力的、精力的である」と説いている。

李光洙の改良主義的な実力養成論は、多くの抗日運動勢力の非難・批判の的となったが、右派民族主義者からは歓迎された。李は、金性洙・宋鎮禹らの依頼によって『東亜日報』の編集に参加し、民族改造に関する多数の論説を掲載するようになる。例えば『東亜日報』(二四年一月二日〜六日付)に連載された論説「民族的経綸」はその典型で、当時の朝鮮民族が「無計画状態」、「民族的一生」の最大危機に直面したといい、その活路として「民族の百年大計を確立」するための「政治的・産業的・教育的結社」の組織を提案している。ここで政治的結社とは、日帝下での合法的政治運動を展開するための団体を意味する。実際、金性洙・宋鎮禹は二三年一二月二四日、崔麟ら天道教新派や『朝鮮日報』の安在鴻ら左派知識人と連携して、研政会という団体の結成に合意していた。

この李光洙の論説と『東亜日報』に対する反響は強烈だった。とくに社会主義勢力や東京留学生グループは『東亜日報』を猛烈に攻撃した。その結果、二四年一月中旬頃、研政会の結成計画は霧散してしまった。また、『東亜日報』は李の論説のなかの「政治的結社」に関する釈明の論説(二四年一月二九日付)を掲載せざるを得なかった。当面の民族生存権を保障・拡張するために、一時的に日帝支配を認めて合法団体を結成しようとしただけで、将来の独立を諦めるものでは決してないと釈明したのである。

修養同盟会は多数の支持を得ることができず、右派の一部の知識人中心の団体として機能した。そして一九二五年には資産家中心の同友倶楽部と合体し、修養同友会と改名した。翌年、機関紙『東光』を発刊するとともに、「務実・力行・信義・勇気」をスローガンとして民族教育につとめ、二七年には国外の興士団とも合体して同友会と改名した。

一九二〇年代、国内外の各地では、多様な社会主義勢力・団体が出現していた。国内では、資本主義の成長とともに労働運動、農民運動など社会運動が熾烈さを増していった。例えば、「朝鮮労動共済会」（二〇・四）、「朝鮮青年会連合会」（二〇・六）、「無産者同志会」（二二・一）、「新人同盟会」（二二・二）、そして後者の二つの会が合同した「無産者同盟会」（二二・三）などが組織された。また、沿海州（イルクーツク）と上海の高麗共産党は国内共産党の建設を図り、在日留学生を中心に「新思想研究会」（二三・七）、「新興青年同盟」（二四・二）など合法団体とともに秘密結社を結成した。そして一九二五年四月一七日、「階級闘争、国際連帯、民族解放」などを標榜する前衛党として朝鮮共産党（責任秘書・金在鳳）が誕生し（全相淑 二〇〇四、徐大粛著・金進訳 一九七〇）、翌日には共産党員の朴憲永《バクホンヨン》（一九〇〇～五五）らによる高麗共産青年会もつくられた。

これら社会主義勢力・団体は総督府の厳しい監視・弾圧を受けていた。日本政府は一九二五年四月に、社会主義弾圧を主目的とする治安維持法を公布したが、総督府は勅令第一七五号を発し、朝鮮でも治安維持法を実施し、共産党員の検挙につとめた。その結果二八年頃、朝鮮共産党が壊滅状態に陥ると、コミンテルンは同年の第六回大会後、朝鮮共産党の支部承認を取り消し、同年の「十二月テーゼ」によって、農民と労働者を中心とする朝鮮共産党の再建・統合を指示した。

総督府は様々な施策を通して民族分裂を図る一方で、協調的な勢力を再生していった。その成果として一九二〇年代から、多様な協調勢力による一連の運動が、相互葛藤・対立を引き起こしつつ展開された。それは大別すると、「同化型」と「分離型」の二系列に分けられる（金東明 二〇〇六、第一部第三章、第二部第一・二章）。前者は「内鮮融和運動」、すなわち同化主義に基づく協調的勢力の運動である。そのなかには「参政権運動」＝帝国議会参加運動も含まれる。後者は「自治運動」、つまり朝鮮独自の議会設置運動で、そこには『東亜日報』系列の右派ナショナリズムの勢力も加わっていた。これらの運動は総督府に地方自治を改善させるような成果を挙げたものの、結局、挫折した。

協調的勢力の運動が展開されるなか、これに対抗して一九二六年末、『朝鮮日報』系列の左派ナショナリズムの勢力は、社会主義勢力に「非妥協的民族戦線の樹立」を呼びかけた。朝鮮共産党もまた、同年一一月に「政友会宣言」を発表し、非妥協的なナショナリズム勢力との提携を打ち出していた。こうした動きのなかで、二七年一月、『朝鮮日報』の安在鴻ら左派知識人を中心に、言論界・宗教界、地方の非妥協的知識人が新幹会の結成を呼びかけ（合計二七名の発起人）、二月一五日には創立大会が開催された。この新幹会の結成により、国内外での民族協同戦線運動が幕を開けたのである。

新幹会の創立大会では、「政治的経済的覚醒の促進、団結の強化、機会主義の否認」との綱領が採択され、会長には『朝鮮日報』社長の李商在が選出された。当初の会員は三百余人だったが、民衆の支持を得て同年中に会員数二万、国内外の支会数百を超え、最盛時には四万、一四〇支会に発展した。二七年五月には同じ性格の女性団体・謹友会が結成されて、新幹会と歩みを共にした。こうした動きは、コミンテルンの統一戦線戦術、中国の国共合作などの動きにも沿うものであった。

新幹会は、全国大会の活動方針を定められなかったが、地方の支会では労働組合、農民組合とともに植民地政策に抵抗し、各種の抗日運動を展開した。その後、一九二九年六月に同会の中央幹部の改選、規約修正などが行われ、従来の幹事制から中央集権的な執行委員制へと変わった。そして左派の許憲《ホホン》（一八八五〜一九五一）を中央執行委員長にし、社会主義者が多数を占める執行部が成立した。同年一一月の光州学生運動に際しては民衆大会を計画したが、許憲をはじめ多数の幹部が検挙、投獄された。その後、穏健路線に転じたので下部会員の反発を呼び、コミンテルンの方針転換もあって新幹会解消論が強まり、論争の末、三一年五月に解消が決議された（李庭植ほか 一九八三）。

三　ナショナリズムの離合集散──民族抹殺政策期

一九二〇年代末から三〇年代初までの間、総督府は、社会主義者をはじめ左派ナショナリズムの勢力を大量検挙し、また主要な社会団体の集会を封鎖した。こうして新幹会、謹友会、青年総同盟、労動総同盟、農民総同盟などの非妥協的な社会団体は解消されるか、無力化される。それを機に国内の抗日勢力の間では、妥協・非妥協の路線をめぐって内部分裂が深まり、社会主義の残存勢力は地下にもぐり、様々な派閥に分かれて朝鮮共産党の再建運動を継続することになった。

一九二九年九月に再赴任してきた斉藤実総督は、同化主義から自治主義への政策転換を示唆した。これを受けて朝鮮知識人の間では、自治運動と参政権運動が再燃した。この時の自治運動には

『東亞日報』、修養同友会、天道教新派の右派知識人だけではなく、許憲執行部が崩壊した後の新幹会の幹部や、『朝鮮日報』の安在鴻らの左派知識人も、部分的に同調を示した。一方、参政権運動には親日的な協調勢力が参加したが、両運動の成果は別になく、むしろ朝鮮知識人の間の分裂を強めただけであった。

一九三一年六月、斉藤総督の後任として宇垣一成が赴任して、自治主義は同化主義に逆戻りする。同年九月、満州事変が勃発し、翌三二年には満州国が成立した。これを機に、宇垣総督は（地下資源の豊富な）北朝鮮の開拓事業を構想し、その実現に向けて鉄路、道路網の充実に励み、また満州開拓のために朝鮮人の満州移民を奨励するとともに、日本資本の朝鮮進出も奨励した。そうした政策の下で、朝鮮における資本主義が発展し、一部の朝鮮人資本家も大きく成長したのは事実である。

一九三六年八月には南次郎総督が赴任した。南総督は同年一〇月、「朝鮮産業経済開発に関する一般方針」を発布し、「時局の重要性により、資源の開発につとめ、鉱工業振興をあわせた農工政策を推進せよ」と指示した。また、「大陸基地的使命の達成が朝鮮施政の最高級課題」であるとし、朝鮮の「大陸前進兵站基地化」を推進した。翌三七年七月、日中戦争が勃発し、中国侵略が本格化すると、南総督は学校単位の神社参拝、国旗掲揚、勤労奉仕などを義務づけた。「内鮮一体化」「皇国臣民化」の政策が強行されたが、それは、朝鮮人にとっては、民族抹殺政策にほかならなかった。

国内のナショナリズム

一九二八年、李光洙は「若き朝鮮人の願望」（『東亞日報』一九二八年九月四日〜一九日）という文章を書いている。おそらく非妥協的な抗日勢力を意識した文章であろう。彼にとって「主義に忠誠する者」とは、「どんな権力に対しても奴隷にならず、もっぱら自己の応諾［意志］に対して完全な奴隷になる」者である。いいかえれば、「主体 subject」とは、自己応諾によって服従する奴隷＝「臣民 subject」ということである。彼は言う。「最強の力を出すためには最大の服従を要する。軍隊は最も大きい服従の標本である」と。反面、「反抗は最後の手段である」とし、「適法な手段によって法が改定されるまでその法を守り擁護するのは、勇者のなすことである」と述べている。

こうした論理によれば、日帝との妥協は避けられない。帝国日本の軍国支配に服従することが正当化されるからである。その妥協の目的は、李光洙の願望としては、朝鮮ナショナリズムの完成にあったといえよう。植民地下の主権なき民族を「主体化＝臣民化」することによって、実力を養成した国民を形成しようという願望である。日帝の文化統治に協力する限り、朝鮮民族に日本人同様の国民的権利が認められなくても、少なくとも朝鮮の主体性＝独自性を表明することは可能であった。しかし帝国日本の「国民＝臣民共同体」への自発的な服従を甘受するとき、朝鮮ナショナリズムは完成するどころか、むしろ破綻しかねないというジレンマに陥る。

この李光洙のナショナリズムを、趙寛子は〈親日ナショナリズム〉と表現する。〈親日ナショナリズム〉とは、「日本ナショナリズムの暴力的展開によって転倒した植民地ナショナリズムの一形態」（趙寛子 二〇〇七、七二頁）を意味する。それはしかし、日本ナショナリズムを代理遂行するしかないので、日帝の勢力拡張に乗じて、倒錯した形で民族的力量の拡大を図ることになる。『東光』（二八号、一九三一年一二月）に執筆した「力の再認識」によれば、満州事変の戦雲は「民族の力の発現」である。「ところが我々には正にこの力がない。…そのために我々は人類が総出動し大演出する今日の舞台で一役も演ずることができず、幕の後ろで身をこごめてしゃがんでいる姓名なき民である。われわれの力が飛び上がる日。今日は力を育てる日」。

一九三〇年代前半、李光洙は「朝鮮民族運動の三基礎事業」(『東光』三〇号、一九三二年一月)や「民族に関する幾つかの考え」(『三千里』一九三五年一〇月号)などの一連の論考で、民族運動の方針を発表した。その内容は「民族改造論」を具体化したもので、同友会の運動方針であり、また安昌浩の指導路線でもあった。その内容は例えば、インテリゲンチャを原動力にした団結と信頼を形成し、共同体への責任を果たし、指導者への服従を実行する社会を作り出すこと、あるいは、宗教や道徳などの信仰を内面化した主体を形成し、女子教育・職業学校を経営して各種組合を通して生産力の向上と合理化を図ること、などであった。そこには、国家権力は明示されず、その権力創出の基盤とすべく生活・文化共同体の強化が示されている。

こうした同友会の運動方針は総督府の統治路線とも一部合致していた。総督府は、一九三二年から一九四〇年のあいだ、農村振興運動を展開し、村落共同体を強化し統制しようとした(松本武祝一九九八)。一方、一九三一年の新幹会の解消以降、左右両派の民族主義者は農村啓蒙運動、満州同胞救済運動などに参与し、農民教育・農村改良を通して村落共同体を強化し、民族力量の向上を企図した。他方、社会主義者は共産党再建の基礎を固めて革命の力量を高めるために生産現場での大衆闘争の組織化に努めた。こうして三〇年代前半の朝鮮では、赤色労組・赤色農組による労働争議・小作争議が多発するようになったのである。これに対する総督府の弾圧は激しさを増し、大量検挙と転向も増加した。

また総督府は一九三七年、同友会の関係者一八一名を検挙した。この大量検挙によって、右派民族主義者も転向を強いられた。翌年、病気のために仮釈放された安昌浩が病死した。安昌浩は三二年四月の尹奉吉事件に際して、上海で逮捕されて本国に送還されたが、三五年に仮釈放された後、同友会に関与していたのである。彼の死は、「非暴力・非政治」の改良主義的な民族運動の死を意味する。総督府は、妥協的な抵抗ナショナリズムさえも抹殺しようとしたのである。李光洙はその後、総督府の懐柔によって転向し、「内鮮一体化」「皇国臣民化」のイデオローグとして活躍することになる。

一方、崔南善は一九二八年、総督府の朝鮮史編修委員会の委員となった。それは、日帝との妥協の深化を意味するが、彼にとっては、「朝鮮学」振興のための一手段であったといえよう。実際、三〇年代に入ると、「朝鮮学」のジャンルは多様に細分化され、多数の知識人がその研究主体として登場する。例えば、崔南善が活動した青丘学会や、李丙燾《イビョンド》（一八九六～一九八九）が中心となった震檀学会の実証主義史学、安在鴻、鄭寅普《チョンインボ》（一八九二～没年不明）、文一平《ムンイルピョン》（一八八八～一九三九）らによるジャーナリズムを中心とした民族精神史の研究、金台俊《キムテジュン》（一九〇四～四九）、白南雲《ペクナムウン》（一八九五～没年不明）、李清源《イチョンウォン》らの唯物弁証法に基づく社会経済史学などである。彼らは、朝鮮学の分野で統一戦線的な「国学」運動を展開したが、解放後の南北分断とともに分裂し、南北朝鮮における植民地史観の克服を課題とした「国史学」にも継承されていった（鶴園裕 一九九七）。

とくに崔南善・安在鴻・鄭寅普・文一平らの漢文の教養を兼備した世代は、朝鮮における「経世致用」「利用厚生」の学風を形成した「実学」を朝鮮学の中心に位置づけた（姜海守 一九九七）。また一九三四年、実学思想の集成者とされる丁若鏞《チョンヤクヨン》（一七六二〜一八三六）や北学派・朴趾源の文集をはじめ、朝鮮の古典を刊行する事業が行われた。社会経済史学の論者もまた、朝鮮の近代的な批判精神の源流を、朝鮮実学や東学のなかに見いだした。こうした「朝鮮学」振興の基礎を提供したのは、一九三三年の朝鮮語学会による「ハングル綴り法の統一案」の制定である。さらに同時期、朝鮮語文学会が、金台俊の『朝鮮小説史』（一九三三）のほか『朝鮮漢文学史』『朝鮮歌謡集』などの叢書を刊行したことも、古典研究を活性化させた。さらに文学界においては、西洋文学＝新文学から「朝鮮文学・郷土文学」へと回帰する傾向が現れた（金允植 一九七六）。

しかし、「朝鮮学」は植民地状況に拘束されざるをえなかった。帝国日本の学問の洗礼を受けて近代学問の知として成立したわけで、日帝の政策と対峙するというよりは、むしろそれと連鎖しながら複数の交線をもって編み出されたのである。その意味で、「国学の振興」は、社会主義・共産主義が抑圧された朝鮮と日本で同時におこった現象なのである。とはいえ朝鮮学は、帝国日本の政策的な要求を代弁しない限り、国家的な保護を受けられなかった。それは帝国知の支配を受けつつ、それと競合し抵抗しながら、自らの活路を開かざるをえなかったのである（趙寛子 二〇〇七、一一九頁）。

一九三〇年代の帝国日本でも、伝統・古典研究のロマンチシズムや、文献学、精神史研究が結合した歴史・文化研究が盛んになっていた。また拡大された植民地地域＝東洋の歴史・文化研究も活発になった。さらに一九三〇年代後半からは、「日本への回帰」＝日本主義の傾向が強まっていく。

そこで日本文化は帝国の文化的共同性の基礎として再発明され、その文化的共同性は、朝鮮文化や東洋文化を包摂すべく、やがて「東亜協同体」「大東亜共栄圏」といった、帝国日本版の地域共同体を表象することになる。「朝鮮学」は危険なものか無価値なものとされ、あらゆる学術研究や言論活動は弾圧の対象となった。こうした日帝の暴力に対して、非妥協的な知識人は批判・批評の文筆活動や沈黙などで抵抗を示した。だが同時に、転向・変節者も量産された。崔南善や李光洙はその代表例になったのである。

国外のナショナリズム

満州事変・満州国成立は日本を国際的な非難と孤立に陥れた。それは、国外各地の抗日勢力にとっては、抗日運動を活性化する機会の到来を意味した。とくに中国では、各地の抗日勢力の間で、新たな民族協同戦線運動が再燃する。その転機となったのは一九三二年で、満州から逃れてきた独立運動団体が中国各地で結集するようになったのである。また中国でも、国民党・共産党がともに、抗日戦争を遂行するためには朝鮮の抗日勢力を活用する必要が生じ、本格的に支援するようになった。

こうした状況変化の下で、一九三二年一一月、金奎植、金元鳳らを中心に韓独党、義烈団、朝鮮革命党などが集結し、韓国対日戦線統一同盟を組織した。そして三四年から、各団体・党を解散し単一の新党を結成するために活動し、三五年七月には民族革命党が結成された。そこには中国各地の団体・党は勿論、米国各地の団体（在美国民会、ニューヨーク橋民団、ハワイ国民会およびハワイ同志会など）が加わった。民族革命党は党義を、臨時政府要人の趙素昂が三一年に提唱した「人均（人類平等）、族均（民族平等）、国均（国際平和）」の三均主義に従い、党綱を義烈団の綱領に従った。

民族革命党の党綱は「敵日本の侵奪勢力を撲滅し、わが民族の自主独立を達成する。封建制度および一切の反革命勢力を粛清し、真正なる民主共和国を建てる。少数人が多数人を剥削する経済制度を消滅し、わが民族の生活上平等な経済制度を建てる」との三大原則と、地方自治、民族武装、普通選挙、基本的自由、男女平等、土地国有および農民分配、計画経済などを提示していた。また、極右路線と極左路線に反対するという意味で、社会民主主義の性格を帯びていた。

この民族革命党には臨時政府の国務委員（総七名）のうち五名が参加した。これによって、臨時政府は解体の危機に直面した。臨時政府約憲（二七年二月制定）によれば、民族大団結の党が結成されたとき、臨時政府はその正統性を譲るとされた。しかし金九をはじめ李東寧ら政府の残存勢力は、民族革命党の正統性を認めず、距離を置いた。そして金九は自ら理事長となった韓国国民党を組織し、民族革命党および左派＝共産主義勢力に対抗して臨時政府を守護することを闡明した。その後、金九は実質的首班となり、李東寧が病死した一九四〇年からは臨時政府主席に就任した。

日中戦争が勃発するや、臨時政府を含む右派勢力は韓国光復運動団体協議会を組織した。これに対して民族革命党は、再び民族統一戦線を掲げて左右合作を図ったが失敗し、三七年一一月には朝鮮民族戦線統一促進会の代表大会を開いて、左派勢力の朝鮮民族戦線連盟を組織した。この連盟の綱領は民族革命党の党綱より左派の色合いを緩和しており、階級問題にはほとんど触れず、日帝の植民地統治勢力を撲滅するための具体的方案を提示した。少数の親日派を除く、各種団体および個人の一致団結による全民族の抗日統一戦線の結成を呼びかけた。そして農民には在朝鮮日本人の駆逐、納税拒否の運動を、労働者にはストライキ運動を勧め、自治運動や参政権運動の協調勢力は親日派として粛清すると闡明した。

朝鮮民族戦線連盟は、中国国民党政府の諒解を得て、三八年一〇月には軍事組織の朝鮮義勇隊を組織した。その間、左右の各勢力による合作運動が続いたが、中国国民党政府もまた、その左右合作を要求した。こうした状況下で三九年五月、金九と金元鳳は共同名義で「同志・同胞に送る公開通信」を発布し、全民族の共同利益・要求による十項目の政綱を掲げて民族統一戦線の形成を呼びかけた。しかし、全国聯合戦線協会という団体名が出現しただけで統一戦線は実現できなかった。その理由は何より、左右の強硬勢力が反対し、また日中戦争が激化するなか、臨時政府をはじめ抗日の各団体は中国各地に分散・流離させられたからである。

一九四〇年九月、重慶に定着するまでの約八年間、臨時政府は南京と杭州に分散し、流離生活を過ごさざるを得なかった。その前の四月、金九は韓国国民党を解体し、また他の抗日団体・党を糾合し、自らを執行委員長とする韓独党（韓国独立党）を再組織した。そして重慶臨時政府の主席となり、同年九月には韓国光復軍を創設した。その後、韓国光復軍は中国国民党政府の支援下で組織を拡大したが、その指揮権を中国軍事委員会に委ねることになった（四一年一一月の「韓国光復軍の九個準縄」）。こうして政府・軍組織を整備した重慶臨時政府は、四一年一一月に「建国綱領」（三章二四カ条）を公布した。同年一二月八日、日本が真珠湾を奇襲攻撃するや、その翌日に重慶臨時

韓国光復軍総司令部総務処の職員
（大韓民国22年（1940年）、西安）

政府は、主席・金九、外務部長・趙素昂の共同名義で日本政府に宣戦布告を通達した。

一九四二年に入って、重慶臨時政府は韓独党の「一党党治」を終えて左派勢力を受け入れる方針に転換し、左右合作運動を再開した。中国国民党政府もまた、臨時政府の門戸開放を要求し、朝鮮民族戦線連盟に対しては臨時政府に参加することを呼びかけた。これに応じて、朝鮮民族戦線連盟とその朝鮮義勇隊は臨時政府に合流し編入された。こうして中国内の左右の抗日勢力を合作し集結させた臨時政府は、解放前、朝鮮民族の代表機関として機能していたといえるが、解放後その代表性を失ってしまう。左右合作の臨時政府を、米国もソ連も承認しようとしなかったからである。

四　分裂と変質―解放後

第二章で述べたように、朝鮮ナショナリズムは一九世紀末の形成段階から分裂していた。そして清国の干渉の下で、政府の求心力を失った状態で跛行し、日清戦争後には多様な形で表出しかつ相克しつつ全国的に浸透し拡散していった。日露戦争後、その拡散は頂点に達した。日帝の保護国化に対する抗日闘争が国内から国外まで拡大していったのである。もっとも、朝鮮ナショナリズムは「抗日」に収斂したものの、その路線をめぐって葛藤・対立しつつ複雑に分裂していった。既述のように、こうした傾向は、国権喪失後の植民地状況の下で、さらにエスカレートした。

解放後、主敵の日帝は亡び去った。しかしその後の解放政局は、朝鮮ナショナリズムの分裂への傾向、とくに左右の分極化を先鋭化させる方に向かった。普遍志向は益々薄れてゆき、抵抗志向は益々色濃くなった。それに拍車をかけたのは米ソ両軍による南北分断の占領であった。その状況の下で南北朝鮮はそれぞれ、国内外で新たな主敵を見出した。朝鮮ナショナリズムは抗日を「反日」に替えて残したうえ、南では「反共」、北では「反資本（主義・家）、反米」に収斂していった。そうして解放後の南北朝鮮はナショナリズムの離合集散、相互対立のルツボと化した。以下、解放後から四八年の南北単独政府樹立に至るまでの展開様相を概観してみよう（Cummings 1997, Chapter 4）。

刑務所から釈放された抗日志士と民衆

解放政局の波乱と分裂

呂運亭は、すでに終戦の前年八月、秘密結社の朝鮮建国同盟を組織して祖国の独立にそなえていたが、終戦の日の早朝、ひそかに総督府政務総監・遠藤柳作と密談をかわしている。遠藤から会見を申し入れてのことだった。前述したように、呂は臨時政府の要人として上海を中心に抗日活動を行っていたが、二九年、日本官憲に逮捕され、本国に送還されて懲役三年の判決を受けた。出獄後の三三年に『朝鮮日報』の社長に就任し、三六年の「日章旗抹消事件」を起こし、国外の組織と連絡をとりつつ地下で抗日活動を行うなど、非妥協的抗日を貫いていた。

呂運亭に遠藤は、「日本の敗戦とソ連軍の進駐、そして早晩の日本軍の武装解除を伝え、そのとき朝鮮民族が暴動を起こして両民族が衝突しないための尽力と協力」を懇請したのである。呂は「政治経済犯の釈放、食糧確保、自主的治安組織への不干渉」など五項目を条件に受け入れた。直後、呂は非合法に作っていた朝鮮建国同盟を中心として朝鮮建国準備委員会（略称、建準）を組織した。呂運亨を委員長、安在鴻を副委員長とする建準は、民族主義者から共産主義者まで含む統一戦線として民衆の熱烈な支持を得た。「完全な独立国家の建設、全民族の政治的・経済的・社会的要求を実現しうる民主主義政権の樹立」などを綱領に掲げ、全国各地での自主的な動きを基盤に八月末段階で一四五の支部が結成された。

しかし建国準備委員会（略称、建準）の前途は解放の政局とともに波乱に満ちていた。まず、総督府側は行政権力の移譲はおろか、当初認めた建準の治安隊による警察権行使すら否定し、ひたすら米軍の進駐を待つ方針をとった。次に、建準内部の左右対立で、安在鴻は右派を多数参画させようと試みたが、その試みは九月四日の中央委員会で否決された。同日、安在鴻は建準を離れる。翌々六日の全国人民代表者会議では朝鮮人民共和国の樹立が宣言され、これとともに建国準備委員会は中央人民委員会に解消し、各地の支部も名称を人民委員会と改めた。九月一〇日、その前途の波乱を憂慮したからであろう、安在鴻は声明書を発表して脱退したので、許憲が副委員長となった（のち、南朝鮮労動党党首を経て北朝鮮に行き、四八年には朝鮮民主主義人民共和国の最高人民会議議長、金日成大学総長、祖国統一民主主義戦線議長など要職に就く）。

呂運亨を副主席、李承晩を主席、金九を内務部長とするなどあらゆる抗日勢力を網羅した朝鮮人民共和国の樹立には、朴憲永ら朝鮮共産党の発言力増大もあって、米軍進駐前の新政権樹立という左派主導の意図があった。李承晩、金九らは帰国前だったものの、朝鮮人民共和国の樹立は解放後の新政権の基盤になる可能性を持っていたと思われるが、九月九日に米軍が進駐してくると、米軍政庁により否認された。李承晩は首席職を拒否し、また金九も就任せず、各地人民委員会に加えられた弾圧によって新政権に成長することなく終わった。のち呂は、左右合作委員会の左派代表として南北統一政府樹立に努めたが、四七年七月、右派によって暗殺される。呂運亨の暗殺は解放政局の左右対立、南北分断の深化を象徴する典型的事件であった。

安在鴻は建国準備委員会を離れる前の九月一日に朝鮮国民党を結成していた。これに対する左右両派からの非難や批判をかわし、左右に偏らぬ中道、超階級的な和合を呼びかけるため、同月二〇日に『新民族主義と新民主主義』を脱稿した。そして、二四日には朝鮮国民党を主軸として社会民主党、民衆共和党など六つの政党・社会団体を統合して、国民党を発足させた。これは、解放政局の中での左派の分裂、すなわち共産系の左派と左右合作系の中道左派との分裂を意味する。

一方、右派の宋鎮禹、金性洙らは九月一六日、韓国民主党（略称、韓民党）を結成したが、彼らは資本家階級、保守的知識人として米軍政庁の支援を受けていた。韓民党は当初、臨時政府の支持を打ち出した。しかし、四五年末に帰国した臨時政府派は、韓民党に「親日」経歴者が多いことから、やがて韓民党と対立する。また同年一二月、米国・ソ連・英国三国の外相会議（モスクワ三相会議）の合意による朝鮮半島の信託統治が提案されると、臨時政府派はこの案に反対して、反信託運動を展開し、韓民党はそれを非難する（だが賛信託の意向を示した宋鎮禹は暗殺される）。さらに、臨時政府派が左右合作を始めると、韓民党はこれに反発し決別した。そのような状況の中で韓民党はさらに孤立を深め、李承晩に接近していった。四五年一〇月に帰国した李は、彼の強硬な反共産主義によって、次第に米軍政庁や韓民党から支持されるようになる（後述）。

四五年一一月二三日と一二月二日の両次にわたって、金九、金奎植、金元鳳ら臨時政府派・韓独党が帰国した。彼らは左右両派を含むあらゆる勢力や民衆から期待されていたが、米軍政庁の反応は冷淡であった。一一月二七日の朝から、金九は安在鴻、宋鎮禹、呂運亨、許憲ら四名の指導者と順番に面談した。前述したように、金九は共産系の左派には対抗意識をもつ、いわば右派だった。だが全民族の共同利益・要求を優先させるべく、左右合作をずっと追求してきた。その意味では、金九の志向は中道右派とも言うべきで、安在鴻に近く、呂運亨とは一定程度共通するといえる。右派の宋鎮禹や共産主義者の許憲とは疎遠な関係にあったともいえる。

金九らは左右合作に努力し、反信託統治（信託統治反対）運動を展開したが、金九の運動を米軍政庁はクーデタとみなした。そこで金九と安在鴻は、米国との摩擦を避ける方向で、反信託運動を展開した。ところが翌四六年一月三日、共産系列の左派は（ソ連や北朝鮮からの指示があったのか）反信託から賛信託へと旋回した。こうした左右対立の状況を打開すべく、金九らは一月六日に国民党の安在鴻、人民党の呂運亨、韓民党の金性洙、共産党の朴憲永と会合し、翌日にはいわゆる四党コミュニケを発表した。その内容は政治的暗殺・テロルへの批判、モスクワ三相会議の合意による統一臨時政府の樹立、同政府樹立後の信託統治問題の解決などで構成されていた。この四党コミュニケの巧妙な妥協案はしかし、各党の便宜的な解釈や李承晩の強硬な反信託方針によって霧散してしまった。

金九らはまた、李承晩との提携を試みた。そして四六年二月一日、金九と李承晩の両陣営が連合し、過渡政府樹立を目標とした非常国民会議を開催した。同会議は過渡政府の最高政務委員会を設置し、委員数と選定は金九・李承晩の両領袖に一任するという建議案を可決した。その結果、二八名の最高政務委員が任命されて、過渡政府が出帆したが、最高政務委員会は、二月一四日には米軍政庁の最高諮問機関たる「南朝鮮大韓国民代表民主議員」（略称、民主議員。議長李承晩、副議長金奎植）に改編される。過渡政府は左右合作をめざしたが、共産系列の左派は参加せず、また臨時政府の左派系の一部も脱退した。左派は二月一五日、民主主義民族戦線を結成し対立した。安在鴻はこれを見て、もはや左派・共産系との合作の可能性はほとんどないと判断し、右派連合を優先させることを決意したという。

この過渡政府の出帆を機に、金九ら韓独党は民衆基盤を拡大・強化し、一種の右派連合を結成しようと努力し、その一環として四六年三月、国民党と韓民党、そして権東鎮《クォンドンジン》（一八六一～一九四七。三・一運動の民族代表の一人）の新韓民族党との統合を推進した。しかしこのとき、韓民党は李承晩に接近していたので統合できず、結局、同年四月には韓独党・国民党・新韓民族党の三党統合による新しい韓独党が誕生した。こうして臨時政府派が主導権を握ったわけだが、それは国民党系と新韓独立党系の反発を招き、臨時政府左派の金奎植が右派連合の韓独党から離党する結果を招いた。新しい韓独党の政治的路線は反信託・左右合作・南北協商による統一政府樹立＝単独政府樹立反対で、それゆえ李承晩とは反信託の共同戦線を形成するが、他方では単独政府樹立をめぐる対立を深めていった。

南北分断とナショナリズムの変質

李承晩は四五年一〇月一六日、マッカーサー専用機でアメリカから帰国した。同月、米軍政庁は歓迎式典を主催した。米軍司令官を隣に座らせた場で、李は力強く反共演説を行う機会を得た。一方、平壌では、同月一四日、ソ連軍司令官による金日成《キムイルソン》（一九一二〜九四）の歓迎式典が主催された。その場で、金は抗日の英雄として紹介された。すでに九月一九日、金は満州ゲリラを率いて帰国していた。金らの満州ゲリラは、一九三二年に日本が満州国を建国してまもなく、中朝国境地域で抗日武装闘争を始め、祖国解放まで大半の同志が殺される激しいゲリラ戦を生き抜くことができた人物である。のち李承晩と金日成はそれぞれ、南北単独政府を樹立する核心的な指導者となった。

李承晩は帰国後、朝鮮人民共和国の首席職を拒否し（前述）、四五年一〇月二三日、独自に独立促成中央協議会を組織した。同協議会には、国民党の安在鴻をはじめ韓民党、共産党など各種政党の関係者二百名余りが参席した。その名称は安在鴻の提案によるもので、李承晩は会長に推戴された。一一月二日には李承晩の司会で安在鴻、呂運亨、朴憲永ら左右両派を網羅した会合を開き、「即時独立、三八度線（一九四五年八月、米ソ両国が朝鮮国内の日本軍武装解除を行うために決めた暫定境界線）の撤去、反信託」などを宣言した。同協議会は左右合作の様相を示していたが、李承晩は次第に「反共」ナショナリズムの路線に基づく南韓単独政府の樹立をめざし、米国政府に働きかけてその実現に邁進していく。

四六年二月八日、李承晩の独立促成中央協議会と金九の信託統治反対国民総動員委員会が統合

し、李承晩を総裁、金九を副総裁とする大韓独立促成国民会を発足させた。そして中央組織を整備し全国地方の支部組織を拡大するなど、国民運動団体としての膨大な組織を形成した。この「国民会」もまた、非常国民会議の開催と過渡政府の出帆と同様、李承晩と金九の両領袖による一種の右派連合の成立を意味する。しかしその膨大な組織内部では、多様な派閥による競争が生じ、組織改編と離合集散を繰り返した後に、「国民会」は結局、金九らの臨時政府を奉戴する臨時政府奉戴派と、南韓だけの総選挙による政府樹立をめざす李承晩派との両陣営に分裂していった。

四六年三月二〇日、ソウルでは、モスクワ三相会議の合意とその信託統治を実現すべく、米ソ共同委員会の第一次会議が開かれた（だが、五月七日には決裂し無期休会となった）。同日、李承晩は米軍政庁の勧誘にもとづいて民主議員議長職を辞任する。これを機に、李承晩は米軍政庁の支援を求めつつ独自の行動を取っていく。この李に韓民党が接近していくわけだが、逆に（国内の支持基盤が乏しい）李も韓民党を必要としていた。こうして韓民党は米軍政庁の仲介によって李承晩を支える役割を担い、李承晩とともに解放政局の主導権を握るようになる。

李承晩と韓民党と米軍政庁の三者連合は、総督府・植民地時代の統治機構を受け継いだ警察機構や地方行政組織を活用し、強力な警察国家を築いていった。これとともに右派は勢力を拡大し、中央・地方の左派勢力の抵抗や人民委員会の活動を弾圧した。米軍政と統治機構の下で南韓はほとんど内乱状態に陥った。四七年二月、安在鴻は米軍政庁の民政長官に就任したが、実権をもたない孤独な長官となる。安は同年五月二一日、第二次米ソ共同委員会が開かれたとき、同委員会の協議に参加しようと韓独党に呼びかけたが、韓独党は反信託の強硬姿勢を変えず、安在鴻と対立し、除名してしまう。その後、安在鴻は左右の中道勢力の団結をはかったが、失敗に終わった（安在鴻は朝鮮戦争中、北朝鮮に拉致され、六五年平壌で死去したとされる）。

一方、人民委員会の創始者たる呂運亨は、米軍政庁が植民地警察を温存したことこそが「現在の混乱」の原因とみて、南韓政府は「売国奴」と「米国人へのゴマすり」ばかりだと批判していた。呂が最も厳しく批判したのは警察機構だった。四七年七月一九日、呂運亨は暗殺される。交番の近い場所での出来事だったが、警察は犯人を捕らえようとしなかった。呂は左派ではあったが、共産主義者ではなかった。左右合作に務め、南北分断を阻止しようと試みた中道左派の一人だったのである。彼の路線は中道右派の金九と通底するものであった。呂は今でも、金九と同じく、南でも北でも尊敬されている数少ない政治家の一人である。

こうして左右対立と暗殺・テロルが横行するなかで、四七年一〇月一八日、米ソ共同委員会は成果なく決裂した。その前の九月一七日、米国は韓国問題を国連総会に提案していた。米国案は南北総選挙、ソ連案は外国軍同時撤収を主張し、一時対立したが、結局、国連監視下での総選挙（四八年三月まで）が決議された。そして国連韓国臨時委員団が構成され、四八年一月から任務に着手したが、北朝鮮のソ連軍政庁はその入境を拒否した。その結果、国連小総会は二月二六日、委員団の活動が可能な地域、すなわち南韓での総選挙を決議した。やがて解放政局は南北分断の固定化に向かっていったが、これに抵抗して金九ら臨時政府派は南北協商を呼びかける。これに呼応して金日成は、三月二五日、「全朝鮮諸政党・社会団体代表者連席会議（略称、南北連席会議）を開催しよう」と提案した。

南北連席会議は四八年四月一九日から二八日まで、平壌で開催された。南韓からは金九、金奎植、金元鳳ら臨時政府派をはじめ―李承晩系の大韓独立促成国民会と韓民党を除く―四一の政党・社会団体の代表者三九五名が参加し、北朝鮮からは一五の政党・社会団体の代表者三〇〇名が参加した。南北の左右両派の代表者が共に参加したわけである。この会議は民族統一と自主独立を願う南北の民衆の意志を集結した歴史的会議となった。また解放朝鮮での、最初で最後の左右合作運動だった。とはいえ会議を主導したのは共産党系列の代表者だった。なかでも南朝鮮労動党（四六年一一月結成）の朴憲永と北朝鮮労動党（四六年八月結成）の金日成である。

南北連席会議は左右両派の内紛も生じたが、四月三〇日には共同声明を発表し、「外国軍隊の即時・同時撤退、全朝鮮政治会議の召集による臨時政府の樹立、総選挙の実施と憲法制定、統一民主政府の樹立、南朝鮮の単独選挙は民族の意志を表さないので絶対反対」などを明らかにした。会議後、金九・金奎植らはソウルに戻り、単独選挙をボイコットした。その後、金九は四九年六月二六日に暗殺される。金奎植は五〇年六月に朝鮮戦争が勃発したとき入北し、同年一二月死去した。金元鳳は会議後、北朝鮮に残ったまま、朝鮮民主主義人民共和国の創建に参加し、政府閣僚とその他の要職を歴任する。

四八年五月一〇日、国連の委員団の監視下で、南韓だけの制憲議会選挙が行われた。南北協商派および中道派が参加しなかったこの選挙の結果、李承晩系の大韓独立促成国民会が五四議席を取り、第一党になった。韓民党は二九議席を得たが、無所属勢力が多数（一一五議席）を占め、第三党の地位にとどまった。制憲国会（議長・李承晩）はその後、憲法・政府組織法・地方自治法など一四九件の新法を制定した。そして四八年八月一五日には大韓民国の政府樹立を宣言し、李承晩を大統領に選任した。この李政権に対して、のちに韓民党は議員内閣制を要求するなど対立を深め、野党に転落し、韓国屈指の野党の流れを形成していくことになる。

他方、北朝鮮は四八年六月二九日から七月五日まで、平壌で「第二次全朝鮮諸政党・社会団体指導者協議会」を開催して南韓の制憲国会を不法な組織体と規定し、朝鮮民主主義人民共和国の中央政府を樹立すると宣言した。金九ら南北協商派は拒否したが、八月二一日には「南朝鮮人民代表者大会」を開き、南朝鮮労動党をはじめ、南北連席会議に参加した諸政党・社会団体の代表者で構成される三六〇名の代議員を選出した。その後、八月二五日の代議員選挙を経て成立した朝鮮最高人民会議は九月二日、第一次会議を開催し、金日成を首相、朴憲永を副首相に選任した。こうして九月九日には朝鮮民主主義人民共和国が創建されたのである。近代以来の不幸な歴史と民族分裂に次ぐ解放後の南北分断。朝鮮の悲劇の歴史は今なお続いている。

第六章　侵略と抗日―中国(2)

辛亥革命の民族主義は清朝という異民族政権の排除を中心課題とし、排満革命と民族国家の建設を目標としたため、孫文の三民主義には帝国主義反対の趣旨が明示されなかった。孫文をはじめ革命派は、列強諸国に甘い認識を持っており、とくに日本のアジア主義的な思考に期待を抱いていた。明治以降の日本は欧化に赴く一方、西洋の侵略に抵抗するためのアジア連帯論という戦略的な考え方もあった。その戦略的連帯はアジアの文化的親近性によって裏付けられたため、中国にも呼応する動きが現れた。早くも一八九八年に、梁啓超は横浜で『清議報』を創刊し、その趣旨に「支那と日本の声気を通じ、その情誼を結び付ける」、「東亜の学術を発明し、もって亜粋を保存する」と書き(『飲氷室文集』③、三二頁)、日中連携の文化的要素に着目した。後に、革命派は日本の国粋主義を受容する時、国粋というナショナル・アイデンティティばかりでなく、アジアの文化的親近性と黄色人種の連帯感というアジア的アイデンティティの視点も持つようになった。二〇世紀初頭から、日本発信のアジア主義との共働が中国において展開した。

本章では、アジア主義に対する中国の呼応と反発、さらにその転換として新アジア主義の提起を語り、また、アジア諸民族協力の試みとその挫折、日本の全面侵略への抵抗における中国の国民統合の様相について解明したい。

一　アジア主義への呼応と反発

「アジア和親」の試み

日露戦争後、日本は「一等国」という自己意識を持ち、アジア諸国における当然の盟主と自任するようになった。他方、日本の勝利は、中国人をはじめアジア諸国の励みとなった。後に孫文が語ったように、「日本では三十年前に、外国とのすべての不平等条約を廃棄した。日本が不平等条約を廃棄した日はわれわれ全アジア民族の復興する日である。…それから十年たって日露戦争が起こり、日本がロシアに戦勝した。日本人がロシアに戦勝したことは、アジア人が最近百年に初めてヨーロッパ人に戦勝することである。その影響がすぐ全アジアに広がり、アジアのすべての民族は大いに喜び、一つの大きな希望が生まれてきた」(『孫文・講演「大アジア主義」資料集』五六〜五七頁)。

しかし、中国人の期待は複雑な要素を帯びた。強くなっていた日本への期待が高まった一方、アジアに対する日本の覇権的傾向をも警戒した。一九〇七年、章炳麟や劉師培らは幸徳秋水を訪問し、また、インドの亡命者、日本の志士と協議して「アジア和親会」を結成した。参加者にはベトナム、フィリピンなど東南アジア諸国の人々もいた。本会の「アジア和親」はあくまでも侵略されている国々との平等の連帯を目指すものであり、約章には「帝国主義に反抗し、国の主権を失っているアジア諸民族の独立を図る」、「凡てのアジア人で侵略主義主張者を除けば…誰でも入会できる」という主旨が書かれた（『章太炎選集』四三〇〜四三一頁）。ところが、日本は朝鮮支配を企て、韓国の内政・外交権を次第に掌握し、一九一〇年韓国併合を行い、朝鮮を植民地にした。孫文は革命運動を進めるために日本の支持を期待したものの、韓国併合に批判的態度を示し、日本のアジア主義に疑問を持っていた。また、後に韓国の民族独立運動に取り組む申圭植など多くの朝鮮人も、辛《しん》亥革命《がいかくめい》に参加していた。こうして「アジア和親」は、日本のアジア主義から変容し始めた。

辛亥革命後、日本は次第に中国への侵略政策を展開していった。初期の中華民国は袁世凱と北洋軍閥によって政権が握られた。内政においては、民主的要素が急速に消されていった。外交においては、中華民国臨時政府は列強諸国からの承認を得るために力を入れたが、イギリス、フランス、ドイツ、ロシア、アメリカ、日本諸国は中国での既得権益を守り新しい権益を取得しようと企んだ。なかでも、日本とロシアは中国に強い政府の出現を望まず、しかも一九一二年に、東経百十六度二十七分を境として、その東側を日本の勢力範囲、その西側をロシアの勢力範囲にするという内容の密約を結んだ。他方、イギリス、フランス、ドイツ、アメリカは中国の安定を望み、北洋軍閥の頭・袁世凱の強い集権を支援した。門戸開放という中国政策を取るアメリカは、一九一三年に真っ先に中華民国を承認し、その後、他の列強諸国もそれぞれの権益取得を条件に承認を与えた。日本は中

袁世凱政権、日本の対華二十一カ条要求に調印
（1915年5月）

華民国承認の条件として、満蒙鉄道修築の借款権取得の協約を押し付けた。こうして袁世凱政権は、清朝以来列強から押し付けられた不平等条約と列強の新しい利益要求への是認を外交基盤としたため、山積みの外交難題を抱えた。

なかでも日本への対応に、袁世凱政権は最も手を焼いた。日本は満蒙の権益に満足せず、第一次世界大戦に付け込んでドイツの保有していた山東権益を奪い取ろうとし、ドイツに宣戦布告して山東に侵攻し、さらに二十一カ条要求を中国に突き付けた。二十一カ条要求は山東権益や満蒙権益などを狙うほか、とくに政治・財政・軍事への日本人指導権などを要求する第五号は、中国を日本独占の勢力範囲または植民地にしようとするものであった。これらの条項を中華民国に押し付けるために、日本はアメとムチの両様の策略を使った。二十一カ条要求の交渉に当たった中国駐在の日本公使・日置益は、外務大臣・加藤高明に語った交渉の計略において、中国に受け入れさせるための誘惑手段として、袁総統およびその政府の安全を保障すること、革命党および中国人留学生を厳しく取り締まることなどの条件を述べ、また、中国に要求を認めさせる威圧手段として、山東侵攻の軍隊を現地に駐留させ、日本の威力をもって軍事的脅威を感じさせること、革命党や宗社党《そうしゃとう》（清朝皇帝の退位に反対し、一九一二年に皇族を中心に結成した「君憲維持会」）を扇動して袁政府を転覆する勢いを示す手法を示した（『中日〝二十一条〟交渉資料全編』一三〜一四頁）。

袁世凱政権は、二十一カ条要求によって中国の主権がひどく侵害されるという重大な問題を知っているため、一部の情報を外部に流すことによって、国際世論と国内人民の反対を引き起こそうとした。しかし、イギリスとアメリカは自国の権益に関わる第五号にだけ干渉し、他の条項を放置した。また、人民の反対が高まったにもかかわらず、日本の武力の脅威に直面して、袁政権は無力であった。袁世凱は国内世論の反対を押し切ってまで日本の要求を受け入れようとはしなかったが、帝政復活について日本の支持を期待して、結局、日本と妥協し、二十一カ条要求の大部分を承認した。

かつて日本に留学し、日本の民族精神として外来文化の吸収と変革に長ける点を評価し、アジア主義をも受け入れようとした李大釗《りたいしょう》は、一九一四年日本の山東に対する侵攻や、二十一カ条要求押し付けなど硬軟両様の手法を見て、日本の侵略的野心を認識した。「今回日本が提起した交渉は、全く火事場泥棒の行為である。中国に対して脅迫の策略を弄し、世界各国に対して欺瞞の詐術を取り、国際上、これほど信義を無視した交渉はない」と批判し、「我が国にとって、復興の望みを絶ち、国家独立の体面を壊滅し、我が国の生存を図り富強を図る実力を永遠に奪い取ろうとすることである」という痛ましい認識を語った（『李大釗全集』②、三〇〇〜三〇一、三〇七頁）。二十一カ条要求は広く中国人の心を傷つけた。中国人にとって、日本は近代改革の手本として尊敬されるべき存在ではなくなり、二十一カ条要求を受諾した日は「国恥記念日」と呼ばれた。アジア主義を発信した日本はそのアジア侵略の政策によって、中国人の不信と失望を招いたのである。

軍閥と帝国主義

二十一カ条要求の交渉において、袁世凱は日本の硬軟両様の策略に直面し、自分の帝政復活への支持の見返りとして日本に譲歩した。しかし、帝政復活が実施段階に入ると、中国各地に激しい反袁闘争が起こり、日本は中国でのより大きな利益を確保するために、袁の帝政復活を支持しないと表明した。しかもイギリスやロシアとも連携し、日本を中心としてイギリス、ロシア、フランス、イタリアの五カ国が袁世凱に帝政復活中止の勧告を与えた。袁世凱はこの予想外の事態に慌てた。国内には反袁の護国戦争が展開され、外国からは反対の圧力を受けて、袁世凱は徹底的に孤立したまま、一九一六年六月六日に急死した。

しかし、反袁闘争の結果は北洋軍閥支配の終結ではなかった。袁世凱を討伐するために中心的役割を果たした進歩党も、孫文を中心とする中華革命党も、他の民党勢力も、袁世凱死後の北京政府に主要な位置を占めることができず、依然として北洋系の軍人が北京政治の主導権を握った。ただ袁世凱という強力な中心を失ったため、北洋軍閥は大きく三つの派閥に割れた。一つは段祺瑞を長とする安徽派軍閥、一つは馮国璋を長とする直隷派軍閥、一つは張作霖を長とする奉天派軍閥であった。その中で、安徽派が最も有力な軍閥であり、段祺瑞は国務総理となった。また、各地方にも軍閥の割拠が現れた。大小さまざまな軍閥はそれぞれ列強諸国から支援を受けて互いに抗争し、中国は軍閥割拠の時代に入っていった。その中で、日本は有力な軍閥である段祺瑞の安徽派を支援した。南方には、孫文を中心とする革命党と西南部の進歩党勢力が北洋系の北京政権と対峙して「護法」の陣営を構成したが、日本の支援する対象ではなかった。

第一次世界大戦において、中国は初期に中立的な姿勢を取ったが、後に参戦か否かに関する論争が起こった。というのは、一九一七年初、ドイツが無制限潜水艦戦を宣言したことによって、アメリカはドイツと国交を断絶し、ドイツに対する宣戦も検討し、中国にも同じ立場を取るよう説いた。最初に中国の参戦に反対しドイツの中国権益を独占しようとした日本もこれを知って、中国に対する日本の影響力を保つために、中国の参戦を主張するようになった。しかも、軍閥政権に参戦の経費を借款の形で提供し、他方、英・仏・露の協商側と密かに交渉し、日本の山東権益要求への支持という密約を得た。しかし、アメリカは日本の中国に対する支配力強化を懸念し、逆に中国の即時参戦を主張しないように変化した。日米の対立は、中国国内で参戦問題をめぐる政治紛争を引き起こした。中国の職業外交官は、参戦によって中国の国際的地位を高め、国権回収、不平等条約の改正を図ろうとしたが、北京政府を主導していた段祺瑞の安徽派軍閥は、参戦によって日本から多くの援助を得るという狙いがあった。参戦問題の背後にある複雑な内幕について、職業外交官たちは必ずしも把握していなかった。

また、孫文から見れば、ヨーロッパの戦争はそもそも相互の利害のために戦うものであり、中国がこれに深く関わるのは得策ではない。また孫文は、第一次世界大戦を通じてドイツやロシアが強国になることをも懸念し、日米の対立を望まなかった。日本の侵略的野心をきっぱりと指摘する李大釗とは違って、孫文はアジア主義を種族的文化的に捉え、日本への期待が捨てられなかった。そして、内外の対立の調和を図ろうとするために、彼は大アジア主義の考え方を用いて次のように説得を試みた。「中国と日本は種族から論ずれば、兄弟の国であり、アメリカとは政治から論ずれば、師弟の国である。…中国と日本はアジア主義をもって太平洋以西の富源を開発し、アメリカもまたそのモンロー主義をもって太平洋以東の勢力を統合し、各々その成長を遂げれば、百年も衝突の虞れはあるまい」(『孫中山全集』④、九五頁)。しかし皮肉なことに、一九一七年一一月日米両国は、中国に関する公文を交換し、アメリカが中国東北における日本の特殊権益を認め、日本がアメリカの門戸開放政策を認めるという石井・ランシング協定を結んだ。

参戦問題をめぐって中国国内では、国会の参戦反対派と段祺瑞の参戦主張派が激しく対立した挙句、張勛《ちょうくん》の帝政復活のドタバタ劇も発生した。皮肉なことに、段祺瑞は張勛の帝政復活を討伐した功労者として、北京政府を再び主導するようになった。この時の日本首相は寺内正毅であり、中国に対しては、二十一カ条要求を突き付けた大隈重信内閣より穏やかな外交政策を取った。寺内は、中国への覇道的な拡張政策によって中国国内の反日民族主義を引き起こして、欧米列強の懸念を招く、ということを避ける政策に転換した。一方では、「両国の友好関係を増進する」と言い、柔軟な姿勢を取ったが、他方では、二十一カ条要求の枠組みを維持し、山東権益、満蒙権益、福建の特殊利益などの確保、さらに中国に対する政治的支配への参与権を強調した。そこで、段祺瑞を長とする中国最大の安徽派軍閥と日本とが手を結ぶようになった。

段祺瑞は日本の支援を得ることによって安徽派軍閥の勢力を強め、障碍と見なした「護法」陣営の革命党を消滅させるために、日本への協力を表明した。日本は段祺瑞を支援することによって、中国での権益取得の懸案を解決しようとした。寺内内閣の中国に対する新しい政策は、軍閥政権下の日中同盟によって日本帝国が絶大な利益を得ることを目指した。すなわち、軍事上では、共同作戦を理由にした中国領内での日本軍の行動の自由や中国軍隊の訓練への参与、政治上では、中国の内政に積極的に参与し、日本に協力する政治勢力を扶植すること、経済上では、中国の豊かな資源を開発し、市場を開拓し、日本の経済発展に従属させることであった（『皖系軍閥与日本』一六七～一六八頁）。

日本の最も重要な措置の一つは、西原借款である。寺内内閣は西原亀三を介して、一九一七～一八年に八回にわたって、段祺瑞内閣に巨額の借款を供与した。名目上は経済分野への借款であったが、実際には、主に段内閣の軍事と政治の資金として使われた。段祺瑞内閣は日本からの巨額な借款をもって安徽派の実力を強化し、南方の革命党に武力行使を行った。第一次世界大戦への中国の参戦を理由に日本から軍事援助を得たが、ほとんど国内の政敵を圧倒するために用いた。日本は一連の借款を通じて、中国の軍閥政権との間に秘密協定を交わし、大戦後の山東権益などの確保のために伏線を敷いた。たとえば一九一八年九月、巨額借款を提供する前の中国への照会に、日本の青島駐兵、膠済鉄道の経営権など山東権益の諸要求を付し、段内閣の同意を得るという公文交換を行った。また、段内閣との間で日中陸軍共同防敵軍事協定を結んだが、これによってロシアに出兵するに際して中国の東北を経由する正当性を獲得し、ハルビン、チチハル、満州里を占拠していった。こうして、日本は中国での権益取得を図るために、中国の民主勢力を抑圧する軍閥の後ろ盾となったのである。

抵抗とアジア主義の転換

第一次世界大戦は独・墺同盟の敗北で終わった。中国も加わった協商側が勝利したため、中国人はこれを「強権に対抗する公理の勝利」として甘く考えた。そして、一九一九年一月に開催される大戦善後問題協議のパリ講和会議には、中国の正義伸張と、不平等条約の撤廃とくに山東主権の回収などを期待した。第一次世界大戦以来、日本の軍閥支援を見抜いていた李大釗も、一九一九年二月に「大アジア主義と新アジア主義」という論文を発表し、日本の侵略政策を批判し、アジア主義の転換を唱えながら、講和会議にある程度の期待を寄せた。

この論文で李大釗《りたいしょう》は、日本の「大アジア主義」は「中国を併呑する主義の隠語」であると指摘し、その欺瞞性を暴露した。李から見れば、「中国の運命が列強の勢力均衡によってはじめて維持される」ので、「日本は中国を独占しようとするために、まずこれらの勢力均衡を排除しようとする」。したがって、「大アジア主義」は「大日本主義の変名」である。日本人はモンロー主義という語を借りて、欧米人に門前払いを食わせ、東方への勢力拡張を防ぎ止めようとするが、その狙いは「アジアの民族が皆日本人の指揮に従い」、「アジアはまったく日本人のアジアになる」ことである。この意味で、日本の「大アジア主義」は「平和の主義ではなく、侵略の主義であり、民族自決主義ではなく、弱小民族を呑併する帝国主義であり、アジアの民主主義ではなく、日本の軍国主義であり、世界的組織に適応するものではなく、世界的組織を破壊するものである」。むろん、李大釗はアジア主義を捨てたのではない。パリ講和会議の結果によって、欧米人が正義を擁護するか否かを検証しようとして、「もし欧米人が道理を無視し、われわれ東方民族を犠牲にするならば、われわれが連合して彼らに抵抗するのも遅くない」とする。もしアジア人を不公平に扱うという問題が解決されなければ、「これこそ真にアジア人の共同問題であり、われわれアジア人が全力を合わせて解決すべき問題である」と認めるが、この点を抜きにしてみだりに「大アジア主義」を唱えるのは危険であるとする（『李大釗全集』③、一四六～一四七頁）。

しかも、李大釗はアジア主義を、世界連邦の基礎を構成する一部として考えた。李から見れば、北米大陸が一つのアメリカ連邦になり、ヨーロッパが一つのヨーロッパ連邦になるのは世界の大勢であるから、アジアも類似の組織を形成すべきである。この観点からはむしろ、「アジア人は共に一種の新アジア主義を提唱し、日本人の一部の言う「大アジア主義」にとって代わらなければならない」と考え、民族の解放を基礎として日本のアジア主義を根本的に改造するよう主張する。最後に李は、「およそアジアの民族は、人に併呑されるものをすべて解放し、民族自決主義を実行したうえで、一つの大連盟を結成すべきである」と提言した（同上、一四八頁）。この「新アジア主義」の提言は、日本の善良な人民ないし日本政府にも呼び掛けたものである。ところが、パリ講和会議の交渉過程を見て、李は帝国主義について新しい認識を持つようになった。

日本は予め、山東をあくまでも日本とドイツの問題として扱い、後で中国と交渉するという方針を確定していた。山東問題をめぐる討論で、日本の代表は山東返還問題に全く言及しないばかりか、膠済鉄道《こうさいてつどう》および他の利益の無条件譲与を中国に求めた。中国の代表・顧維鈞《こいきん》は、青島と膠済鉄道および他の付属権利をドイツから中国に直接返還させるべきだと主張した。その演説で彼は、日本軍が中国のために山東を占拠するドイツを駆逐したことに感謝を表したが、中国人民の天賦の権利を報酬として割譲させるのは再び紛争の種を播くことになると忠告した。

しかし、中国が直面した難題の一つは、軍閥政権と日本との間に山東問題に関する交換公文があったことである。中国の代表は、その交換公文が戦時の臨時的なものであって講和会議の検討にかける必要があると主張し、また二十一カ条要求も武力脅威の下で突き付けられたものであるゆえ、廃棄を求めるのも正当であると指摘した。しかし、日本はドイツの山東権益の譲渡を堅持した。中国が直面したもう一つの難題は、戦時に日本が英・仏・露との間で密かに山東権益の要求への支持を取り付けていたことである。これによって、英仏諸国は日本の要求に反対し得なかった。アメリカは門戸開放の立場からある程度、中国支持の提案を示したが、英仏諸国は沈黙したため、この問題は棚上げにされた。結局、中国の主張は無視され、山東のドイツ権益に関する日本の要求が講和会議で承認された(『中国近代通史』⑥、二六〇～二六七頁)。

中国の代表団とくに顧維鈞ら職業外交官は、困難な状況の中でぎりぎりの努力をしたが、結果が思うようにならず、彼らは各種のルートを通じて交渉の経過を中国国内に伝えた。この状況に直面して、李大釗は国際社会のいわゆる正義に虚偽性を感じ、「秘密外交と強盗世界」という論説を発表した。

この論説で李は、「強盗政府は秘密外交をもって、人類の正当な生活場所を一つの強盗国家あるいは強盗政府に密かに贈与し、その強盗勢力拡張の根拠とする」と述べ、またパリ講和会議の有り様について、「人道、正義、平和、光明のわずかな影もなかった。ほとんどすべてが弱小民族の自由、権利を犠牲にして数個の強盗国家の利益を図った」という実態を指摘した。さらに、「秘密外交に反対する」旨を掲げているウィルソンの不作為に対し、「なぜ彼らが山東問題を解決するのに、何年何月何日のロンドン密約を根拠にし、また、何年何月何日の某軍閥間の秘密協定を根拠にするのか」と問い詰めた。最後に「日本がその侵略主義をもって世界に横行できる所以は、今の世界は依然として強盗の世界だからである。そうすると、山東を取るものが我々の仇敵であるだけでなく、この強盗世界のすべての強盗集団、すべての秘密外交のような強盗行為も皆われわれの仇敵である」という新しい見解を表した（『中国近代啓蒙思潮』中、四五八～四六〇頁）。つまり李大釗は、日本の中国侵略だけを問題とし、欧米列強に正義伸張を期待する今までの考え方を転換し、人類の普遍的な立場から、帝国主義を許容する世界のあり方に立ち向かう必要性を自覚し、より広い視野で強盗世界の改造を提言した。

また、一九一九年三月、朝鮮では三・一独立運動が起こり、日本官憲はこれを弾圧し、数万人の死傷者を出した。この情報を受けた孫文は直ちに、朝鮮独立への承認を呼び掛け、日本人記者のインタビューに対し、日本の朝鮮侵略を非難し、「日本人はアジア人ではない…日本人はヨーロッパ人のやり方をまねて我がアジアを侵略するのである。こういう日本人がどうしてアジア人でありえるのか」と批判した（『孫中山年譜長編』一一六八頁）。日本のアジア主義の矛盾点を突くと同時に、日本も西欧の帝国主義の論理でアジア諸国を侵略しているという本質的な問題を指摘したのである。

二　五・四運動と反帝ナショナリズム

ナショナリズムと国際主義

パリ講和会議の期間、中国国内の世論は、山東問題の交渉に対して、国権を損害する条約を調印するなという要求であった。軍閥政権と日本との間に交わされた公文や秘密協定が公表されるにつれ、曹汝霖、陸宗輿、章宗祥ら当事者の責任が追及され、一九一九年四月一六日、上海で各界の人民による糾弾大会が行われ、四月二〇日、済南で山東の十万余民衆による抗議の国民大会が行われた。五月一日、講和会議で山東省のドイツ権益を日本に渡すと決められたことが報道されると、民衆の憤怒が沸き立った。五月四日、北京大学をはじめ北京十数校の三千余の学生が天安門前に集まって、「青島を返せ」、「売国奴の曹汝霖、陸宗輿、章宗祥を糾弾」というスローガンを掲げて講演を行い、多くの市民も次々と抗議活動に加わった。集会後、学生は大使館区域へ請願に行ったが、阻止されたため、代表を選んでアメリカ大使館に請願書を出した。憤った学生の一部は曹汝霖の邸宅へデモに行き、章宗祥を殴り、曹宅を焼くという過激な行動に出て、三十二人の学生が逮捕された。これが五・四運動の発端である。

各地の学生も北京の学生の行動に応え、デモ、ストライキ、集会講演を行い、学生運動は次第に全国規模に発展した。各地の商工界や省議会にも多くの声援者・参加者が現れた。しかし北京政府はひたすら学生運動への禁止令を発し、その対応は学生と輿論の反感をいっそう招いた。

講和条約に調印するか否かは大きな問題であった。調印すれば、国権が損なわれ、国内の強い抗議を引き起こし、調印しなければ、国際連盟に加入できない。安徽派軍閥の段祺瑞は調印を主張した。北京政府は動揺の挙句、調印に決定した。

天安門前で学生たちが抗議デモ（1919年5月4日）

これに対して、北京の学生はいっそう大きな抗議行動を起こし、その影響が急速に広がった。政府は六月三日、百七十余人の学生を逮捕し、翌日また、七百余人の学生を逮捕したが、学生運動は政府に抑圧されればされるほど発展した。この運動は全国各地で、商工界へも広がり、上海では学・工・商三種のストライキが一斉に行われた。民衆の抗議運動の圧力によって、北京政府は曹、陸、章三人を罷免したが、講和条約の調印については、軍閥間の対立のなかで一定の対策を出せなかった。結局、講和会議における中国の代表は、ぎりぎりまで抗争した後に調印を拒否した。これによって、日本の山東権益の占有は合法化できなかった。

五・四運動を反日運動として捉える説も多い。というのも、パリ講和会議で、ドイツの山東権益を無条件に日本へ譲渡するという日本の主張が日中間の紛争点となり、しかも、その前に日本と中国の軍閥政権および列強諸国と交わした密約が中国の交渉を困難にした。また、大アジア主義は欧米列強をアジアから駆逐するというが、その代わりに、日本がアジアの支配者になろうとする傾向も現れた。こうした背景の下で、五・四運動が反対する主な対象は日本となったのである。しかし、五・四運動の精神は単なる反日感情ではない。国家主権を守る国民の自覚意識、帝国主義列強の不公正に対する抵抗、軍閥統御の政府に対する抗議である。この意味で、帝国主義反対のナショナリズムであり、軍閥反対の民主主義である。五・四運動に現れた抗議活動の在り方およびその規模と力は、ナショナリズムが中国の民衆に広く浸透していたことを物語っている。

吉野作造はこの点を鋭く洞察し、五・四運動に関する日本のマスメディアの報道について次のように指摘した。「我々は、この運動が国民の自発的運動なることを見逃してはならない。とかくこの種の運動が起こると、日本人は、これを一、二の陰謀家の扇動に帰し、その将来を楽観して満足するものもあれば、又僅かの暴行を極度に誇張して、支那人の残忍を説き、あくまでこれを懲らさなければならぬと云うものもある。現に新聞紙上にも、この両様の見解を同一の紙面に見ることがあるが、かくの如きは、それ自身に於いて矛盾した報道として取るべからざるのみならず、そこに少しも自ら反省の点を見出し得ないことは、我々の首肯し得ないことである」(『中国・朝鮮論』、二一九頁)。中国民衆のナショナリズムへの目覚めは、後のワシントン会議における列強の中国への対応に一定の影響を与えた。

また、五・四運動のナショナリズムに国際主義の要素が含まれていることは、注目すべきである。パリ講和会議の実態を経験して、李大釗は「新アジア主義」を国際主義の方向で理解し、アジア主義の意味転換を明確に打ち出した。一九一九年一一月一日に「再論新アジア主義」を発表し、「私が言いたいのは、アジア域内におけるアジア人対アジア人の抑圧を取り除かなければ、アジア域内における他大陸人の強権も撤廃する希望がないということである」と述べた。また、より普遍的な視野で「私の言う新アジア主義は、「親疎差別があるアジア主義」ではなく、「世界的組織に適応し、世界連合を創造する運動の一部としてのアジア主義」である。世界主義に背くものではなく、世界主義に順応するものである。…強権はわれわれの公敵であり、公理はわれわれの朋友である」と説いた。

しかも戦略方針として李大釗は、「われわれの新アジア主義には二つの意味がある。一つは、日本の（覇道的な）大アジア主義が破壊される前に、われわれアジアの弱小民族は、連合して共にこの大アジア主義を破壊しなければならない。もう一つは、日本の大アジア主義が破壊された後、アジアのすべての民衆は連合して世界的組織に加入しなければならない—もし世界的組織が成立されるならば」と語った。さらに、「われわれは、国際間の欺きあいの隙間や強力の相互牽制の下で目先の安逸を図るのを望んではならない。国際間の恨みや利権競争を操る私心的な資本主義、帝国主義は、東方のものであれ、欧米のものであれ、公道の主張を決してしないからである」という冷厳な現実を指摘した上で、「世界においてどの種族の国民でも、人類同胞の立場に立ち、真のデモクラシー精神をもって公理を伸張し、強権に反抗する人でさえあれば、われわれはみな親しい兄弟として認める。彼らとともに努力して、平等、自由で遠近親疎のない世界を創造する。これこそ、私の主張する新アジア主義の精神である」と述べた（『李大釗文集』下、一一〇〜一一二頁）。

国際社会の問題への認識を通じて形成した李大釗の「新アジア主義」は、日本から発信したアジア主義に対する創造的な転換であり、また、五・四運動時代の中国に出現する一種の世界主義あるいは国際主義を典型的に代表した思想でもある。

もとより、その国際主義的な要素には、マルクス主義とロシア革命の影響によるところも大きい。第一次世界大戦終結時、李大釗は「庶民の勝利」という講演を発表し、「今回戦勝したのは連合国の武力ではなく、世界人類の新精神であり、どれか一国の軍閥あるいは資本家の政府ではなく、全世界の庶民である」と述べた。李から見れば、ロシアとドイツの労働運動が社会革命を起こしたから、資本家政府の戦争が止められたのである（『《新青年》社会思想巻』三九〜四〇頁）。しかも、パリ講和会議で日本の山東権益要求が承認されたことと対照的に、一九一九年ソ連は、帝政ロシアの中国に押しつけた不平等条約の廃棄を宣言した（カラハン宣言）。これは中国人に、労農革命が国境を越えた庶民の連帯であり、国際主義的であるという認識を与えた。マルクス主義への関心が中国で急速に広がった。毛沢東は長沙で「新民学会」を発起して『湘江評論』を創刊し、ロシア研究会を組織し、周恩来らも天津で「覚悟社」を作った。李大釗は北京で、陳独秀は上海でマルクス主義研究会を組織し、『新青年』もマルクス主義を擁護し、そして、一九二一年の中国共産党成立に至った。他方、孫文もソ連と接近するようになった。パリ講和会議以来、列強諸国が中国を不公平に扱った結果、アメリカおよび列強諸国の期待に反して、中国のナショナリズムは社会主義あるいはソ連共産党モデルの方向に引き寄せられた。

国民革命と国共合作

パリ講和会議後、中国の国家独立が実現しなかったばかりか、国内では、軍閥混戦が日増しに激化していき、中国は史上未曽有の四分五裂の状態に陥った。もとより、軍閥混戦は中国人の問題でありながら、中国人だけの問題ではない。列強諸国は大小さまざまな軍閥に対する支援を通じて、自身の勢力拡大を図ろうとした。そのなかで、日本は自国の利権を拡大するために、中国の革新勢力を抑圧し、有力な封建軍閥を支援した。北京の段祺瑞と奉天の張作霖が日本によって扶植された大軍閥の頭である。段祺瑞の軍閥から武力行使を受けた孫文は、軍閥に対する日本の支援を見て、「中国の軍閥をもって中国を征服する」という日本の手段を見抜き、内戦を止めさせる鍵は二十一カ条要求の廃棄にあると認識した。彼から見れば、「二十一カ条要求と軍事協約は、日本が作り出した最強の鉄鎖であり、中国人の手足を縛るものである」。「中国の大混乱は二十一カ条要求によってもたらされた」。むろん、二十一カ条要求を廃棄するために、孫は中国人の力を合わせた努力ばかりでなく、日本の民主人士の助力にも期待を寄せた（『孫中山文集』上、五三五～五三七頁）。

パリ講和会議で列強の利権再分配が行われたものの、極東と太平洋地域になお多くの問題が残された。アメリカと日本がこの地域における最大の競争者となり、アメリカは中国の門戸開放によって国家利益を図り、日本は中国大陸に対する独占的な拡張を図ろうとした。そして、アメリカは日英同盟を解体させ、イギリスと手を結んで日本の勢力拡張を食い止めようとした。

列強の極東における新秩序を立てるために、一九二一年にアメリカの主導のもとでワシントン会議が開催された。中国はこの会議を国権回収の新たな機会とした。日本は原則としてアメリカの門戸開放政策に賛成しながら、既定の条約や協約の承認と日本の特殊権益の維持を強く主張した。門戸開放は、アメリカの経済的実力によって中国市場を支配しようとする政策ではあったが、日本の中国に対する独占的拡張を食い止めるのに有効であるという判断で、立場の弱い中国は、門戸開放に賛成の態度を取って米英の支持を得ようとした。中国の代表が各方面との困難な交渉を行った結果、ワシントン会議の九カ国条約で、中国の主権に対するある程度の尊重、国権の部分的回収、とくに二十一カ条の一部の条項の廃棄と山東問題の解決が得られた。

しかし、ワシントン体制も中国における列強権益を当然の前提とするものであり、日本の中国独占は避けられたが、多国による中国抑圧の状況は変わらなかった。パリ講和会議の時と同じように、列強諸国は弱国の利益を犠牲にして強国の妥協を図る私利私欲の傾向を表し、中国人にかんばしくない印象を与えた。しかもワシントン会議後、軍閥戦争はさらに列強の勢力範囲争奪に利用された。軍閥戦争が行われるたびに、勢力範囲が再分配される。一九二〇年、英米に支援された直隷派《ちょくれいは》軍閥は、日本に支援された安徽派軍閥を打ち破り、奉天派軍閥とともに北京政府を握った。その後、直隷派と奉天派との権力闘争によって、一九二二年に第一次直奉戦争が起こり、呉佩孚《ごはいふ》の直隷派は張作霖の奉天派を東北に退け、北京政府を完全に握るようになった。これによって、民国再建を目指す孫文は、最大の軍閥である呉佩孚の直隷派に立ち向かわなければならなくなった。この状況において、内戦持続の要因は二十一カ条要求のみでなく、すべての不平等条約にあり、軍閥の戦争と列強の侵略は同時に対決すべき課題であると、孫文は痛感した。

以上の状況によって、孫文とソ連との接近が促された。まず中国に対する不平等条約の撤廃を表明するカラハン宣言は、マルクス主義を受け入れた新青年だけでなく、孫文にとっても意義があった。また、失敗を繰り返してきた孫文は、ソ連の支援を期待するようになった。彼は自身の軍事力を持っておらず、今まで南方の軍閥に頼って北方の軍閥と戦うという方法を取ってきた。一九二一年広州で新たに中華民国政府を設立し、北伐による中国統一を企てたが、広西派軍閥出身の陳炯明《ちんけいめい》の軍のクーデターによって挫折したので、ソ連の支援を得て国民革命の軍隊を建てようとした。また政党運営の面で、同盟会を中華革命党に、さらに国民党に変えてきたが、党は依然としてまとまらず、強力に革命を指導する力が備わらなかった。

苦悩のなかで、孫はロシア革命モデルから啓発を受けた。孫の関心は主にソ連共産党の組織の在り方にあり、明確な綱領と章程を持ち、厳密な紀律と組織制度を備え、国家と軍隊を指揮する政党を目指した。一九二三年、ソ連の指導を受けて国民党の改組を行った。むろん、孫文は社会主義に転向したのではなく、民生主義と社会主義の類似点を感じただけである。したがって、国民党の綱領は三民主義を維持し、中国民族解放運動を当面の課題としたのである。

他方、中国共産党は社会主義を綱領としたが、中国民族解放運動という当面の課題を国民党と共有した。そして孫文は、中国共産党と手を結ぼうというコミンテルンのソ連顧問の提案を受け入れ、「聯ソ、容共、扶助工農」という三大政策を打ち出し、一九二四年に国民党第一回全国代表大会（一全大会）を開催し、第一次の国共合作の体制を作った。このようにして、不平等条約撤廃を目指す反帝闘争と内戦中止を目指す反軍閥闘争を同時課題とする国民革命が始まったのである。

孫文の「大アジア主義」

欧米の帝国主義列強に反対するという立場から、孫文は再び日本に期待をかけた。日本に対する孫文の認識は実に複雑なものであった。犬養毅宛ての一九二三年一一月一六日の書簡に、この複雑な対日観がはっきり現れている。孫文は犬養毅を中国革命への同情者としており、犬養が入閣したことをきっかけに日本の理解と支持を呼び掛けたのである。その書簡で孫文は、中国の「自強」を望まないのが列強の従来の政策であり、今までの革命がほとんど列強に反対され、今回も妨げられるに違いないと述べた上、「日本もひたすら列強に同調する行動を取り、中国およびアジア各民族の人心を失う実に間違った策略である」と指摘した。また、第一次世界大戦後に現れてきた民族独立運動を「一種の新世界の勢力」として捉え、「人類のうち圧迫されている部分の人々が大いに自覚し、一斉に立ち上がって強権に抵抗すること」、「この部分の人々においてアジア人が一番多いから、アジア民族もこの世界的潮流の影響を受け、必ず立ち上がってヨーロッパの強権に抵抗する」と語った。

世界史的背景を踏まえて、孫文は日本に対する期待と批判を次のように表した。「列強が最初に中国を併呑しようとしたが、他の強国に牽制され、瓜分《かぶん》を協議することになった。しかし図らずも、日本が東アジアの海隅に奮起し、列強の瓜分の企みを挫いた。その時、中国四億の人民とアジア各民族は日本をアジアの救世主と考えたのである。あにはからんや、日本は遠大な志も高尚な謀もなく、ひたすらヨーロッパの侵略政策をまねることばかり考え、あえて朝鮮を併呑する暴挙を行い、アジア全域にわたって人心を失ってしまった。なんと惜しむべきことであろう」。さらに、「中国の革命はヨーロッパ帝国主義に死刑を宣言する前触れであり、列強政府が中国革命に反対するためにどんな政策も尽くすのは、このためである。日本政府がこれを洞察せず、それに従って（中国革命）に反対するのは、自殺行為ではないか。日本の（明治）維新は実に中国革命の原因であり、中国革命は実に日本の維新の結果であり、両者はもともと一連のものとして、東アジアの復興を成し遂げるものである。その利害がこれほど緊密に共通しているのに、日本は中国革命に対して、どうしてヨーロッパの真似をして中国を忌み中国を害するのであろうか」と忠告した。この意味で、孫文は「毅然として思い切って中国革命の成功を支援する」よう、日本に呼び掛けたのである（『孫中山文集』下、五五九～五六二頁）。

一九二四年初、国民党第一回全国代表大会で国共合作が成立し、広州・長洲島の黄埔《こうほ》で陸軍軍官学校が設立され、国民革命が本格的に始まった。孫文は最大の直隷派軍閥と戦うために、まず奉天派軍閥、安徽派軍閥と提携した。同年九月、第二次直奉戦争が起こったが、はからずも、直隷派の内部で馮玉祥《ふうぎょくしょう》が反逆して呉佩孚《ごはいふ》の勢力を倒し、国民軍と自称し、段祺瑞を大元帥として迎えた。そして、馮玉祥、段祺瑞、張作霖は、孫文に国の大計を共に協議するよう北上を要請した。これに応じ、孫文は北上の目的として、第一、国民議会の召集、第二、不平等条約の撤廃を宣言した。北上の途中、神戸に立ち寄り、日本の人々に国民革命の重要性を語り、理解と支持を求めようとした。

神戸に到着した孫文と宋慶齢
（陳徳仁・安井三吉編『孫文・講演「大アジア主義」資料集』法律文化社、1989年より）

一一月二四日、孫文は神戸に到着して熱烈な歓迎を受けた。歓迎会の演説で孫文はこう述べた。「われわれの中国革命は十三年にわたって、常に反革命勢力によって妨げられ、徹底的な成功が得られなかった。その反革命勢力とは軍閥である。なぜ、軍閥はこんなに大きな力を持っているのか。軍閥の背後に帝国主義の援助があるからである」。「本当の平和と統一を実現するには、軍閥を絶滅させなければならない。軍閥を絶滅させるには、軍閥を通じて悪事をする帝国主義を打破しなければならない。帝国主義を打破するには、内外の一切の不平等条約を廃棄しなければならない」（同上、五七〇、五七二頁）。

しかし、孫文の来日に対して、加藤高明内閣は冷淡であった。犬養毅も孫文からの面会要請を受けたが、代理を神戸に迎えさせただけで、本人が姿を現さず、前の孫文の書簡にも返事しなかった。日本の民間有識者と見なされた頭山満は、ホテルまで孫文に会いに来たが、その目的は、満蒙の日本の特殊権益の返還を口にしないよう釘をさすことにあった（『孫文・講演「大アジア主義」資料集』、三二一〜三二二頁）。

一一月二八日、孫文は神戸で「大アジア主義」についての講演を行った。まず、日本をアジア民族独立運動の先駆者として捉え、「日本が不平等条約を廃棄した日は、われわれ全アジア民族の復興する日である」、「日本がロシアに戦勝した結果、アジア民族独立の大きな希望が生まれた」と述べた。その上に、大アジア主義を「東方の文化と西方の文化との比較と衝突の問題」として論じ、「東方の文化は王道であり、西方の文化は覇道である。王道を講ずるものは仁義道徳を主張する。覇道を講ずるものは功利強権を主張する」と指摘した。この観点から、「圧迫されているアジア民族のために、どのようにしてヨーロッパの強い民族に抵抗するかという問題」こそ、大アジア主義の解決すべき問題であると説き、そのために取るべき姿勢として、「われわれは大アジア主義を論じる時、王道を基礎としなければならない。…われわれが提唱する弱者の味方の文化は、即ち覇道の文化に反逆する、すべての民衆の平和と解放の文化である」と語った。

講演の最後に、「日本民族は既に欧米の覇道文化を得たのであるが、またアジアの王道文化の本質をも有している。これからの世界文化の前途に対して、西方の覇道の猟犬となるか、それとも、東方の王道の干城となるかは、日本国民が慎重に考慮してその一を選ぶべきである」と、孫文は日本に問いかけた（同上、五六、五八、六四～六五頁）。孫文の「大アジア主義」も、日本のアジア主義に対する一種の改変である。講演の内容全体は日本への批判を控えているが、それはぎりぎりまで日本の理解と支持を期待したからであろう。

翌年三月、孫文は病のため北京で死去した。しかし、国民革命の展開につれて、「軍閥打倒」、「帝国主義打倒」、「不平等条約廃棄」という語が広く社会に浸透し、民衆にはナショナリズムの自覚が急速に高まった。国民革命では、黄埔陸軍軍官学校の人材を中心とする軍閥討伐が行われたばかりでなく、大都市における反帝の抗議活動も展開された。一九二五年二月と五月、上海の日本企業・内外綿株式会社の工場で女工殴打事件、日本人職員による労働者銃殺事件が起こり、また四月、青島の日本紡織工場のストに対する日本軍と奉天派軍閥の弾圧事件が起こった。これに対して、上海の労働者は抗議ストを行い、そして、公共租界（英米）の工部局によって権利が侵害された中国の民族資本家と、各大学の学生も抗議ストに加わり、反帝の用語を明確に掲げた大規模な運動へと発展した。イギリス租界の巡査は抗議デモの学生を逮捕し、市民と学生に発砲し、十数人の死者と多数の負傷者を出した。これが五・三〇事件である。上海の各階層ともこの虐殺事件に憤り、六月に労働者、商工界、学生が一斉に抗議運動に立ち上がり、五・三〇運動を展開した。また、五・三〇運動を支援するために、広州と香港の労働者も大規模なデモを行ったが、イギリス軍はデモ隊に発砲し、五十二人の死者と百七十余人の負傷者を出した。このときの抗議デモでは、日本とイギリスが抗議の主な対象となった。

三　アジア民族同盟と統一戦線下の抗日戦争

アジア民族会議とアジア主義の分岐

日本から発信したアジア主義は、アジア諸国との共働の中で発展と変化を辿り、一九二六年八月、長崎で第一回全アジア民族会議が開催されることになった。この会議は、国を跨《また》るアジア地域協力の最初の試みであった。企画者は日本の大アジア協会であり、中国のアジア民族大同盟と連名して開催されたのである。大アジア協会は、アメリカの排日移民法に対する反発が高まる中で、一九二四年に設立されたものである。有色人種に対する白色人種の抑圧に抵抗するために、アジア民族の団結を図り、「大アジアの発達を図り以て世界の平和と全人類の福祉に貢献すること」を主旨とする。アジア民族大同盟は、五・三〇事件をきっかけとして一九二五年に発足したものである。黄攻《こうこう》素《そ》ら経済学関係の知識人は、不平等条約とくに関税自主権のない状況によって中国経済の自主性が妨げられていることを深刻な問題とし、欧米列強とくにイギリスに抵抗しなければならないと考え、アジア諸民族の大同盟を発案した。むろん、「アジアの有色人種が団結して白色人種を排斥するのではなく、人類の自由と平等のために、白色人種のアジア侵略に共に抵抗するのである」（『亜細亜民族第一次大会始末記』三六頁）。この点で両者の認識は共通している。

　日本の大アジア協会は中国のアジア民族同盟の設立を知ってから、今里準太郎を二度も中国に派遣して、アジア民族大同盟と協議し、一九二六年二月に、双方の連名で全アジア民族会議開催についての趣意書を作成し、同年八月の開催を決めた。この会議は、正式な代表と非公式な代表を含めて日本、中国、インド、フィリピン、朝鮮、ベトナムの人々も参加しており、アジア諸民族協力の実践において画期的な意味を持っている。しかし、アジア主義に関する考え方の分岐もこの場でリアルに表している。

　まず日本の立場は、西洋列強に抑圧されるという体験をアジア諸国と共有しているが、同時に、国家の独立を維持しながらアジア諸国に侵略の手を伸ばしている。この問題について開催の趣意書は触れなかった。中島岳志が指摘しているように、「「全亜細亜民族の共存共栄」や「人類平等」を謳いながら、当の日本政府が中国・朝鮮に対して帝国主義的支配を行っていることへの批判が全く欠如している」(『中村屋のボース』一七九頁)。日本のこの姿勢について、李大釗の批判は過激なところもあったが、「一方では、アジア民族に自らの覇権を強制し、他方では、白人種の民族に気勢を示す」という指摘が(『政治生活』七九期、一九二六年七月二一日)当たっているといえよう。

李大釗と同じ観点からこの会議に疑問をかけた中国人も多かった。しかし黄攻素は、「中日連合とは中日の人民の団結であり、中日の軍閥の連合ではない」という観点からこの会議を受け止めた(『亜細亜民族第一次大会始末記』七八頁)。出席代表の一人・林可彝も、「アジア民族大同盟は、抑圧されているアジアの民族を助けるために設立した組織である。日本は抑圧されている民族ではないが、日本の国民が政府や資本家に抑圧されているため、互いに協力できる」という観点を表した(『世界瑣聞』一九二六年七月九日)。人民の連帯による問題解決を期待したのであろう。

また、日中間の不平等条約について両国代表は紛糾した。本会議開催前日、中国の代表は二十一カ条要求の撤廃を決議書に記入するよう求めた。人民の連帯による問題解決という立場からの要求であろう。これに対し、日本の代表・今里準太郎は現役代議士の立場であるため難色を示した。そして「広く亜細亜民族間の不平等条約撤廃」を目指すことを明記するという妥協案で対応したが、中国の代表は一歩も譲歩しなかった。翌日は午後五時三十分本会議開始まで議論を続けたが、双方は激しく対峙した。この日に出席した日本の四人の代議士は、「国を売りて迄も本会代表たるの要なし」として、会議への不参加を宣言し、席を立った。中国の代表も主張を受け入れないならば、会議から脱退するとして席を立とうとした。インドのR・B・ボースは日中間の調停に乗り出した。その結果、アジア民族自身の不平等問題を解決しなければ、ヨーロッパに平等と解放を要求することもできないという趣旨で、決議文に「現在中日間に存する不平等条約は、須《すべから》く亜細亜民族の共存共栄の目的の為に、相互誠意を以て取消に努力すべし」と明記した（『中村屋のボース』一八〇～一八三頁）。交渉の過程において、日本の代議士が自国の侵略政策に対する異議の表明を「国を売」るとして捉えたのは、彼らの標榜するアジア主義が日本自身のアジア侵略を許容することを物語っている。

それから、各国の代表の扱いにおいても差別があった。本会議において、日本、中国、インド、フィリピンの代表は皆演説を行い、入国できなかったアフガニスタン代表からのメッセージも読み上げられたが、朝鮮代表は参加していながら演説を行うことができず、他の代表と同様な扱いを受けなかった。しかも日本の主催者は、最初に朝鮮代表の参加を認めなかった。そして朝鮮メディアからの強い反発の中で、李東雨をはじめ、日本当局に協力的な朝鮮人数名を朝鮮代表として会議に招致することを決定した。このような状況下で、二日目の委員会に出席を許されなかった姜世馨による抗議騒動も発生した。また、議長の今里が指名した理事には朝鮮人が外された。また、主催者は日仏条約への配慮から、ベトナム代表を会議に招くことを見送ったが、ベトナムのフェレバー・ロイが危険を冒してまで強引に会議への参加を果たし、傍聴席から壇上に登って、フランスの横暴な支配によるベトナムの惨状を訴えた（同上、一八五～一九二頁）。これらの出来事も、アジア諸民族の真の平等を目指す志向が欠けた日本のアジア主義の矛盾を物語っている。

国共対立と日本の侵略拡大

中国の知識人がアジア民族同盟の民間外交を展開するとほぼ同時に、国民革命は北伐戦争をたくましく進め、一九二八年六月、軍閥に握られた北京政府を倒し、他の地方軍閥をも帰順させ、間もなく全国を国民政府の支配下に置いた。そして、国民政府の外交部は速やかにすべての不平等条約を廃棄すると宣言した。アメリカは率先して同年七月に中米関税条約を調印し、中国の関税自主権を認め、他の国もこれに随って次々と新関税条約に調印した。最後に日本も、一九三〇年に一部の保留を含む日中関税協定に調印した。不平等条約の改正は完全に達成できなかったが、最大の外交的成果として関税自主権の回復が得られたのである。

しかし、国民革命によって成立した国共合作体制は、真の国民統合を果たしたのではない。「合作」として捉えたのは、コミンテルンと中国共産党だけである。中国共産党は国共合作と同時に独立した政党として存在し、労農運動や下層人民のプロレタリア革命を進めようとした。しかし、国民党の捉え方は違っており、共産党員が個人の身分で国民党に加入するのは、最終的に国民党員に成りきることであると受け止め、「合作」より「併合」を目指すことであるとした（『中国近代通史』⑦、四四〜四八頁）。孫文にとって、共産党を許容した最大の原因はソ連の援助を得る必要性であり、共産党の主義に対する賛同のゆえではなかった。孫文の国民統合構想は基本的に、単一の政党・国民党による国家統治であった。

また、国内の民族問題については、そもそも革命派の民族主義は排満を中心としていた。中華民国誕生後、五族共和の方針が出され、五色旗が採用されたが、一九一二年の国民党宣言には、「種族の同化を励行し、よって国内の文明の均質化を発展し、道を一つにして気風を同一にする」という内容を明記した（「国民党宣言」一九二一年八月一三日、『孫中山文集』上、三二五頁）。また一九一九年、孫文は「三民主義」を論じて、五族共和を四分五裂の原因とし、五色旗を不吉なものとして否定し、中華民族の強い同化力をもって諸民族を一つの炉の中で精錬すると唱えた（「論三民主義」同上、三九頁）。

一九二四年、国共合作成立後の国民党一全大会宣言では、コミンテルンの影響によって三民主義に新しい解釈が導入され、「中国の民族解放を求めるほかに、中国域内における諸民族の一律平等を主張し、少数民族の自決権を認める」という内容があった（『聯共（布）、共産国際与中国国民革命運動』四六二～四六三頁）。しかし同時に、孫文は「三民主義」十六回講演で、諸民族を同化して一つの「国族」を形成するという民族同化論を唱えた（『孫中山文集』上、一一四～一一五頁）。しかも、一九二六年の国民党二全大会宣言では、弱小民族の「自決・自治権」という条項が撤廃された。一全大会の民族自決政策に基づいて自治運動を進めてきた内蒙古人民革命党はこれで衝撃を受けた。

他方、中国共産党はそもそも各民族人民の反帝闘争という立場から、民族自決と連邦制を構想した。むろん、それは中国本部で連邦制を採用するのではなく、蒙古、新疆、西蔵（チベット）の異民族が人民の革命によって自決を行った上、中国本部と連合して中華連邦共和国を結成するという国家統合の構想であった。ただし真の民族自決として、帝国主義、軍閥、王公などの支配階級を倒すプロレタリア革命を前提条件とした（『民族問題文献彙編』一五～一六、一二四頁）。そして国共合

青天白日旗
（太陽が白、周りの地色が青）

作当初から、コミンテルンの指示した方針に沿って、民族の自決と連邦制の導入を主張した。

国民党と共産党との間にこうした様々な分岐があったため、第一次国共合作は早くも決裂し、双方には残酷な対立闘争が発生した。一九二七年、北伐が大きな勝利を収めるにつれて、蒋介石は上海で軍隊をもって共産党員と労働者を虐殺する四・一二クーデターを起こした。その後、南京に国民政府の都を定め、また正式に五色旗を廃止して、青天白日満地紅旗を国旗（一四三頁参照）、青天白日旗を国民党党旗と定めた。そして、粛清される側の共産党は同年、朱徳らの南昌蜂起と毛沢東指導の湖南農民の秋収蜂起を経て、毛沢東と朱徳を中心とする労農紅軍の建設と発展に転じた。その後、共産党は反帝・反封建とともに蒋介石政権打倒という方針を打ち出し、また民族政策についても、内蒙古民族の自決権利を認めるなど、弱小民族の自決・自治運動を支援する立場を独自に表明した（同上、八三頁）。これと違って、国民党は蒙、回、蔵などの諸民族に対し、「訓政」による単一「国族」への同化、省制の導入、北西部への漢人入植などの政策を進めていった。

蒋介石は国民党による国家指導という孫文の思想を、一つの国家に一つの民族、一つの政党、一人の領袖という均質性の強い独裁的な「党国」思想に濃縮し、国民党の一党独裁体制をいっそう強化し、反対政党を非合法にして武力による徹底的な粛清を行おうとした。共産党勢力の成長に対して、南京の蒋介石政権は各種の軍事勢力を結集し、一九三〇年から三四年にかけて共産党根拠地に対する包囲掃討戦を五回も行った。これは大規模な内戦に違いないが、南京政府はこれを匪賊掃討として正当化し大いに力を入れた。他方、国民党内部で南京政府と各派閥との紛争、または中央政府軍と馮玉祥の西北軍、閻錫山の山西軍、張学良の東北軍、李宗仁らの広西軍などの地方軍との紛争については、有効な対策を取らなかった。中国は依然として四分五裂の状態であった。そのうえ、蒙、回、蔵などの諸民族に対する国民党の同化政策は逆に、同化される民族の人心離反を招き、他方、共産党のプロレタリア革命を伴う民族自決の支援も、逆に、少数民族の王公貴族や上層階級を中国離れの方向に転じさせる作用があった。

中国内部が深刻な対立と分裂を抱えたこの時期、日本は中国に対する侵略を拡大していった。この状況に直面していながら、南京政府はひたすら共産党の存在を最大の障害とし、「攘外」より先に「安内」すべきだという方針の下で、共産党に対する包囲掃討戦にいっそう力を入れた。一九三一年に満州事変（九・一八事変）が起こっても、蒋介石政権は軍事力を共産党掃討に集中した。日本の侵略拡大に対して、一九三七年までは基本的に受け身な応戦しか行っておらず、真の抗戦がほとんどなく、対日問題の解決は主に列強の勢力均衡に頼り、国際連盟の干渉を期待したのである。

他方、日本の侵略に対する中国民衆の抗議は益々高まった。満州事変に対し、南京、上海、北平、天津、広州などの大都市を中心に、先頭に立つ学生をはじめ全国各界は奮い立って、抗議運動を展開した。上海は中国における日本の最大の貿易、水上運輸、製造業の中心であった。上海にいる日本居留民は満州事変と日本政府の強硬な態度に励まされ、日本居留民大会を開き、中国を懲罰して中国人の排日運動を消滅させようと大声を挙げた。そして、上海駐在の日本の青年軍人と居留民強硬派の挑発によって、一九三二年一月上海事変が起こり、多くの日本海兵隊が上海に上陸し、武力によって排日運動の取り締まりを迫った。この状況に置かれ、南京国民政府は全国の対日抗議運動に直面して応戦を決めた。上海守備の十九路軍は積極的に抗戦したが、国民政府は「抵抗しながら交渉する」という姿勢を取り、結局「攘外」より「安内」を優先した。

満州事変後、日本の関東軍は満州を日本領土に入れようとしたが、国際的な干渉を考慮し、清朝最後の皇帝溥儀を利用して日本支配の傀儡政権を作ることにした。上海事変が収束に近づく頃、関東軍は満州国の成立を宣言した。一九三三年、国際連盟が満州国を承認しないことで、日本は国際連盟を脱退した。さらに、中国東北の抗日勢力を防ぐために熱河省を満州国の版図に入れようとし、また戦争を引き起こした。蔣介石は共産党掃討に兵力を集中したため、日本への有力な抵抗を行うことができず、日本軍は東部の長城線を越えて突き進んだ。これに対し、国際連盟の特別大会は日本を非難する決議を通し、国際的な干渉によって、戦火の拡大が阻止された。結局、日中双方が塘《タン》沽《クー》停戦協定を調印し、日本軍の侵攻を長城の境で止めた。しかし、日本は事実上、中国の東北を占領することになった。

日本は中国東北への統治を強固にした上、侵略範囲の拡大を図り、中国内部の各種の対立を利用して、満州国のような日本に制御される傀儡政権をさらに作ろうとした。まず華北地方の実力派と南京政府との対立や、国民党の同化政策または共産党のプロレタリア革命に対する蒙古上層階級の不満に着目し、「華北国」や「蒙古国」の形成を推し進めた。一九三五年から華北分離工作を行い、日本に指導される華北の自治政権を扶植し、国民政府の勢力を華北から駆逐しようと企んだ。日本の様々な画策に対し、南京政府は事態の拡大を極力避けるために、依然として妥協の姿勢を取り、梅津・何応欽協定、土肥原・秦徳純協定を次々と調印した。しかし、日本の狙った華北分離は、華北地方の最高長官・宋哲元が日本提案の自治宣言に協力しなかったため、実現できなかった。他方、そもそも中華民国の中での高度自治を求める徳王の内蒙古自治運動は蒋介石政権に拒否され、また、内蒙古の王公やラマは共産党の推進する下層人民の革命をも恐れたが、日本はこの状況に付け込んで民族分離を図り、徳王の政府と軍隊の建設を助力し、一九三六年に蒙古軍政府が成立した。

抗日民族統一戦線、独立の実現

満州事変後、民間の抗日救亡の叫び声が急速に高まった。南京政府が共産党への掃討作戦に兵力を集中し、日本の日増しに拡大する侵略に対して抗戦を控えたことは、青年学生と知識人の怒りを招いたのである。全国各地で学生は大規模な請願運動を繰り返し、知識人は各種のメディアを通じて内部統一と対日抗戦を呼びかけ、「内戦を直ちに止め、共に外国の侵略に立ち向かう」という主張が知識人や民衆に広く共有された。日本の華北分離工作が起こってから、中国人は満州国の二の舞になる危険性を痛感した。多くの温和な知識人も今までの対日妥協を間違いとし、かつて中国の抗日能力に疑問を持っていた胡適も「屈辱は切りがない」と認識し、「統一した力によって国を守る」ことを主張するようになった（『独立評論』一七九号、一九三五年一二月一日。『大公報』一九三五年一一月一七日）。

ただし、国共対立の問題を解決するためには、南京政府に共産党への掃討作戦を止めさせるだけでなく、共産党にも国家と民族の危機を深く認識させる必要があった。共産主義は国境を越えたプロレタリアの世界革命を目指し、ナショナリズムとは原理が違っているが、世界各民族の反帝と独立もその課題に含まれている。中国共産党は各民族の下層人民革命と自決を進めてきたが、中間派の知識人から見れば、中国共産党も中国人であり、国家の存亡危機への憂慮を共有することができる。「民族を基軸とすれば、いかなる複雑な利害があっても、双方の接点が必ず得られる」と確信して（『再生』創刊号、一九三二年五月二〇日）、国民党と共産党の両側に働きかける知識人も多かった。

また、中国共産党も長征で多くの少数民族と接触し、民族政策の修正を考えた。一九三五年八月の毛児蓋会議で、毛沢東らはプロレタリア革命に適しない少数民族の状況を認め、「至る所でソビエト式の少数民族政権を組織してはならない」、「民族統一戦線を結成する可能性がある」と確認した（『中国共産党通志』③、一〇九頁）。他方、コミンテルンでは、ドイツのナチスの台頭と日本の侵略拡大などの国際情勢に対応し、植民地・半植民地で反帝統一戦線を結成するという方針を決めた。同年八月一日、コミンテルン駐在の中国代表団は「抗日救国のために全同胞に告げる書」（「八・一宣言」）を発表し、「全中国の統一した国防政府を組織する」ことを提案し、抗日民族統一戦線という政策を打ち出した。この宣言は、政見や利害の異なる各党派、各団体、各軍隊を問わず、内戦を停止して抗日救国のために奮闘するよう呼びかけ、帝国主義に反対する海外華僑および中国域内の各民族を含むすべての同胞に抗日連合軍を結成するよう呼びかけ、また、民族平等の政策を実施する方針を明確に出した（同上、二二一、五九頁）。こうして、中国共産党は下層人民の革命を貫く従来の方針を修正し、闘争の対象であった資本家や富農、少数民族の王公貴族とも団結するよう方向を転換した。これは国際的民族解放運動の枠内における転換として、中国ナショナリズムと合流したものであり、日本共産党の「転向」とは性質が違っている。

「八・一宣言」は全中国に大きな影響を与えた。日本が華北地方を第二の満州国にしようとして脅威を与え続けるという状況の中で、抗日民族統一戦線という旗印を掲げる「八・一宣言」が新しい方向を指し示した。北京（北平）の各大学・中学の学生は北平学生連合会を組織し、華北傀儡政権の成立を阻止しようとした。一九三五年一二月九日、北京で学生が大規模な抗議デモを行い、「内戦を停止し、一致して抗戦しよう」と要求した（一二・九運動）。政府は軍隊と警察を出動して抗議デモに弾圧を加えたが、逆に全国各界の怒りを刺激し、至る所で各界の救国会が成立した。地方の軍閥も抗日民族統一戦線の樹立に応えようとし、また、回族をはじめ内蒙古および西南部や南部の諸民族も抗日民族統一戦線への参加に動き始め、巨大な抗日ナショナリズムが現れてきた。各民族は自民族のアイデンティティを持つと同時に、中華民族としてのナショナル・アイデンティティを共有するようになった。ここに至って、中華民族とは単一の「国族」概念から、中国域内の諸民族を包括する複数性的概念へと変わった。複数性を含意する中華民族概念を拠り所にして、共産党は抗戦期に民族区域自治の実験を行った（『中国民族政策の研究』二五七～二五九頁）。

むろん、今まで共産党に対する掃討を行ってきた国民党でも、コミンテルンの政策転換と「八・一宣言」に影響されて変化が起こった。まず、共産党掃討の前線・西安に置かれた張学良の東北軍

西北文化日報

中華民國二十五年十二月十三日

全國民衆迫切要求

爭取中華民族生存

張楊昨發動對蔣兵諫

通電全國發表救國主張八項

改組南京政府容納各黨各派

救亡領袖

救亡領袖

張楊等通電全國

發表救國主張

西安各救

昨召

『西安文化日報』に報道された西安事件の記事（1936年12月）

には、日本の侵略によって東北の故郷を失った多くの軍人が内戦に飽きて、日本への妥協政策を批判し、張学良も陝西北部の共産党と連絡して共に抗日を図るよう動き出した。また、蒋介石も共産党と秘密に連絡を取り、日本を牽制するためにソ連との連携を図った。ただし、蒋介石は対日抗戦の前に共産党との内戦に勝利しようとした。この点は、共産党と和解する張学良と違った。共産党が蒋介石と南京政府の抗日を歓迎する姿勢に変更したという状況の中で、張学良は蒋介石に忠順を示しながら、内戦停止と団結抗日を慎重に説いた。蒋介石は聞き入れず、一九三六年一二月、共産党掃討を督戦するために南京から西安に行った。これに対し、張学良は蒋介石に抗日を迫るために、武力によって諫めざるを得ず、蒋介石を監禁した。これが西安事件である。

西安事件がきっかけとなって、国共合作による抗日民族統一戦線が結成され、紅軍が国民党軍の第八路軍と新四軍として国民政府の支配下に編入された。一九三七年七月七日の盧溝橋事件を発端とする日中戦争（抗日戦争）が勃発した後は、基本的に抗日民族統一戦線の下で、国共両党が手を結んで全国の各団体、各階層、各民族とともに抗戦を行った。これは国民を最大限に統合したナショナリズムの実現であった。

しかし、外来侵略の危機が極めて深刻となった状況下の統合であり、国共両党の間の問題は必ずしも解決されなかった。蔣介石は今回の統一戦線を契機として、共産党の「無国家と反民族の主義」を根絶しようとした（『中華民国重要史料初編』第五編①、一一六一頁）。実際、蔣介石は統一戦線を国共合作ではなく紅軍の投降として捉え、共産党の独立的な地位を終始認めなかった。すでに一九三七年二月の国民党三中全会で『赤禍根絶に関する決議案』を通し、三民主義と相容れない赤化宣伝や、社会安寧の破壊と民衆暴動につながる階級闘争を根本的に止めさせると決めた（『中国国民党歴次代表大会及中央全会資料』下、四三三～四三四頁）。一九四一年一月、国民党軍による新四軍攻撃の皖南事件をはじめ、抗日戦争期においても、共産党勢力を攻撃する事件が時々発生した。太平洋戦争（第二次世界大戦）が始まった後、日本が戦う相手は中国だけではなく米、英などの諸列強も含まれたため、蔣介石は日本の敗北を決定的なものと予測し、後の共産党との内戦に備えて国民党の軍事力を温存した。

日本敗戦後、中国本土は主権を基本的に取り戻したばかりでなく、ポツダム宣言によってカイロ宣言の条項が履行され、日本が台湾を中国に返還し、国民政府が中国の正統政権としてこれを接収し、台湾は日清戦争以来半世紀にわたる日本による植民地支配を終えて光復に至り、中国の国家独立は一応実現した。しかし、全中国の統一はまだ実現していない。抗日戦争の終戦後、国共両党の対立問題が浮上してきた。

戦後中国の最大の政治課題は、抗戦前から知識人が強く求め、各界が共に望んできた「訓政」（国民党の一党独裁体制）の打破と憲政への転換である。一九四五年五月、国民党は第六回全国大会で、国民党の主導権が確保できるような憲政方針を決めた。これに対し、共産党は同年四〜六月の第七回全国大会で、各政党政派が平等に参加する連合政府の構想を提起した。二つの政権構想をめぐって両党は対立した。中国民主連盟の反内戦活動とアメリカの調停によって、一九四五年八〜一〇月、国共両党が重慶で会談を行い、一〇月一〇日付の合意文書（双十会談紀要）を公表し、国民党の指導を認めながら、政治協商会議という党派間協議の新しい機構の創設を合意した。そして一九四六年一月に、政治協商会議が開催され、「平和建国綱領」「国民大会案」などの提案が採択された。

しかし、平和建国と民主化を図るこの過程において、政府軍の一部による共産党系学生への襲撃や、政治協商会議祝賀大会に国民党員が殴り込む事件、内戦反対請願に対する暴徒の襲撃、国民党を批判する民主同盟の幹部の暗殺事件など、国民党による一連の暴力行為が発生した。また、一九四六年三月の国民党の第六回二中全会で、政治協商会議の合意内容が批判され、国民党の一党独裁体制を維持する諸決議が採択された。

このような状況下で、国共両党の対立が激化し、蒋介石は軍事力による事態解決を決め、一九四六年六月共産党勢力への進撃を命令し、全面内戦を発動した。当時の国際情勢は冷戦下にあり、アメリカが蒋介石政権に軍事援助を提供したため、国民党軍は総兵力四百三十万、そのうち、米軍の最新装備を持つ正規軍二百万という圧倒的優勢を持って、兵力百二十七万で装備も旧式のものしか持たない共産党軍に進撃した。しかし、国民党は独裁維持のための強硬策と内戦発動によって国民の支持を失った。

内戦の結果、共産党は勝利した。一九四九年九月の政治協商会議第一回全体会議で、毛沢東は中華人民共和国の成立を宣言し、「われわれ中華民族は今から平和と自由を愛する世界諸民族の大家庭の一員となり、勇敢かつ勤勉に、みずからの文明と幸福を創造するとともに、世界の平和と自由を促進するために働くであろう。わが民族はもはや侮辱される民族ではなくなった。われわれはすでに立ちあがったのだ」と述べた（『毛沢東著作選読』下、六九一頁）。敗れた国民党は同年一二月、中華民国政府を台湾に移転し、「反攻大陸」のために実力を再建しようとした。

中国人民政治協商会議第一回会議で講演する毛沢東（1949年9月）

すでに抗日戦争終戦後から、国民党は台湾において、従来大陸で実施してきたような一党独裁と民族同化の政策を採り、一九四七年二月二八日の台湾民衆による反国民党暴動を招き、国民党の武力弾圧によって二万人以上の犠牲者を出した（二・二八事件）。また、国共内戦で国民党の敗勢が決まった一九四九年五月から、中華民国政府は共産主義に抵抗するという理由で、台湾全土に戒厳令を実施し始めた。この戒厳令はその後、三十七年間も持続した。国民党の一党独裁は、台湾社会の人心離反を招いたに違いない。

ただし、一九四六年一一月、中華民国政府の国民大会で採択された憲政民主主義の性格を持つ憲法が台湾の民主化の法制的根拠として働いたのも事実である。他方、大陸中国においては、かつて在野の立場で連合政府の構想を主張していた共産党は、冷戦最中の国際情勢において、次第に一党独裁に変わり、中華人民共和国で「党国」思想による国民統合を行うようになった。

終　章　東アジアのナショナリズムの相克——あとがきとして

この共著は、東アジア地域のナショナリズムをその相互の歴史的連関のなかで理解することを目指したものである。一見してわかるように、序章・第一章・第四章・終章は米原、第二章・第五章は金《キム》、第三章・第六章は區《おう》が執筆した。三人で何度も研究会をして問題点を指摘し合い、ときには激論を交わしたが、ナショナリズムに対する三人のスタンスが完全に一致したとは言いがたい。まず六つの章の内容を、米原の観点で要約しておこう。

第一章は開国から日清戦争までの日本のナショナリズムについて論じている。強制的な開国によって西欧世界に編入されたとき、日本には大別してふたつの思想的企図が起こった。ひとつは中華的な世界像から離脱し、西欧中心の世界像への接近を正当化しようとする洋学者たちの活動で、福澤諭吉をはじめとする明六社の知識人たちによって代表される。もうひとつは、幕末の尊王攘夷運動のエネルギーとなった水戸学や復古神道にもとづき、西欧世界を敵視しつつ日本を「小中華」とする独自の国体を構想した。後者の動きが明治初年の神道国教化や教導職制となって現われたので、明六社の知識人たちは強い危機感をもって政教分離や信仰の自由を主張した。しかし明治十年代になると、相反するかに見えたふたつの流れは合流し、日本近代を特徴づける独特なナショナリズムを形成していった。本書ではこれを「国体ナショナリズム」という語で表現している。もとは丸山眞男が鼎談『戦後日本の革新思想』のなかで使った語である。

対立していたふたつの思潮が合流した背景にはさまざまな事情があったが、自由民権運動の隆盛が何より大きかった。政治空間における自由な言動の横溢は、強力な国民国家の形成を構想していた人々に国民統合の必要性を強く意識させた。統合のための凝集核として格好だったのが「万世一系の天皇」である。一八八一（明治一四）年頃を境に、福澤をはじめ明六社同人たちは「皇統連綿」を軸とする国体論のほうに明確に舵を切った。それが可能となったのは、政府が神道国教化を断念して、神道を宗教ではなく国家的な儀礼として再定義したことによる（後に占領軍によって国家神道と呼ばれることになった方針である）。これによって皇統神話はナショナリズムの核となる国民共有の歴史的記憶と位置づけられ、他方では限定つきながら「信仰の自由」が認められて、国体論の枠内で言論・信仰の多元主義が実現した。

立憲主義体制に移行する直前の一八九〇年一〇月、政府は教育勅語を発布し、「天壌無窮」の皇統への忠誠を中心とする道徳を「国体の精華」と称揚した。国体論は教育を通じて社会の底辺まで浸透することになったのである。一八九〇年代の論壇を二分した民友社と政教社は、ナショナル・

アイデンティティの確立と普及のために重要な寄与をした。ふたつの結社を代表する徳富蘇峰と陸《くが》羯南《かつなん》は、一面では、ともに立憲政（政党政治）の定着を自己の課題と考えたリベラルである。羯南は伝統保持を重視する保守主義、蘇峰は欧化主義の側に身を置いたが、ふたりはともに国体への強い信念をもったナショナリストで、西欧列強から日本が対等と看做される（recognized）ために心を砕いた。その意味で列強環視のなかで戦われた日清戦争は、日本が西欧から「適当な待遇」を受けるための「好機」と意識された。

第二章は併合されるまでの朝鮮（韓国）を扱っている。朝鮮ナショナリズムの基盤となった中華意識は、本章で「尊華論」と呼ばれている。それは一方で清国を宗主国とするタテマエに立ちながら、他方で満州族の清朝を夷狄王朝として蔑視し、自己を「小中華」とする自意識である。近代に入って、清国を中心とする中華世界が崩壊していく過程で、朝鮮はその地政学的な位置のために、周辺国（清国・日本・ロシア）の垂涎の的になった。そのために朝鮮知識人の「尊華」の意識は、一方では自己を伝統的な中華文明の体現者・擁護者として表出するとともに、他方では小国としての自己認識と結合して、他者のなかに「中華」を求める志向となった。

初期の朝鮮ナショナリズムのもうひとつの特徴は、ナショナル・アイデンティティの根拠が中華文明という普遍性にしか見出せなかったことである。それは政治的統合の核となるべき権力が、近代以降、国内の分裂・混乱と朝鮮をめぐる周辺国の勢力争いによって、大きく揺るがされたことにも起因する。開国後の国民国家形成が火急の課題だった時期に、国王の高宗《コジョン》が姻戚（閔妃《ミンピ》一族）と実父（大院君）の権力闘争を統御できず、そのために国民統合の凝集核となることができなかったのはその端的な例である。そしてこの人格的な凝集核の欠如の結果、朝鮮ナショナリズムは「尊華」の解釈をめぐって激しく分裂することになる。

それはまず「尊華攘夷論」と「尊華開国論」に分裂する。前者の典型は衛正斥邪論と東学である。両者はともに排外的ナショナリズムとして表出するが、中華文明という普遍性を根拠としているために、状況が変われば、他者を文明の体現者として受け入れる可能性も秘めていた。他方、尊華開国論の初期の代表者は朴珪寿《パクキュス》で、その門下から開化派が輩出して近代的なナショナリズムが形成された。しかし壬午軍乱を契機にした清国の内政介入によって、開化派はまもなく穏健派と急進派に分裂する。朝鮮は近世を通じて、一方では清国を蔑視しながらも、同時にもっとも忠実な朝貢国だった。しかし中華世界像の動揺とともに、清国との朝貢関係を保持するか否かが深刻な問題として浮上した。これと関連して、中華文明と西欧文明の評価をめぐる対立も生じた。中華文明の優越性を信じ「東道西器」の折衷主義をとる穏健派と、西欧文明の受容を説く急進派の対立は、朝鮮内部にナショナル・アイデンティティの確たる根拠がなかったために、政治的には「親清」対「親日」の相貌を帯びざるをえなかった。その結果、日清戦争によって清国の影響力が排除されると、日本の強引な内政干渉を誘発し、国王が自立性を確保するためにロシア公使館に退避するという事態になった。

こうして一九世紀末の朝鮮では、伝統主義（衛正斥邪と東学）・開化主義（独立協会）・絶対君主制（高宗）などの多様なナショナリズムが並立し、相互に対立する状況だった。しかし日露戦争を契機に、日本による保護国化・植民地化が強行されると、朝鮮ナショナリズムは多様な形をとりながらも「抗日」という単一の目標を共有するにいたった。

第三章は一八六〇年代後半に始まった洋務運動から辛亥革命までの中国の動きを扱っている。洋務運動や早期維新派による中華世界像の修正は、まず軍事力、次には産業や政治制度において西欧を受容する方向に深化していった。しかし華夷秩序による自他の峻別という意識が根本的な修正を迫られたのは、日清戦争の敗北とその後の列強による「瓜分《かぶん》」（半植民地化）という事態に直面してからである。日清戦争後のいわゆる変法運動を主導した康有為・梁啓超・厳復らは、旧来の中国の社会体制を明快に否認した。かれらは、多かれ少なかれ、社会進化論の影響を受け、国家を有機体と捉えて個々の民衆の役割を強調し、近代ナショナリズムへの水路を切り拓いた。儒学に依拠しながら、その大胆な読み変えによって、「変法自強」をスローガンとする戊戌《ぼじゅつ》政変の原動力となった康有為は、孔子教を国教とし、満漢の区別をなくして「中華」を国号とすることを唱えた。これは中国ナショナリズムの根底にあるアイデンティティの様相を明示したものである。

戊戌政変があえなく挫折した後、中国を席巻したのは民間宗教・義和団による排外主義運動だった。それは列強の更なる介入を招く結果となったが、アヘン戦争以後半世紀余りを経て、ようやく下からのナショナリズム運動が生起したことを示すものだった。列強と清朝政府による義和団運動の弾圧は、結果として、政治的には清朝打倒以外の選択肢がないことを露わにし、思想的には排満民族主義という方向性を明示することになった。孫文を代表とする革命派の誕生である。

「中華」（あるいは華夏）の本来の語義は文明の中心という趣旨だから、言葉じたいは普遍主義的で、文明が盛んところならどこでも中華と称しうる。しかし歴史的起源からして、この語は漢民族の自負心と不可分に結びついていた。「瓜分」の危機に立ち至ったとき、中国知識人がこの語をアイデンティティの根拠として想起し、再発見したのは当然だっただろう。ペリー来航後の政治過程で、植民地化の危機と屈辱を味わった日本知識人が、「万世一系」（王朝が変化したことがない）という「事実」に自己の自負心の根拠を見出したのと、事情はきわめて似通っている。孫文らの中国同盟会が黄帝紀年を使用したのは、その革命論がエスノセントリック（自民族中心主義的）な色彩を強く帯びていたことを証している。近代日本では、しばしば「金甌無欠」という語で侵略を受けたことがないことを誇ったが、日本の国粋主義から影響を受けた中国の国粋派は、漢民族の文化の固有性に自尊心の根拠を求めた。政治的独立ではなく文化の優越が、中華ナショナリズムの根拠だった。

第四章は日清戦争後から一九五〇年代までの約半世紀の日本を扱っている。日清・日露のふたつの戦争を通じて、日本は交戦相手国ではなく、むしろ観客席で勝敗を見守っている列強を強く意識していた。多くの知識人が腐心したのは西欧列強から十分な認知を受けること、すなわち西欧諸国と対等な国家として評価されることだった。戦勝によって日本は西欧との不平等条約を廃棄し、アジアで唯一の帝国主義国になった。しかしこの国際的なステータスの上昇の結果、日本は脱亜論とアジア主義のあいだで激しく動揺することになる。明治初年以来の近代化＝西欧化によるアイデンティティの揺らぎは、国体論イデオロギーによって最小限に抑えることができた。しかし目標だった列強との対等な位置を獲得したにもかかわらず、差別的まなざしは消滅するどころか、「黄禍論」という明確な形をとって登場した。おそらく黄禍論は、当時の日本人に実像以上に大きく見えたのだろう。米国で日本人移民に対する差別が顕在化し、ついに「排日移民法」となったとき、人々は激昂した。

しかし西欧列強の態度に不満があるからといって、安易なアジア連帯論を取るわけにもいかなかった。何より日本知識人には、アジア諸国のなかで国民国家の体裁をなしているのは日本だけだという認識があった。辛亥革命後の中国はまもなく軍閥割拠の状態になったので、中国を外交のパートナーとして西欧列強と対抗するという方針は、現実には問題外だった。したがってアジア主義的な傾向をもった論者は、列強と対峙する日本が盟主となってアジア諸国を保護すると構想した。いうまでもなく、ここで保護とは侵略の別の表現で、その端的な表現が「亜細亜モンロー主義」である。

亜細亜モンロー主義にはさまざまなバリエーションがあるが、もっとも明快なのは北一輝の場合だろう。北は第一次世界大戦中に執筆した『支那革命外史』で、「日支同盟」を軸にした亜細亜モンロー主義を説いている。それによれば、中国は強力な陸軍国となってロシアを打倒して蒙古を獲得し、日本は英仏などをアジアから駆逐して、満州・仏領インドシナ・豪州・英領諸島などを獲得するという。「日支同盟」という軸をはずせば、後の大東亜共栄圏を連想させる内容である。北にはパラノイア的なところがあるが、欧米列強と中国の両方から挟撃される立場にあった日本の位置をよく理解していた。日本の対中国政策が列強との協調を方針とするかぎり、利権回収を要求する中国の下からのナショナリズムが日本を標的にすることになると、かれは洞察していた。しかしその認識には重大な欠陥がある。日本が満蒙をはじめとする中国での利権をすべて手放さないかぎり、日中対立は避けられず、それはいずれ日米対立に波及するとの認識が、北にはなかった。亜細亜モンロー主義は日本にだけ都合のよい構想だったのである。

日米衝突の可能性を危惧する声は、朝河貫一『日本の禍機』（一九〇九年）や石橋湛山「日米衝突の危険」（一九二〇年）など、早くからあった。しかし満蒙利権は日露戦争で血を購って獲得したという固定観念が根強かったので、中国ナショナリズムによる利権回収の要求を阻止するために軍部が独走を始めると、ジャーナリズムはほとんど抵抗できなかった。日中戦争時の「東亜協同体」論や日米戦争時の「近代の超克」論は、日本の戦争行為の正当化を必死になって探ったものである。それらはともに侵略を保護あるいは協力と言いくるめ、欧米列強と対峙する日本の世界史的使命を説いている。そこにはアジアと欧米から挟撃され、隘路に陥った日本ナショナリズムの境地が表現されている。

戦争終結と占領統治の過程で、昭和天皇と統治エリートが、終始、固執したのは「国体護持」だった。その目的を達成するためなら、かれらは昨日まで敵国だった占領者に媚をうることすら辞さなかった。その結果、ナショナリズムは反政府側の格好のシンボルとなり、高度経済成長期まで革新勢力の側がそれを政治的資源とした。他方、親米保守の側は米国への親近感と対米従属に根ざす潜在的な憎悪を意識下に感じ続けることになった。本章末に示すように、米国に対する日本人の親近感は、戦後、一貫して高いが、その裏側には複雑な心理的屈折が伏在する。

第五章は併合後の朝鮮ナショナリズムについて論じている。植民地支配の下に置かれたことによって、朝鮮ナショナリズムの目標は「抗日」しかなくなった。しかし同化を基本とした日本の支配は苛烈なものだったので、国内で「抗日」を公然と掲げて抵抗を続けることは不可能に近かった。いかなる支配も被支配者の最低限の協力を前提としており、植民地支配もその例外ではない。したがって「抗日」を基本とした朝鮮ナショナリズムにも、妥協・協調・協力の側面が現れる。当然ながら、そこには面従腹背から自発的協力までさまざまなバリエーションがあるが、いわゆる「親日派」のなかにも、自治や独立への戦略を秘めたものがいたことを看過してはならない。

この時期の抗日運動の諸相を要約するのは簡単ではないが、第二章で紹介された保護国期の愛国啓蒙運動と義兵闘争がその出発点であろう。愛国啓蒙運動は「自強」（実力養成）を目指したもので、日本の支配との妥協も必要になる。しかもその妥協ですらしばしば弾圧を被り、大きな忍耐を必要としたので、少なからぬナショナリストが国外での抗日運動に転身したのは当然であろう。その象徴的存在が、上海に設立された大韓民国臨時政府である。日本の敗戦後、大韓民国と朝鮮民主主義人民共和国の建国に直接・間接に関与した多くの政治家（李承晩《イスンマン》、呂運亨《ヨウンヒョン》、金圭植《キムキュシック》、金九《キムグ》など）が、臨時政府に参加した経歴をもっているのは偶然ではない。

臨時政府の樹立は、それに先立つ三・一独立運動が大きな契機となった。ウィルソンの「十四カ条」の刺激を受けた在日朝鮮人学生たちが、一九一九年二月に独立宣言書を起草し、内外の新聞社などに送付したのが最初の動きである。これと前後して、朝鮮国内では天道教（元の東学）を中心とした宗教者と学生が協力して別の独立宣言書を作成し、三月一日に三三名の名前で発表した。こうした内外呼応した動きによって、三・一運動は朝鮮全土に広がったので、衝撃を受けた朝鮮総督府はこれまでの武断政策を改めて、「文化政治」と呼ばれる方策をとった。それは原内閣が植民地支配で採用した「内地延長主義」と呼応するもので、日本国内の法制を朝鮮にも適用するとのタテマエにもとづき、地方官制を改革して朝鮮人を採用し、言論の制限を緩和するなどの懐柔を意図したものである。こうした施策の採用によって、いったん盛り上がった朝鮮ナショナリズムは抵抗と妥協のあいだで再び分裂する。

「親日派」になったことで有名なのは臨時政府の機関紙の社長だった李光洙《イクワンス》で、総督府によって帰国を認められた李は「民族改造論」を書いて改良主義に転じた。そして朝鮮人が主体的に日本帝国の良き臣民となることが、民族としての力量を発揮する道であると説き、後には「内鮮一体化」のイデオローグになっていった。絶対的な壁にぶつかったナショナリストが、いつかは壁を打ち壊そうと念じながら、壁の内側での自由に耐えようとしたということだろうか。

日本の敗戦によって朝鮮全土が解放されたとき、国家再建に新たに介入したのは米国とソ連だった。文化的同質性の意識と政治的統一性の一致がナショナリズムの基本的要求だとすれば、朝鮮（韓国）ナショナリズムはまだその大義を達成していない。南北の両国には「抗日」という共通の歴史的記憶があるが、一方の国号は大韓帝国から大韓民国臨時政府の系譜を継承し、他方は朝鮮を名乗っている。それは、政治経済体制の違いとは別に、歴史意識の大きな溝があることを示唆しているのかもしれない。

第六章は辛亥革命後の日本の侵略と国民党と共産党の対立抗争を扱っている。日本のアジア主義は中国でも呼応する動きがあった。とくに孫文は日本の支援を期待して、かなり後までアジア主義に言及した。死の直前の一九二四年に、神戸でおこなった大アジア主義に関する演説はとりわけ有名である。それは日中連帯を説いているが、日本の帝国主義を批判し、従来の政策を根本的に改める決断を日本に迫ったものだった。これより一〇年前に、すでに李大釗《りたいしょう》が二十一カ条要求に関わらせて日本のアジア主義を批判しており、パリ講和会議に際しても、日本のアジア主義は「大日本主義の変名」だと非難していた。

そもそもアジア主義は、西欧列強のアジア侵略に対抗するという意図を、「アジア」という漠然とした親近感に結びつけたものだった。だからアジア主義がアジア諸国民の解放という大義を裏切らないためには、反帝国主義の世界革命という壮大な構想と結びつけられる必要がある。日本のアジア主義者のなかで、このような構想（漠然たるものにせよ）をもっていたのは尾崎秀実《ほつみ》だけであろう。その尾崎の場合でも日中二国だけを念頭においたもので、朝鮮や台湾が視野に入っていたかどうか疑わしい（尾崎は台湾育ちで、かれの父は総督府の御用新聞の記者だったのだが）。

中国の近代的ナショナリズム運動は五・四運動に始まるとされている。それはパリ講和会議での日本の山東利権要求に抗議したものだった。一九世紀末の「変法自強」運動以後、中国の改革派の運動はつねに明治維新後の日本を念頭においたものだった。五・四運動の勃発は、歴史的・地理的理由によるそれまでの漠然たる日本への親近感が、今日までつながる「反日」に転じた瞬間だった。それでも一九二〇年代のワシントン体制のもとで、日本の行動が抑制されていた時は、中国の国民革命への日本の支援を期待する声も一部にあったが、満州事変以後は「抗日」が主要な課題となった。国民党と共産党の闘争は、「抗日」のエネルギーをどちらが獲得するかをめぐるものだった。国民党はすでに孫文の生存時からソ連共産党の組織原則を取り入れ、党と国家を一体化した権威主義体制を築いた。他方、共産党は一九三五年に「八・一宣言」を出して、国民党との合作を中心に各党派、各民族、各軍隊（旧軍閥）を含めた抗日民族統一戦線を唱え、第二次国共合作につながった。内戦で劣勢だった共産党のほうが、下からのナショナリズムに応える柔軟性をもっていたのである。

本書では、台湾の抗日運動について何も論じていないので、最後にごく簡単に記述しておこう。序章でも言及したように、台湾は複雑なエスニックグループからなる社会である。日本はほとんど何の準備もないまま、複雑な言語・エスニックグループに分断された台湾人を日本帝国に編入し、同化することになった。一八九五年に日本軍が台湾に上陸したとき、清朝の現地官吏たちが日本の支配に抗して台湾民主国の独立宣言を発したが、かれらは本格的な抵抗運動をしないまま大陸に逃亡した。しかし台湾総督府はその後も抗日ゲリラに手を焼き、全島を支配下に置いたのは一九一〇年代半ばだった。

一九一五年に摘発された西来庵事件は、霧社《むしゃ》事件とともに「二大抗日事件」（周婉窈『図説台湾の歴史』）とされ、蜂起自体は未遂に終わったにもかかわらず、死刑八六六名などの苛烈な判決が出された（後に減刑）。一九三〇年の先住民の武装蜂起事件（霧社事件）を例外とすれば、西来庵事件を最後に抗日武装闘争は収束し、一九二〇年代に入って知識人や資産家が中心になった台湾ナショナリズムの運動が開始された。台湾は総督に立法権を付与した「六三法」と呼ばれる体制に置かれていたので、こうした差別を撤廃する運動が東京の台湾留学生のあいだから起こり、それは台湾議会設置運動へと発展した。台湾議会は台湾住民による一定の自治を要求したもので、「内地延長主義」のタテマエにもとづき同じ法理を要求する六三法撤廃運動とは反対の趣旨である。議会設置による自治要求の背景には大陸での五・四運動の影響があり、白話漢文による『台湾民報』の発行や、文字がない福佬語をローマ字表記する運動などに象徴される台湾文化への目覚めがあった。しかし台湾議会設置の請願書は、日本の国会議員数人の支持を得て、一九二一年から十年余にわたって毎年、帝国議会に提出されたが、実現することはなかった。

霧社事件の指導者モーナ・ルーダオ（抗日英雄 莫那魯道」）の銅像。

台湾議会設置運動と並行して、台湾のナショナリズム形成に大きな役割を果たしたのが、一九二一年に結成された台湾文化協会である。台湾文化協会は「台湾文化ノ発達」を期して各地で講演会などを開催し、大衆

「莫那魯道烈士之墓」の墓碑銘

ルーダオの「堅貞不屈の志節は青年の模範」と書かれている。
事件が起こった小学校近く（南投県仁愛郷仁和路）にある。

の啓蒙に大きく寄与したが、まもなく大陸での革命の進行の影響を受けて内部対立が発生した。その結果、一九二七年に共産党系の左派が文化協会の指導権を握ったので、これに反発する人々は文化協会から分離して台湾民衆党を結成した。しかしこの台湾民衆党も、国民党系と日本統治下での合法的運動を目指す右派とに分裂し、右派は台湾地方自治連盟を結成して一九三七年頃まで運動を続けたが、台湾民衆党は一九三一年に結社禁止処分になった。他方、文化協会の左派はまもなく台湾共産党を結成したが、指導する立場にあった日本共産党が弾圧によって壊滅し、台湾共産党も内部分裂と弾圧によってほとんど活動できないまま終わった。朝鮮と同様に、植民地統治下の抗日運動は困難を極めたのである。

台湾議会設置運動から民衆党、そして地方自治連盟へと続く右派の運動も、決して「親日」的だったわけではない。右派を代表する活動家のひとり蔡培火は、その著『日本々国民に与ふ』（一九二八年）で、同化政策は台湾人を「愚民化」するものとし、「同化」や「内地延長」などは子供騙しだと非難した。同じ本で、蔡は朝鮮の自治や満州利権の還付にも言及し、「中国四百余州の土地は、永遠に、中国人の主宰すべき範囲」だと断言している（一一四〜五頁）。また差別の口実とされた「国民性」の欠如についても、蔡は「人間として具有すべき資性の外に、日本の国民となる為めの特別性を我々は強らるべき理がない」と主張し、日本の領台前から、台湾人が儒教に由来する道徳を保持していたと反論している（一四八頁）。蔡培火らの運動は確かに穏健で、日本の支配に正面から挑戦したものではなかったが、それでも国体論にもとづく同化政策は根底から否認していたのである。

台湾議会設置運動や台湾文化協会の運動が始まった直後の一九二三年、時の皇太子裕仁が台湾に行啓した。皇太子は四月一二日に横須賀を出港し、かつて日本軍が上陸した台湾北東部の三貂角《さんちょうかく》沖に寄り道した後に基隆から上陸した。そして台北・台中・台南・高雄を順次歴訪し、高雄から軍艦で澎湖諸島に寄港したのち基隆にもどり、台北を再訪して四月二七日に基隆港を出港して帰途についた。二週間ほどの慌だしい日程だが、その間、植民地支配の象徴となる学校・軍事施設・工場・神社など、実に隈なく精力的に歴訪した。各地で奉迎行事や囚人への恩謝などが行われたが、奉迎に関する注意事項として、拝観者は清潔な衣服を身につけ、沿道では必ず国旗を掲揚することなど、細かな注意が与えられた。このとき発表された「奉迎歌」は行啓を以下のように寿《ことほ》いでいる。三番のみ引用してみよう。

「島の歴史にためしなき、栄《はえ》ある今日の嬉しさを、三百余万島人は、心に銘じかたりつぎ、いひつぎゆかん万世《よろずよ》に、万歳万歳万々歳」（『台湾日日新報』一九二三年三月一七日付による）。

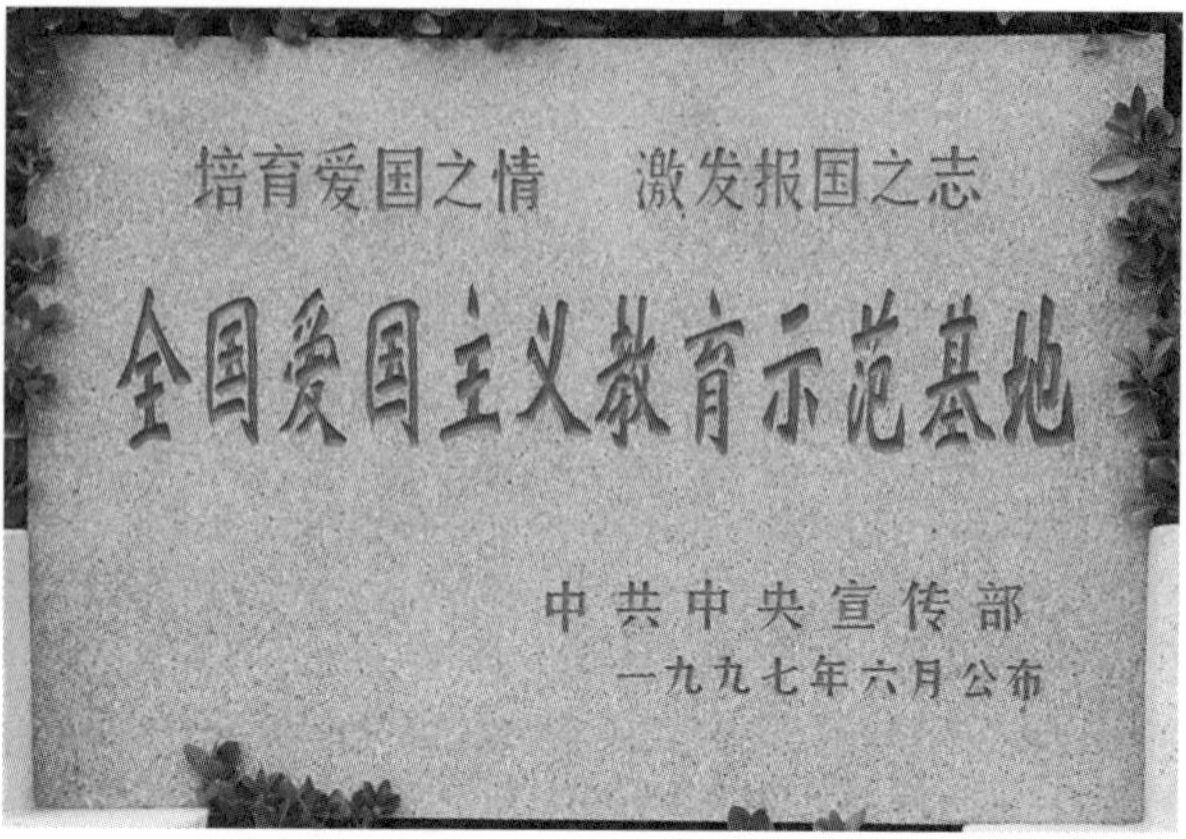

「全国愛国主義教育示範基地」の表示
山東省東端部の劉公島（威海市から約４キロ沖の軍事的要衝）にある甲午戦争（日清戦争）博物館で見かける。「培育愛国之情、激発報国之志」と書かれている。

　冷戦終結後、東アジアの国際秩序が新たな再編の時期に突入したことは、誰がみても疑問の余地がない。原因は多様だが、根底には冷戦によって塩漬けされていた歴史の地層があちこちで隆起してきたという事情がある。東アジアの近代は、過去形で語るにはあまりにも生々しいインパクトを与えている。本書で追跡した三つのナショナリズムも、さまざまに編曲されて再演が始まった。日本では、とくに従軍慰安婦問題をめぐって新たなナショナリズムがうねり始めた。その中心的活動家たちが作った『新しい歴史教科書』（二〇〇一年）には、歴史の記述の仕方は民族によって異なるのが当然だという思想が表明されている。それは「国民の物語」を創出するという意図にもとづき、神武天皇の東征や日本武尊の伝承の紹介に数ページを割き、さらに神話や伝説は古代人の考え方を知る「文化遺産」だとして、『古事記』神代の内容を四頁にわたって要約している。
　この歴史教科書の執筆者のひとりだった小林よしのりは、同じ年に漫画『戦争論２』を出版した。

それは二〇〇一年の九・一一同時多発テロの叙述から始まるが、小林はそこで「その手があったかー」と叫び、「驚くべきことに、思わず自分のなかに「反米感情」が噴き出してしまった」と告白している。つまりイスラム原理主義者の自爆テロは「大国のエゴ丸出しのアメリカ」に対する「アイデンティティ・ウォー」であり、この事件によって小林は自己のなかにある反米意識を自覚したという。「新しい歴史教科書をつくる会」に関わるこのようなエピソードは、国体論が日本ナショナリズムの変わらぬマグマであり、脱亜論から「近代の超克」への振幅が封印された過去の物語ではないことを知らしめている。

朝鮮／韓国にとって、ロシア・中国・日本に取り囲まれているという地政学が決定的であることは、二〇〇三年に始まった六カ国協議という枠組にもあきらかである。北朝鮮の存亡を賭けた冒険的企図は、中国の保護者然とした姿を嫌でも浮き立たせたので、そこにかつての宗主国の姿を読みとる人も多い。しかしわたしはむしろ、周辺国や国際機関の力の均衡を利用しながら、国内の権力闘争と中国・日本・ロシアの圧力をかわそうと苦闘した朝鮮国王・高宗の姿を、金正日《キムジョンイル》に重ねてしまう。権力政治における弱者であり、綱渡りに失敗すれば直ちに飲み込まれるという危機感と、政治的統一が未達成であるという意識が、朝鮮／韓国のナショナリズムの特徴である。しかも南北が激しく対立しながら、両者はともに、統一という目標が自らの意思よりも中国・ロシア・米国の権力意思に規定されていることを自覚しているので、それはますます屈折することになる。

中国は改革開放政策を採用して以後、西欧列強や日本から侵略された歴史を記念館などの施設として整備し、国民の共有の記憶とすることで国民統合の有力な手段としてきた。屈辱の歴史を経済発展のエネルギーに転換しようとしたのである。記念館の陳列が殊のほか「反日」的であるとはいえないが、「抗日」が主調音となっているのはやむを得ない。中国近代が「抵抗」によって特徴づけられることは竹内好がつとに指摘したところであるが、結果として、近年の中国ナショナリズムは驚くほど自己肯定的である。基調にあるのは中華文明の優越性という自負心なので、すでに「抵抗」の時代ではなくなったナショナリズムが、他者に対して抑圧的になる可能性を潜在させているにもかかわらず、かれらはそのことに気づいていない。自信に満ちている分だけ、周囲の危惧は大きい。

顧みれば建国後六〇年、中華人民共和国は冷戦による封じ込め政策やソ連との対立という厳しい国際環境のなかで、固有の社会主義の実現に向かって試行錯誤し、歴史上、類をみない激しい動乱や権力抗争を短期間に経験してきた。一九五〇年代末の「大躍進」政策、六〇年代半ば以降の文化大革命、七〇年代末以後の改革開放政策の採用、そして一九八九年の天安門事件と九〇年代以後の驚異的な経済成長。いずれも、世界史がごく稀にしか経験したことがないほどの政治的熱狂、およびただしい人的犠牲、社会構造の劇的転換である。しかしこの間の中国の激動については表層しか知られておらず、政治指導者間の権力抗争すら闇の部分が大きい。まして社会の底辺で人々が経験した変化の内実は想像を絶するが、旧来の人間関係の崩壊と社会主義の放棄や開放政策による価値観の革命が、深刻なアイデンティティの危機を生みだしたことは明らかである。確言できるのは、中国ナショナリズムの隆盛はこの社会変動の顕著な結果のひとつであり、今後の東アジアの状況に決定的な影響を及ぼす可能性が高いことである。

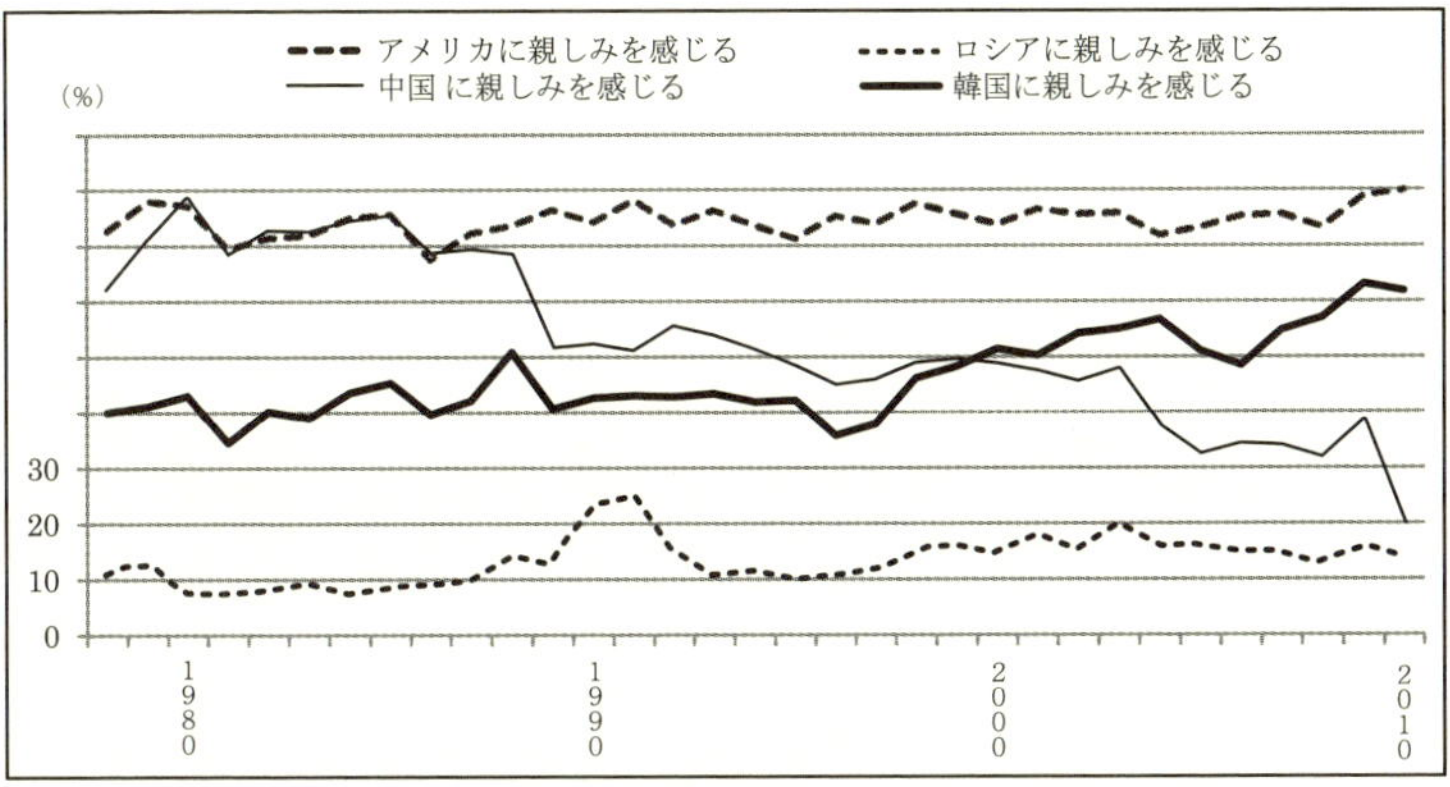

内閣府の「外交に関する世論調査」による四カ国への親近感

最後に、内閣府が行った「外交に関する世論調査」（一九七八〜二〇一〇年）から、韓国・中国・ロシア・米国に対する日本人の親近感の調査結果を、「親しみを感じる」の部分だけ取り出してグラフにして示しておく。韓国については、九〇年代以後、親近感が増加しているのに対して、中国に関する親近感は、一九八〇年の七八パーセントをピークに漸次後退し、今や最悪の状態にある。おそらく過度の楽観も悲観も禁物であるが、相互の自尊心を尊重し、ボタンをかけ違えない慎重な配慮が政治家と知識人に強く求められている。

本書の成立事情について説明しておこう。二〇〇六年に、東アジアに関する共同研究をしている研究者が、大阪大学内で自分たちの研究について紹介して交流する機会があった。わたしは当時、取り組んでいた科学研究費補助金の共同研究「近代日本のナショナル・アイデンティティの形成と変容——中国・韓国との関連において」について簡単な話をしたが、後になって、その場にいた大阪大学出版会の落合祥堯氏からご連絡を頂き、その内容を一般書の形で出版しないかと誘われた。本当は共同研究の成果をメンバー全員の共著として出したかったが、結局、金鳳珍《キムボンジン》・區建英《おうけんえい》の両氏を誘って本書を作ることにした。共同研究のメンバーは、両氏のほか、赤澤史朗、出原政雄、松田宏一郎、スヴェン・サーラの各氏であり、それに当時のわたしの指導学生だった胆紅・李栄のふたりが随時参加した。

本書におけるわたしの意図は、東アジア諸国のナショナリズムの根っこを確認することだった。我々はみな特定の国家に所属し、アイデンティティの根拠（少なくともその一部）をそこに置いている。しかし自国の歴史を自己の問題として引き受けて、弁護や反省をするのではなく、むしろできるだけ客体として分析し叙述したい。一方のナショナリズムが他方の自尊心を刺激してナショナリズムを激生させ、相互に悪循環を生む事態をみて、わたしはこのように考えた。本書の出来上がりをみると、ナショナリズム理解において倫理的アプローチを排除したいという点では、我々三人は一致しているが、自国のナショナリズムに対する姿勢にはニュアンスの違いがあると感じる。いうまでもなく、個々のナショナリズムの内容や由来が反映しているのである。

なおわたしは二〇一〇年三月に一カ月間、台南市に滞在する機会を得たが、本書では台湾のナショナリズムについて十分な記述ができなかった。お世話になった国立成功大学のスタッフ、特に鄭子真氏に対して面目ないと感じている。またアイデアを提示し編集を担当された落合祥堯氏には、仕事の遅れでご迷惑をかけることになったが、時宜に応じて適切なアドバイスを頂いた。記してお礼申しあげる。

参考文献

（本文中の文献表示で［本居⑨五〇頁］のような表示は、参考文献の『本居宣長全集』九巻五〇頁を表す。）

序章　ナショナリズムをめぐる問い

『福澤諭吉全集』岩波書店
徳富蘇峰「勝利者の悲哀」、『徳富蘇峰集』（近代日本思想体系8）、筑摩書房、一九七八年
竹越與三郎（三叉）『台湾統治志』博文館、一九〇五年
徳富蘇峰『第十一日曜講壇』民友社、一九一一年
徳富蘇峰『両京去留誌』民友社、一九一五年
鶴見祐輔『後藤新平』第二巻、勁草書房、一九六五年
『大山郁夫著作集』岩波書店
米原謙『徳富蘇峰』中央公論新社、二〇〇三年
Taylor, Charles, *Sources of the Self:The Making of the Modern Identity*, Harvard University Press, 1989（下川潔他訳『自我の源泉』名古屋大学出版会、二〇一〇年）
Taylor, Charles, *The Ethics of Authenticity*, Harvard University Press, 1991（田中智彦訳『〈ほんもの〉という倫理』産業図書、二〇〇四年）

第一章　「国体」の創造—日本(1)

荒野泰典『近世日本と東アジア』東京大学出版会、一九八八年
『水戸学』（日本思想大系53）岩波書店、一九七三年

『近世神道論・前期国学』（日本思想大系39）岩波書店、一九七二年
『吉田松陰全集』大和書房、一九七二〜七四年
『本居宣長全集』筑摩書房、一九六八〜一九九三年
『孝明天皇紀』平安神宮、一九六七〜一九八一年
『水戸藩史料』吉川弘文館、一九七〇年
『福地櫻痴集』（明治文学全集11）筑摩書房、一九七六年
『福澤諭吉全集』岩波書店、一九六九〜一九七一年
『会沢正志斎集』（水戸学大系2）水戸学大系刊行会、一九四一年
『象山全集』明治文献、一九七五年
『渡辺崋山・高野長英・佐久間象山・横井小楠・橋本左内』（日本思想大系55）岩波書店
『対外観』（日本近代思想大系12）岩波書店、一九八八年
毛利敏彦『台湾出兵』中公新書、一九九六年
田保橋潔『近代日鮮関係の研究』上下巻、文化資料調査会、一九六三年
石井孝『明治初期の日本と東アジア』有隣堂、一九八二年
森山茂徳『近代日韓関係史研究——朝鮮植民地化と国際関係』東京大学出版会、一九八七年
『徳富蘇峰集』（明治文学全集34）筑摩書房、一九七四年
米原謙「神々の欲望と秩序——幕末国学の国体論」『阪大法学』第六〇巻第一号、二〇一〇年
米原謙「近代国体論の誕生——幕末政治思想の一断面」『政治思想研究』第八号、二〇〇八年
米原謙『近代日本のアイデンティティと政治』ミネルヴァ書房、二〇〇二年
『陸羯南全集』みすず書房、一九六八〜一九八五年

『丸山眞男集』岩波書店、一九九五〜一九九七年
『陸奥宗光』（日本の名著35）中央公論社、一九七三年
『木下尚江全集』教文館、一九九〇〜二〇〇三年
『北一輝著作集』みすず書房、一九七二年
『教育の体系』（日本近代思想大系6）岩波書店、一九九〇年

第二章　開国前夜から日韓併合まで—朝鮮(1)

金鳳珍『東アジア「開明」知識人の思惟空間　鄭観応・福沢諭吉・兪吉濬の比較研究』九州大学出版会、二〇〇四年
佐藤慎一『近代中国の知識人と文明』東京大学出版会、一九九六年
鄭玉子『朝鮮後期　朝鮮中華思想研究』一志社、一九九八年
趙景達「朝鮮近代のナショナリズムと文明」『思想』No.808、一九九一年十月
呉瑛燮『華西学派의 思想과 民族運動』国学資料院、一九九九年
金榮作『韓末내셔널리즘 研究—思想과 現實』清溪研究所、一九八九年（『韓末ナショナリズムの研究』東京大学出版会、一九七五年）
趙景達『異端の民衆反乱　東学と甲午農民戦争』岩波書店、一九九八年
姜在彦『近代朝鮮の変革思想』日本評論社、一九七三年
姜在彦『姜在彦著作選』全五巻、明石書店、一九九六年
申福龍『東学思想과 甲午農民革命』平民社、一九八五年
李炫熙編『東学思想과 東学革命』청아出版社、一九八四年

康成銀「二〇世紀初頭における天道教上層部の活動とその性格」『朝鮮史研究会論文集』第24集、一九八七年
金明昊『初期韓美関係의 再照明』歴史批評社、二〇〇五年
孫炯富『朴珪寿의 開化思想研究』一潮閣、一九九七年
李完宰『初期開化思想研究』民族文化社、一九八九年
原田環『朝鮮の開国と近代化』渓水社、一九九三年
奥平武彦『朝鮮開国交渉始末』西田書店、一九六九年
岡本隆司『属国と自主のあいだ 近代清韓関係と東アジアの命運』名古屋大学出版会、二〇〇四年
田鳳徳『韓国近代法思想史』博英社、一九八一年
青木功一「朴泳孝の民本主義・新民論・民族革命論」上・下、『朝鮮学報』80輯、82輯、一九七六年七月・一九七七年一月
李陽子『朝鮮에서의 袁世凱』釜山・신지書院、二〇〇二年
林明徳『袁世凱與朝鮮』台北：精華印書館、一九七〇年
柳永益『甲午更張研究』一潮閣、一九九七年
李庭植『旧韓末의 改革・独立闘士 徐載弼』서울大学校出版部、二〇〇三年
金鳳珍「徐載弼의 내셔널 아이덴티티의 形成과 相克」『韓国文化』二〇〇八年六月（서울大学校奎蔵閣韓国学研究院）
森山茂徳『近代日韓関係史研究 朝鮮植民地化と国際関係』東京大学出版会、一九八七年
康成銀『一九〇五年韓国保護条約と植民地支配責任』創史社、二〇〇五年
笹川紀勝・李泰鎮編『国際共同研究 韓国併合と現代』明石書店、二〇〇八年（이태진・사사가와 노리카

츠 공편『韓国併合現代』太学社、二〇〇九）
西尾陽太郎『李容九小伝　裏切られた日韓合邦運動』葦書房、一九七八年
月脚達彦『朝鮮開化思想とナショナリズム　近代朝鮮の形成』東京大学出版会、二〇〇九年
金鳳珍「近代朝鮮と東アジア認識」荒野泰典ほか編『「東アジア」の時代性』渓水社、二〇〇五年
金鳳珍「朴殷植におけるナショナリズムの『発明』」政治思想学会編『政治思想研究』第6号、二〇〇六年五月
Chatterjee, Partha, *Nationalist Thought and the Colonial World: A Derivative Discourse*, University of Minnesota Press, 1986.
Smith, Anthony, *The Ethnic Origins of Nations*, Oxford: Basil Blackwell, 1986.（巣山靖司・高城和義他訳『ネイションとエスニシティ　歴史社会学的考察』名古屋大学出版会、一九九九年）
Hobsbawm, Eric and Ranger, Terence eds. *The Invention of Tradition*, Cambridge University Press, 1983.（前川啓治他訳『創られた伝統』紀伊国屋書店、一九九二年）
Swartout Robert R, *Mandarines, Gunboats, and Power Politics: Owen Nickerson Denny and the International Rivalries in Korea*, The University Press of Hawaii, 1980.
Schmid, Andre, *Korea between Empires 1895–1919*, New York: Columbia University Press, 2002.（糟谷憲一ほか訳『帝国のはざまで　朝鮮近代とナショナリズム』名古屋大学出版会、二〇〇七年）
『承政院日記』国史編纂委員会、一九七二年
『華西集』民族文化推進会、一九八二年
『龍潭遺事』、『東経大全』

『日省録』国史編纂委員会、一九七一年
『瓛斎集』(『朴珪寿全集』上下、亜細亜文化社、一九七八年)
『続陰晴史』上下、国史編纂委員会、一九七三年
『陰晴史』国史編纂委員会、一九五八年
『金玉均全集』亜細亜文化社、一九八七年
『追補陰晴史』国史編纂委員会、一九六〇年
『清季中日韓関係史料』全11巻、台北・精華印書館、一九七二年
『西遊見聞』(『兪吉濬全書』全5巻、一潮閣、一九七一年)
『日本外交文書』二七巻
『東学乱記録』上下、国史編纂委員会、一九七一年
『毅菴集』民族文化推進会、一九八五年
『独立新聞』全9巻、甲乙出版社、一九八一年
『東洋平和論』(『安重根遺稿集』力民社、一九九五年)
『大韓毎日申報』京印文化社、一九七七年
『西北学会月報』亜細亜文化社、一九七八年
『白巖朴殷植全集』全6巻、동방미디어、二〇〇二年
『勉菴集』民族文化推進会、一九八四年

第三章　日清戦争の衝撃と近代国家形成――中国(1)

浜下武志『朝貢貿易システムと近代アジア』岩波書店、一九九七年

『籌弁夷務始末』
『李文忠公全書』
丁守和主編『中国近代啓蒙思潮』（上、中、下巻）、社会科学文献出版社、一九九九年
中国史学会主編『中国近代史資料叢刊・戊戌変法』（全四巻）上海人民出版社、二〇〇〇年
中国史学会主編『中国近代史資料叢刊・洋務運動』（全八巻）上海人民出版社、二〇〇〇年
王栻主編『厳復集』（全五冊）中華書局、一九八六年
厳復訳『群学肄言』商務印書館、一九八一年
梁啓超『飲冰室文集』（『飲冰室合集』（全十二巻）所収）中華書局一九八九年
梁啓超『飲冰室専集』（『飲冰室合集』（全十二巻）所収）中華書局一九八九年
中国史学会主編『中国近代史資料叢刊・義和団』（全四巻）上海人民出版社、二〇〇〇年
陳錫祺主編『孫中山年譜長編』（上、下冊）中華書局、一九九一年
孟慶鵬編『孫中山文集』（上、下冊）、団結出版社、一九九七年
『章太炎全集』（全四巻）上海人民出版社、一九八四年
中国史学会主編『中国近代史資料叢刊・辛亥革命』（全八巻）上海人民出版社、二〇〇〇年
朱維錚執行主編『劉師培辛亥前文選』三聯書店、一九九八年
劉師培『中国民族誌』中国青年会、一九〇三年
丁文江・趙豊田編『梁啓超年譜長編』上海人民出版社、一九八三年
『亜細亜』、『訳書匯編』、『壬寅政芸叢書』、『少年園』
『現代日本文学大系』（全九十七巻）筑摩書房、一九七三年
『国粋学報』、『政芸通報』

湯志鈞編『章太炎政論選集』（上、下冊）中華書局、一九七七年
厳復訳『社会通詮』商務印書館、一九八一年
厳復訳『孟徳斯鳩法意』（上、下冊）商務印書館、一九八一年

第四章 「脱亜」から帝国主義へ―日本(2)

『帝国統治の構造』（近代日本と植民地2）岩波書店、一九九二年
『台湾1』（現代史資料21）みすず書房、一九七一年
『近衛篤麿日記』別巻、鹿島研究所出版会、一九六九年
山本茂樹『近衛篤麿――その明治国家観とアジア観』ミネルヴァ書房、二〇〇一年
『明治の栄光』（日本の百年4）筑摩書房、一九六二年
トク・ベルツ編（菅沼竜太郎訳）『ベルツの日記』岩波文庫、一九五二～一九五五年
笹川紀勝・李泰鎮編著『国際共同研究　韓国併合と現代』明石書店、二〇〇八年
矢吹晋『ポーツマスから消された男――朝河貫一の日露戦争論』（東信堂、二〇〇二年）
徳富蘇峰『蘇峰文選』民友社、一九一五年
マーク・ピーティー『植民地――帝国五〇年の興亡』（20世紀の日本4）読売新聞社、一九九六年
秦郁彦『太平洋国際関係史』福村出版、一九七二年
麻田貞雄『両大戦間の日米関係』東京大学出版会、一九九三年
朝河貫一（由良君美校訂・解説）『日本の禍機』講談社学術文庫、一九八七年
阿部善雄『最後の「日本人」――朝河貫一の生涯』岩波現代文庫、二〇〇四年
『漱石全集』第二六巻、岩波書店、一九五八年

徳富蘇峰『大和民族の醒覚』民友社、一九二四年
徳富蘇峰『大正政局史論』民友社、一九一六年
『石橋湛山全集』東洋経済新報社、一九七〇～一九七二年
『吉野作造選集』岩波書店、一九九五～一九九七年
徳富蘇峰『増補国民小訓』民友社、一九三三年
清澤洌『アメリカは日本と戦はず』千倉書房、一九三二年
蝋山政道『世界の変局と日本の世界政策』巌松堂書店、一九三八年
『尾崎秀実著作集』勁草書房、一九七七～一九七九年
久野収・鶴見俊輔『現代日本の思想』岩波書店、一九五六年
高山岩男『世界史の哲学』岩波書店、一九四二年
『樗牛全集』博文館、一九一四～一九一六年
『河上肇全集』岩波書店、一九八二～一九八六年
室伏高信『革新論』青年書房、一九三八年
『三木清全集』岩波書店、一九六六～一九八六年
『資料戦後二十年史』日本評論社、一九六六年
『南原繁著作集』岩波書店
佐々木惣一『天皇の国家的象徴性』甲文社、一九四九年
駒込武『植民地帝国日本の文化統合』岩波書店、一九九六年
和辻哲郎『国民統合の象徴』(『和辻哲郎全集』第14巻、岩波書店)
徳富蘇峰『終戦後日記』Ⅱ、Ⅲ、講談社

加藤聖文『「大日本帝国」崩壊——東アジアの一九四五年』中央公論新社、二〇〇九年

第五章 抵抗と妥協—朝鮮(2)

나가타 아키후미 지음/박환무 옮김『일본의 조선통치와 국제관계 조선독립 운동과 미국 一九一〇～一九二二』一潮閣、二〇〇八年（長田彰文『日本の朝鮮統治の国際関係——朝鮮独立運動とアメリカ 一九一〇—一九二二』平凡社、二〇〇五年）
朱耀翰編著『安島山全集』三中堂、一九六三年
柳永烈『開化期의 尹致昊研究』청하각、一九八五年
윤경로『105人 事件과 新民会 研究』一志社、一九九〇年
趙東杰『韓国民族主義의 成立과 独立運動史研究』知識産業社、一九八九年
金鳳珍「朴殷植におけるナショナリズムの『発明』」、政治思想学会編『政治思想研究』第六号、二〇〇六年五月
柳永益『李承晩研究—独立運動과 大韓民国建国』延世大学校出版部、二〇〇〇年
고정휴『李承晩과 韓国 独立運動』延世大学校出版部、二〇〇四年
呂運弘『夢陽呂運亨』청하각、一九六七年
尤史研究会編、『尤史金奎植의 生涯와 思想——抗日独立闘争과 左右合作』한울、二〇〇〇年
金九『白凡逸志』（梶村秀樹訳）平凡社、一九七三年
반병률『誠斎李東輝一代記』汎友社、一九九八年
金喜坤『大韓民国臨時政府研究』知識産業社、二〇〇四年
姜東鎮『日本の朝鮮支配政策史』東京大学出版会、一九七九年

金東明『支配와 抵抗、그리고 協力』景仁文化社、二〇〇六年
金喜坤ほか共著『大韓民国臨時政府의 左右合作運動』한울、一九九五年
全相淑『日帝時期 韓国社会主義知識人研究』知識産業社、二〇〇四年
李庭植ほか著『新幹会研究』동녘、一九八三年
徐大粛著・金進訳『朝鮮共産主義運動史―一九一八―一九四八』コリア評論社、一九七〇年
鶴園裕「近代朝鮮における国学の形成――『朝鮮学』を中心に」『朝鮮史研究会論文集』35、一九九七年
姜海守「『朝鮮学』の成立」、同編集委員会『江戸の思想 思想史の十九世紀――近代への視座』ペリカン社、一九九七年
金允植『朝鮮近代文芸批評史研究』一志社、一九七六年
趙寛子『植民地朝鮮／帝国日本の文化連環』有志舎、二〇〇七年
Carter J. Eckert. *Offspring of Empire — The Koch'ang Kims and the Colonial Origin of Korean Capitalism, 1876–1945*, University of Washington Press, 1991.（小谷まさ代訳『日本帝国の申し子』草思社、二〇〇四年）
Cummings, Bruce. *Korea's Place in the Sun: A Modern History*, W. W. Norton & Company, 1997.（横田安司、小林知子訳『現代朝鮮の歴史』明石書店、二〇〇三年）
Dae-Sook Suh, ed. *Koreans in the Soviet Union*, University of Hawaii Press, 1987.
朝鮮総督府編『朝鮮の保護及び併合』一九一七年
『朝鮮総督府官報』一九一〇～一九四五年
金正明編『朝鮮駐劄軍歴史』巌南堂書店、一九六七年
『尹致昊日記』（全六巻）国史編纂委員会、一九七一年

『韓国痛史』（『白巖朴殷植全集』全6巻、동방미디어、二〇〇二年）
『丹斎申采浩全集』上中下・別の全四巻、蛍雪出版社、一九七七年
『韓国共産主義運動史』（全五巻）清渓研究所、一九七九年
『民世安在鴻選集』（全五巻）知識産業社、一九八九～一九九九年

第六章　侵略と抗日―中国(2)（第三章に既出のものを除く）

陳徳仁・安井三吉編『孫文・講演「大アジア主義」資料集』法律文化社、一九八九年
『章太炎選集』上海人民出版社、一九八一年
黄紀蓮編『中日〝二十一条〟交渉資料全編』安徽大学出版社、二〇〇一年
『李大釗全集』（全四巻）河北教育出版社、一九九九年
『孫中山全集』（全十一巻）中華書局、一九八六年
章伯鋒『皖系軍閥与日本』四川人民出版社、一九八八年
張海鵬主編『中国近代通史』（全十巻）江蘇人民出版社、二〇〇七年
吉野作造著、松尾尊兊編『中国・朝鮮論』平凡社、一九七〇年
『李大釗文集』（上、下冊）、人民出版社、一九八四年
張宝明・王中江主編『回眸《新青年》社会思想巻』河南文芸出版社、一九九八年
黄攻素『亜細亜民族第一次大会始末記』亜細亜民族大同盟本部、一九二六年
中島岳志『中村屋のボース』白水社、二〇〇五年
『政治生活』、『世界瑣聞』
中共中央党史研究室『聯共（布）、共産国際与中国国民革命運動（一九二〇―一九二五）』、北京図書館出

版社、一九九七年
中共中央統戦部編『民族問題文献彙編』中共中央党校出版社、一九九一年
『独立評論』、『大公報』、『再生』
張静如など編『中国共産党通志』（全四巻）、中央文献出版社、二〇〇一年
松本ますみ『中国民族政策の研究』多賀出版、一九九九年
秦孝儀『中華民国重要史料初編』中国国民党中央委員会党史委員会（台北）、一九八一年
『中国国民党歴次代表大会及中央全会資料』光明日報出版社、一九八五年
『毛沢東著作選読』（上、下冊）、人民出版社、一九八六年

終章　東アジアのナショナリズムの相克

周婉窈（濱島敦俊監訳）『図説台湾の歴史』平凡社、二〇〇七年
黄昭堂『台湾総督府』教育社、一九八一年
若林正丈『台湾抗日運動史研究　増補版』研文出版、二〇〇一年
蔡培火『日本々国民に与ふ』台湾問題研究会、一九二八年
「市販本」新しい歴史教科書』扶桑社、二〇〇一年
小林よしのり『新ゴーマニズム宣言スペシャル　戦争論』第二巻、玄冬社、二〇〇一年
米原謙「日本ナショナリズムにおける〝アメリカの影〟」、『日本思想史学』第四一号、二〇〇九年

	日　本	関連事項
1993	8月 河野洋平官房長官が慰安婦問題で「強制」を認める談話発表	
1994		
1995	7月「女性のためのアジア平和国民基金」発足 8月 村山富市首相が「戦後五十年に当たっての首相談話」発表	
1996		3月 台湾で初めて総統選挙で李登輝が当選
1997		
1998		
1999	12月 村山富市元首相ら超党派の国会議員が北朝鮮訪問	
2000		3月 台湾総統選挙で民進党の陳水扁が当選
2001	4月『新しい歴史教科書』発行	9月 アメリカで同時多発テロ
2002	9月 小泉首相が北朝鮮を訪問、日朝平壌宣言に署名 10月 5名の拉致被害者が帰国	
2003		8月 北京で第一回六カ国協議開始、台湾総統選挙で陳水扁が再選
2004	5月 第二回日朝首脳会談	
2005		4月 台湾国民党主席連戦が中国大陸訪問 4月 アジア・アフリカ会議（50周年)、インドネシアのバンドンで開催
2006	10月 安倍首相訪中、胡錦涛主席と戦略的互恵関係構築で一致	
2007	3月 アジア女性基金解散 12月 福田首相訪中	
2008		3月 台湾総統選挙で国民党の馬英九が当選
2009		
2010	9月 尖閣諸島での中国漁船衝突事件が外交問題化	1月 中国・ASEAN自由貿易区始動 6月 台湾と大陸が自由貿易を柱とするECFAを締結

	朝鮮・韓国	中　　国
1993	2月 金泳三が第14代大統領に就任	3月 江沢民が国家主席に就任、憲法に社会主義市場経済を明記
1994	7月 金日成が死亡	
1995	8月 世界韓民族祝典の開幕。10月 韓国が国連安保理の非常任理事国に選任。11月 中国の江沢民国家主席の韓国訪問	北京で第4次世界婦女大会開催
1996		
1997	10月 北朝鮮で金正日が総書記に就任。12月 金大中、第15代大統領に当選	2月 鄧小平が死去
1998	8月 北朝鮮、弾道ミサイル「テポドン」発射実験	11月 江沢民国家主席訪日
1999		5月 NATO軍が在ユーゴ中国大使館を誤爆。12月 マカオがポルトガルから中国に返還
2000	6月 金大中大統領、平壌で金正日と南北首脳会談	
2001		6月「上海協力機構」発足 12月 中国WTO加盟発効
2002		11月 ASEAN諸国と「南シナ海行動宣言」
2003		3月 胡錦涛が国家主席に就任、温家宝が総理に就任
2004	8月 盧武鉉大統領、国会に歴史究明委員会設置を提案	
2005	2月 島根県議会の竹島の日制定で独島問題の浮上、韓国内に反日運動が広まる	1月 大陸と台湾の直航チャーター便通航
2006		
2007		4月 温家宝総理訪日
2008		8月 北京でオリンピック開催 12月 大陸と台湾の「三通」(通郵・通商・通航) 実現
2009		
2010		5月 上海万博開幕（～10月） 11月 広州でアジア競技大会開催

	日　本	関連事項
1978	8月 日中平和友好条約調印	5月 台湾で蒋経国が総統に就任
1979		
1980		
1981		
1982	7月 中国・韓国・北朝鮮が歴史教科書の検定内容を批判	
1984		
1987		7月 台湾中華民国政府が戒厳令を解除
1988		1月 台湾蒋経国死去、李登輝副総統が総統就任
1989	1月 昭和天皇死去	1月 台湾で政党結成の自由を認める 11月 ベルリンの壁崩壊
1990	1月 右翼が昭和天皇の戦争責任に言及した本島長崎市長を襲撃	
1991	1月 加藤紘一官房長官が旧日本軍の慰安婦制度への関与を認める談話発表。10月 天皇皇后が訪中	2月 湾岸戦争開始 12月 ソ連邦崩壊
1992	6月 PKO協力法が衆院で可決	

	朝鮮・韓国	中　国
1978	7月 統一主体国民会議が朴正熙を第九代大統領として選出。10月 民主化団体が「民主国民宣言」を発表	2月「四つの現代化」が国家目標 8月 日中平和友好条約締結。11月 北京の西単付近に「民主の壁」出現 12月 中共11期3中全会で「改革・開放」政策に着手
1979	10月 朴正熙大統領の暗殺事件（十・二六事件）	1月 中米国交正常化 12月 日本の大平首相訪中
1980	5月 全国で民主化運動、光州事変（軍部の介入、弾圧）、軍部クーデタによる国家保衛非常対策委員会が設置（委員長全斗煥）。8月 統一主体国民会議が全斗煥を第11代大統領として選出	2月 胡耀邦党総書記選任。8月 深圳・珠海・汕頭・厦門に経済特区設置。8月 趙紫陽総理選任
1981	3月 全斗煥が第12代大統領に就任（第五共和国）	1月「林彪・四人組」裁判判決。9月 葉剣英全人代委員長が台湾統一提案
1982	1月 韓国政府が北朝鮮に民族統一協議会の構成、統一憲法制定など統一方案を提案（北朝鮮は拒否）	7月『人民日報』が日本の歴史教科書検定を批判
1984		2月 鄧小平「一国二制度」の台湾統一案提起。4月 大連・青島など沿岸14都市の対外開放を決定。12月 サッチャー英首相訪中。97年香港返還の中英共同声明に調印
1987	10月 大統領中心直選制の改憲案、国民投票で確定。12月 第13代大統領選挙で盧泰愚の当選	1月 胡耀邦辞任承認、趙紫陽が総書記代行に
1988	8月 ソウル・オリンピック開催	
1989		3月 ラサ独立運動。4月 胡耀邦死去。5月 ゴルバチョフ訪中、天安門広場で民主化要求運動展開。6月 民主化運動弾圧（六・四）、趙紫陽解任、江沢民総書記に
1990	9月 南北総理会談（第一次）の開始 10月 韓ソ国交樹立	8月 インドネシアと国交再開。10月 韓国と貿易事務所開設合意
1991	8月 国連安保理が南北韓の国連同時加入を採択	
1992	2月 盧泰愚大統領が「南北基本合意書」と「非核化共同宣言」に署名。 8月 中国と国交樹立。9月 南北高位級会談（平壌）閉幕、和解・不可侵・交流・協力などの付属合意書の発効、共同発表文の採択	1月 鄧小平「南巡」改革開放加速 4月 中国大陸・台湾海峡両岸シンガポール会談開催 8月 韓国と国交樹立

	日　本	関連事項
1959	12月 在日朝鮮人の北朝鮮への帰国開始	
1960	6月 新日米安保条約発効	
1961		
1962		
1963		10月 キューバ危機
1965	6月 日韓基本条約に調印	
1966		
1969	11月 佐藤・ニクソン会談で1972年に沖縄返還の声明	
1970	3月 日本赤軍が日航よど号をハイジャックして北朝鮮に亡命	
1971	6月 沖縄返還協定	
1972	9月 田中角栄首相が訪中し、国交正常化の共同声明発表	
1973	8月 金大中前大統領候補が東京で誘拐されソウルで発見される	10月 第4次中東戦争（石油危機）
1974		
1975		4月 台湾で蔣介石死去、ベトナム戦争終結
1976		
1977		

	朝鮮・韓国	中　国
1959	1月 国家保安法の発効	4月「大躍進」挫折、毛沢東に代り劉少奇が国家主席に選任。6月 ソ連による中ソ国防新技術協定の破棄
1960	4月 四・一九革命。8月 民主党政権の発足	4月 中ソ論争展開（1962年激化） 7月 ソ連が中国派遣専門家1390人の本国召還を通告（設備供給停止） 11月「自力更生」路線
1961	5月 五・一六軍部クーデタ、朴正熙が国家再建最高会議の議長となる	
1962	3月 朴正熙議長が大統領権限代行	11月「日中総合貿易に関する覚書」に調印（LT貿易開始）
1963	12月 第三共和国の誕生（大統領朴正熙）	
1965	1月 ベトナム派兵を議決、国会で可決	
1966		5月 中央文革小組設置。8月 文化大革命開始、毛沢東が第1回紅衛兵接見
1969	10月 朴正熙大統領が憲法改正案（三選改憲）を公布	
1970		
1971	4月 第七代大統領選挙、朴正熙当選	4月 中国ピンポン外交、周恩来・キッシンジャー米補佐官と秘密会談 10月 国連総会で中華人民共和国の国連代表権承認
1972	10月 十月維新 12月 統一主体国民会議が朴正熙を第八代大統領として選出	2月 ニクソン米大統領訪中、米中共同声明。9月 田中首相訪中、共同声明で日中国交正常化
1973	6月 朴正熙大統領の六・二三宣言（平和統一外交政策の七項目）	4月 鄧小平が副総理として公職復帰
1974	8月 八・一五光復節記念式場で朴正熙大統領の狙撃事件	4月 鄧小平が国連で演説「三つの世界」論
1975		
1976		1月 周恩来死去。4月 第1次天安門事件、鄧小平解任される。9月 毛沢東死去。10月 江青ら「四人組」逮捕
1977		7月 鄧小平全職務復活。8月 文化大革命終了宣言

	日　本	関連事項
1946	1月 天皇が神格否定の詔書発表 11月 日本国憲法公布	3月 チャーチル「鉄のカーテン」演説
1947		2月 台湾で2・28事件勃発
1948	11月 極東国際軍事裁判の判決	4月 ソ連、ベルリン封鎖
1949		5月 中華民国政府が台湾全土に戒厳令実施
1950		6月 朝鮮戦争勃発
1951		9月 サンフランシスコ講和会議開催
1952	2月 第1回日韓会談 4月 日華平和条約調印 4月 講和条約、日米安保条約発効 6月 第1回日中民間貿易協定調印	
1953		
1954		
1955		4月 アジア・アフリカ会議がインドネシアのバンドンで開催
1956	10月 日ソ国交回復共同宣言	
1957	6月 岸首相、蒋介石と会談、大陸反攻に同感と言明	
1958		

	朝鮮・韓国	中　国
1946	1月 朴憲永の朝鮮共産党が信託統治支持。2月 米ソ共同委員会の設置、米軍政の諮問機関として南朝鮮民主議院を構成、呂運亨・朴憲永ら左派が民主主義民族戦線を結成。6月 李承晩が南韓単独政府樹立を主張。金奎植・呂運亨らが左右合作会談。11月 左派政党の強硬派が南朝鮮労動党を結成	1月 重慶で政治協商会議成立 7月 国共内戦開始（～49年）
1947	2月 米軍政庁が民政長官として安在鴻を任命。7月 米ソ共同委員会の決裂。10月 国連総会が韓国総選挙を可決。12月 金九が南韓単独政府樹立に反対声明	1月 中華民国憲法公布
1948	8月 大韓民国の樹立（大統領李承晩） 12月 国連総会が大韓民国政府を唯一合法政府と承認	
1949	1月 反民族特別委員会の発足 6月 金九暗殺	9月 中国人民政治協商会議第一期全体会議で中華人民共和国成立を宣言 10月1日 中華人民共和国成立式典 12月 国民政府が台北遷都を決定
1950	9月 国連軍が仁川上陸作戦 10月 中国が朝鮮戦争に参戦 12月 国連総会で韓国停戦案を可決	2月 中ソ友好同盟相互援助条約を調印（モスクワ）。6月 土地改革法公布。10月「中国人民義勇軍」の朝鮮出動決定
1951	7月 休戦会談の開始 11月 李承晩が自由党を結成	
1952	6月 休戦会談の仮調印	
1953	7月 休戦協定を調印	6月 第一次五カ年計画討議。8月「過渡期における党の総路線」指示
1954		4月 中印協定。6月 周恩来とネルー会談、平和五原則声明。9月 第一期全人大で中華人民共和国憲法採択、国家主席に毛沢東を選出
1955		
1956	5月 第三代大統領選挙（大統領李承晩）	5月 共産党「百家争鳴・百家斉放」呼びかけ
1957		6月 反右派闘争展開
1958		5月「社会主義建設の総路線」提唱、「大躍進」運動展開。8月 人民公社設立・鉄鋼増産決議

	日　本	関連事項
1931	9月 関東軍が柳条湖で満鉄線を爆破し中国軍を攻撃（満州事変）	10月 国際連盟理事会が満州撤兵勧告案を可決
1932	2月 上海で中国軍と交戦（第1次上海事変）	
1933	3月 国際連盟脱退通告	
1934		
1935	2月 貴族院で天皇機関説攻撃	
1936		
1937	5月 文部省『国体の本義』刊 7月 盧溝橋で日中両軍が衝突（盧溝橋事件）	
1938	1月 第1次近衛声明（「国民政府を対手とせず」）。11月 第2次近衛声明（東亜新秩序建設）	
1939		9月 第二次世界大戦勃発
1940	11月 紀元2600年祝賀行事	9月 日独伊三国同盟締結
1941	10月 尾崎秀実らを逮捕（ゾルゲ事件） 12月 日本軍がハワイ真珠湾を攻撃	4月 日ソ中立条約調印 5月 独ソ戦開始
1942		
1943	11月 東京で大東亜会議	11月 米英中がカイロ宣言
1944		
1945	8月 ポツダム宣言受諾 9月 ミズーリ号上で降伏文書に調印	5月 ドイツ降伏 7月 米英ソ首脳がポツダムで会談

	朝鮮・韓国	中　　国
1931	12月 金九が韓人愛国団を組織	9月 満州事変（九・一八事変）
1932	1月 韓人愛国団員の李奉昌事件 4月 韓人愛国団員の尹奉吉事件	3月 満州国建国宣言
1933		5月 日中両軍が塘沽停戦協定調印
1934	3月 在中独立団体が南京で対日戦線を結成	紅軍が瑞金根拠地を放棄し大長征を開始（～36年）
1935	7月 在中独立団体が民族革命党として統合	6月 梅津・何応欽協定、土肥原・秦徳純協定。8月「八・一宣言」 12月 北京で一・二九運動
1936		12月 張学良が蒋介石を拘禁し抗日統一を迫る（西安事件）
1937	7月 大韓民国臨時政府が鎮江で軍事委員会を設置	7月 蘆溝橋事件（日中戦争～45年） 8月 華北の中共軍を国軍第八路軍に改編。9月 第二次国共合作成立 12月 日本軍が南京占領（南京大虐殺）
1938	2月 朝鮮総督府が朝鮮陸軍志願兵令を公布、施行	1月 華中南の中共軍を新四軍に改編
1939	9月 朝鮮総督府が国民徴兵令の施行規則を公布、施行	5月 日本軍による初の重慶爆撃
1940	2月 朝鮮総督府が創氏改名を実施 9月 大韓民国臨時政府が重慶で韓国光復軍総指令府、国軍を創設	
1941	11月 大韓民国臨時政府が大韓民国建国綱領を発表	1月 国民政府軍が新四軍を攻撃（皖南事変） 4月 アメリカ対華軍事援助開始
1942	7月 在中の左派独立団体が延安で朝鮮独立同盟を組織	
1943	8月 韓国光復軍がビルマ戦線に派兵	
1944	4月 大韓民国臨時政府が大韓民国臨時憲章を公布、国務委員を選出（主席金九、副主席金奎植）。9月 呂運亨が秘密団体の建国同盟を組織	
1945	8月 呂運亨が総督府との間で政権委譲を同意。9月 朝鮮人民共和国の樹立を宣言、米軍政庁は南韓の軍政を宣布。10月 李承晩が独立促成中央協議会を結成。11月 金九ら臨政要人が帰国。12月 モスクワ三相会議が五カ年信託統治を決定	9月 在華日本降伏 10月 国共両党重慶会談（双十協定調印）

	日　本	関連事項
1917	11月 日米間で石井ランシング協定	11月 ロシアでソビエト政権樹立
1918	8月 シベリア出兵宣言	3月 ソビエトがブレスト＝リトウスク講和条約調印 11月 第1次大戦の休戦協定
1919	12月 関東庁官制・関東軍司令部条例公布	1月 パリ講和会議（6月 ベルサイユ講和条約調印）
1920		1月 国際連盟発足
1921	11月 原首相刺殺される	1月 台湾議会設置の請願を初めて提出 10月 台湾文化協会設立 11月 ワシントン会議開催
1922		
1923	9月 関東大震災、朝鮮人など数千人殺される	5月 米で排日移民法成立 11月 モンゴル人民共和国成立
1924		
1925	3月 治安維持法・普通選挙法成立	
1926		
1927	6月 外務省・陸軍省・関東軍が東方会議開催	1月 台湾民衆党結成
1928	5月 第二次山東出兵の日本軍が国民政府軍と衝突（済南事件） 6月 関東軍が張作霖を爆殺	
1929		
1930		1月 ロンドン軍縮会議 2月 台湾総督府が台湾民衆党に解散命令 10月 台湾で霧社事件

	朝鮮・韓国	中国
1917		7月 張勳が清朝復活を宣言（12月失敗）。9月 孫文広州で軍政府樹立
1918	11月 呂運亨がパリ講和会議とウィルソン大統領宛ての韓国独立要望書提出	
1919	3月 三・一独立運動。4月 上海で大韓民国臨時政府の成立	1月 パリ講和会議に中国代表出席 5月 五・四運動。7月 ソビエト政府がカラハン宣言で新対華政策
1920	12月 大韓民国臨時政府が光復軍司令府を創設	
1921	1月 徐載弼がハーディング大統領と会見し韓国独立の後援を要請	5月 広州に孫文らの護法政府 7月 上海で中国共産党創立
1922	2月 李光洙ら、修養同友会を組織 8月 光復軍司令府が大韓統軍府を組織	
1923		
1924		1月 広州で国民党一全大会（第一次国共合作成立）。6月 黄埔陸軍軍官学校開校。11月 孫文が神戸で「大アジア主義」講演
1925	1月 大韓民国臨時政府が憲法改正	3月 孫文死去。6月 五・三〇運動 7月 広州に国民政府設立
1926	6月 六・一〇万歳運動	7月 広州国民政府が北伐を開始（～28年）。11月 国民政府武漢移転
1927	7月 新幹会（会長、李商在）の創立	4月 四・一二政変。8月 南昌で中国共産党起義。8月 武漢国民政府が南京に遷都。9月 毛沢東が湖南で秋収起義を指導。10月 毛沢東ら井岡山で紅軍創立
1928		4月 朱徳ら南昌起義残部を率いて井岡山入り。6月 国民政府軍北京入城、撤退中の張作霖が関東軍の謀略によって爆死。10月 蒋介石が政府主席就任（「訓政」実施）
1929	11月 光州学生運動	
1930	11月 新幹会事件	9月 紅軍に対する国民党軍の第一次包囲攻撃戦（34年まで包囲攻撃戦5回）

	日　本	関連事項
1901		10月 台北に台湾神社創建
1902	1月 日英同盟協約調印	
1904	2月 仁川沖でロシア艦隊攻撃（日露戦争勃発）	
1905	9月 日露講和条約調印。11月 第二次日韓協約を締結し、12月 朝鮮統監府を設置	2月 ベトナムのファン－ボイ・チャウが独立運動への援助を求めて日本に出発
1906	11月 南満州鉄道株式会社設立	
1907		
1908	10月 戊申詔書発布。京城に東洋拓殖株式会社を設立	6月 第2回ハーグ国際平和会議開催 11月 中国に関する高平＝ルート協定 12月 ロンドン軍縮会議開催
1909	10月 安重根がハルビンで伊藤博文を射殺	
1910	8月 韓国併合の日韓条約調印（国号を朝鮮と改称）	
1911	2月 日米新通商条約調印（関税自主権確立）	
1912		
1913	10月 中華民国を承認	
1914	8月 ドイツに宣戦布告（11月 青島のドイツ軍要塞占領）	8月 第一次世界大戦勃発
1915	1月 対華21カ条要求提出	7月 台湾で西来庵事件起こる
1916	1月 吉野作造「憲政の本義」論を発表。8月 朝鮮親王李垠妃に梨本宮方子を決定	

	朝鮮・韓国	中　国
1901		9月 列国と北京議定書（辛丑条約）に調印
1902	1月 高宗皇帝、国歌制定を命じる（8月制定）	2月 横浜で『新民叢報』創刊
1904	1月 国外中立宣言	
1905	11月 第二次日韓協約（乙巳勒約）調印。12月 統監府設置	2月『国粋学報』上海で創刊。8月 東京で中国革命同盟会結成。9月 科挙制廃止。11月『民報』東京で創刊
1906	3月 初代統監伊藤博文の来韓	
1907	7月 ハーグ密使事件、高宗皇帝の廃位	
1908		
1909		
1910	9月 朝鮮総督府の設置	
1911	9月 一〇五人事件（新民会事件）	10月10日 武昌で新軍起義、辛亥革命始まる
1912		1月1日 中華民国臨時政府南京で成立、孫文臨時大総統に就任。2月 清帝退位（清朝滅亡）。3月 袁世凱北京で臨時大総統に就任。8月 同盟会など国民党結成
1913	5月 安昌浩がサンフランシスコ国民会議で興士団を組織	10月 袁世凱大総統に就任。11月 国民党解散令
1914		7月 孫文ら東京で中華革命党を結成（19年10月中国国民党に改称） 9月 日本軍が山東省に侵入してドイツ軍を攻撃
1915	3月 朴殷植らが上海で新韓革命党を組織	5月 対華21カ条要求で最後通牒、中国受諾で「国恥記念日」と呼ぶ。9月 陳独秀『青年雑誌』創刊（16年『新青年』と改称）。11月 帝制復活で袁世凱中華帝国皇帝となる。12月 反袁闘争展開
1916		3月 帝制撤廃。6月 袁世凱死去（軍閥混戦開始）

	日　本	関連事項
1882		
1883		
1884		
1885	3月 福澤諭吉「脱亜論」を発表 11月 大井憲太郎らの朝鮮クーデター計画が発覚（大阪事件）	4月 英艦隊、朝鮮の巨文島を占領
1887		
1888	4月 三宅雪嶺らが政教社を設立、『日本人』を創刊	
1889	2月 大日本帝国憲法発布、陸羯南が『日本』創刊	
1890	10月 教育勅語発布	
1891		5月 露がシベリア鉄道着工
1893	10月 内地雑居反対などを唱える大日本協会結成	
1894	6月 朝鮮派兵を決定。7月 豊島沖で清国軍と交戦（日清戦争勃発）	
1895	4月 日清講和条約調印 8月 台湾総督府条例制定 10月 日本公使三浦梧楼ら朝鮮王妃殺害（乙未事変）	5月 台北で台湾民主国の宣言 10月 北白川宮能久親王が台湾で死去
1896		
1897		6月 米・ハワイ間で併合条約調印
1898		4月 米西戦争起こる
1899		
1900	6月 義和団事件で派兵決定	

	朝鮮・韓国	中　国
1882	5月 朝米修好通商条約調印 7月 壬午軍乱	
1883		3月 ベトナムが清に出兵要請 12月 清仏戦争（～85年）
1884	12月 甲申政変	
1885	11月 袁世凱が駐剳朝鮮総理交渉通商事宜として赴任	6月 仏と天津講和条約 10月 台湾に省制施行
1887	12月 朴定陽（駐米公使）事件	3月 マカオをポルトガルに割譲、ポルトガルと修好通商条約調印
1888		11月 康有為が初めて変法自強を要請。12月 北洋海軍成立
1889	10月 防穀令事件	3月 光緒帝が親政を開始
1890		
1891		
1893		
1894	5月 東学農民戦争勃発	8月 日清戦争（～95年）
1895	1月 高宗、「洪範十四条」と「誓告文」を宗廟に奉告	4月 日清講和条約調印（下関条約）、台湾・澎湖列島割譲
1896	2月 俄館播遷（高宗のロシア公使館避難）。7月 独立協会結成	4月 日本へ初の官費留学生13人派遣。8月 上海で『時務報』創刊
1897		10月 天津で『国聞報』創刊。11月 ドイツが膠州湾占領。12月 ロシア軍艦が旅順・大連に強硬入港
1898		3月 ドイツが膠州湾租界地を獲得 ロシアが旅順・大連租界地を獲得 4月 光緒帝変法維新の上諭（戊戌変法）。7月 イギリスが威海衛租界地を獲得。9月 戊戌政変（「百日維新」終わる）。12月 横浜で『清議報』創刊
1899		9月 アメリカが門戸開放通牒。10月 義和団運動展開。11月 フランスが広州湾租界地を獲得
1900	8月 中枢院議事規則を公布	8月 八カ国連合軍が北京に入城

関連年表（旧暦を使用していた時期もすべて西暦で表記）

	日　本	関連事項
1840	和蘭風説書によって、アヘン戦争勃発が日本に伝えられる	
1842		
1853	7月 ペリー来航（翌年2月、再度来航し日米和親条約を締結）	
1856		
1858	7月 日米修好通商条約調印	
1860		
1861		
1863		
1865		
1866		
1868	1月 王政復古の宣言	
1870		7月 普仏戦争始まる
1871	10月 岩倉具視らを欧米各国に派遣	11月 琉球の漂流民が台湾で殺害される
1872		
1873	10月 明治六年の政変	
1874	5月 台湾出兵	3月 第2次サイゴン条約（ベトナムがフランスの保護国となる）
1875	5月 樺太・千島交換条約に調印	
1876	2月 日朝修好条規調印	
1877	2月 西南戦争勃発	
1879	4月 琉球藩を廃止し沖縄県を設置（琉球処分）	
1881	10月 明治十四年の政変	

関連年表（旧暦を使用していた時期もすべて西暦で表記）

	朝鮮・韓国	中　国
1840		6月 アヘン戦争（～42年）
1842		8月 南京条約
1853		
1856		10月 アロー号事件、第二次アヘン戦争（～60年）
1858		
1860		10月 英仏両軍北京占領（円明園破壊）、イギリスと北京条約調印
1861		1月 総理各国事務衙門設置
1863	12月 高宗即位、大院君政権の成立	
1865		6月 李鴻章、江南製造局を開設（洋務運動を代表する動きの一つ）
1866	9月 丙寅洋擾（フランス艦隊による江華島侵入事件）	
1868	12月 書契問題の発生	
1870		
1871	4月 辛未洋擾（米国艦隊による江華島侵入事件）	
1872		8月 政府派遣第一次留学生30人（アメリカに向け上海を出航）
1873	11月 高宗親政、大院君失脚	
1874		
1875	9月 雲揚号事件（日本艦隊による江華島侵入事件）	1月 光緒帝即位、西太后が親政 8月 出使英国欽差大臣を置く
1876		
1877	10月 臨時代理公使花房義質の入京	
1879	7月 元山開港予約規定の調印（80年3月から開港）	
1881	1月 統理機務衙門（日本の外務省に当たる）の設置	

ヤ　行

ラ　行

ワ　行

ナ 行

ハ 行

マ行

サ 行

タ 行

人名索引

（アイウエオ順。朝鮮人・韓国人名には振り仮名をつけた）

ア　行

カ　行

執筆者略歴（執筆順）

米原　謙（よねはら　けん）
1948年徳島市に生れる。大阪大学大学院法学研究科博士課程単位取得退学。下関市立大学専任講師・助教授、大阪大学教養部助教授などを歴任。パリ第4大学大学院でDEAを取得。パリ政治学院・北京日本学研究センター・国立成功大学（台湾）で研究員・客員教授などを務める。
現在、大阪大学大学院国際公共政策研究科教授。日本政治思想史・日本政治論専攻。
主要業績：『日本近代思想と中江兆民』（新評論、1986年）、『兆民とその時代』（昭和堂、1989年）、『植木枝盛—民権青年の自我表現』（中公新書、1992年8月）、『近代日本のアイデンティティと政治』（ミネルヴァ書房、2002年）、『徳富蘇峰——日本ナショナリズムの軌跡』（中公新書、2003年）、『日本政治思想』（ミネルヴァ書房、2007年）。

金　鳳珍（キム　ボンジン）
1955年ソウル市に生まれる。ソウル大学大学院（外交学科）で修士号を取得後、東京大学総合文化研究科（国際関係論専攻）博士課程で博士号を取得。大連外語学院・ハーヴァード大学ライシャワー研究所で客員教授を務める。
現在、北九州市立大学外国語学部国際関係学科教授。東アジア関係史・比較政治思想専攻。
主要業績：『東アジア「開明」知識人の思惟空間—鄭觀應・福澤諭吉・兪吉濬の比較研究』（九州大学出版会、2004年）、共著としては『東亜の構想』（筑摩書房、2000年）、『韓国併合と現代』（明石書店、2008年）、『19世紀東アジアにおける国際秩序観の比較研究』（国際高等研究所、2010年）、『東アジア伝統地域秩序』（ソウル大学国際問題研究所、2010年）など。

區　建英（OU Jianying　おう　けんえい）
1955年中国広州市に生まれる。北京師範大学修士課程終了後、暨南大学歴史学部専任講師を勤め、1986年に来日。東京大学大学院を経て博士学位を取得。1994年新潟国際情報大学に助教授として着任、1998年から同大学教授。専門は、政治思想史、日本と中国の近代思想史。
主要業績は、『信頼・互恵・共生——東亜地区的歴史与現実』（主編、中国伝媒大学出版社、2010年）、『自由と国民 厳復の模索』（東京大学出版会、2009年）、『日本的思想』［丸山真男著］（共訳、生活・読書・新知 三聯書店、2009年）、『日本立憲政治の形成と変質』（共著、鳥海靖ほか編、吉川弘文館、2005年）、『近代日本と東アジア——国際交流再考』（共著、筑摩書房、1995年）、『福澤諭吉与日本近代化』［丸山真男著］（編集、訳、学林出版社、1992年）などがある。

東アジアのナショナリズムと近代
—なぜ対立するのか—

2011年7月20日　初版第1刷発行　［検印廃止］

著　者　米原　謙
金　鳳珍
區　建英

発行所　大阪大学出版会
代表者　鷲田　清一

〒565-0871　吹田市山田丘2-7
大阪大学ウエストフロント
TEL　06-6877-1614（直通）
FAX　06-6877-1617
URL：http://www.osaka-up.or.jp

印刷・製本　尼崎印刷株式会社

©Ken YONEHARA, KIM Bonjin, OU Jianying, 2011
ISBN 978-4-87259-383-9 C3022　Printed in Japan

Ⓡ〈日本複写権センター委託出版物〉
本書を無断で複写複製（コピー）することは、著作権法上の例外を除き、禁じられています。本書をコピーされる場合は、事前に日本複写権センター（JRRC）の許諾を受けてください。
JRRC：http://www.jrrc.or.jp　eメール：info@jrrc.or.jp　電話：03-3401-2382

幕末国学の諸相
コスモロジー／政治運動／家意識
桑原　恵　著
A5上三三六頁
定価六七二〇円

近代日本の地図作製とアジア太平洋地域
「外邦図」へのアプローチ
小林　茂　編
B5変五一四頁
定価七九八〇円

わかる歴史・面白い歴史・役に立つ歴史
歴史学と歴史教育の再生をめざして
桃木至朗　著
四六並二七二頁
定価二一〇〇円

地球人として誇れる日本をめざして
日米関係からの洞察と提言
松田　武　著
四六並二二四頁
定価一八九〇円

日本国憲法を考える
（第2版）
松井茂記　著
四六並二八〇頁
定価一八九〇円